ELOGIOS PARA *EL D…*

Dados los muchos líderes que se están der…
una discusión muy oportuna en un recurso r… …muy bien
las ideas del Dr. Chand, tanto si eres líder como si estás sirviendo a uno.

—OBISPO T. D. JAKES, SR., AUTOR DE ÉXITOS DE VENTAS DEL *NEW YORK TIMES*,
PASTOR EN THE POTTER'S HOUSE EN DALLAS, INC., DALLAS, TEXAS

El liderazgo y el dolor a menudo son inseparables. Y cada vez que mi nivel de dolor aumenta, tengo que recordarme de (esto es lo que hacen los líderes) liderar en el dolor y a través de él. Mi amigo Sam Chand nos ayuda a entender cómo aceptar, y más importante aún, crecer, durante y a través de nuestro dolor.

—JOHN C. MAXWELL, AUTOR DE ÉXITOS DE VENTAS DEL *NEW YORK TIMES* Y ORADOR

Cada viaje de liderazgo está lleno de altibajos, triunfos y dolor. Sin embargo, malgastamos nuestros errores y decepciones cuando no aprendemos de ellos. Cuando perdemos de vista nuestras metas y visión, nos perdemos la oportunidad de cambiar, crecer y avanzar hacia una mayor capacidad y un mayor potencial de liderazgo. El Dr. Sam Chand ha lidiado personalmente con los altibajos del liderazgo, y ha capacitado a otras muchas personas para hacer lo mismo con iguales medidas de sabiduría piadosa, humor e intención. *El dolor del liderazgo: un salón de clases para el crecimiento* te ayudará a convertir el dolor de tu pasado en la fortaleza de tu futuro.

—BRIAN HOUSTON, PASTOR PRINCIPAL DE LA IGLESIA HILLSONG

El Dr. Chand es uno de los mejores maestros sobre liderazgo que jamás he escuchado. Su nuevo libro, *El dolor del liderazgo*, trata de forma brillante una de las cualidades de las que menos se ha hablado respecto a los mejores líderes, pero que es de las más importantes: la capacidad de soportar el dolor. La percepción del Dr. Chand es a la vez práctica e inspiracional. Cada líder que quiere crecer debería leer este libro y aplicar lo que enseña.

—CRAIG GROESCHEL, PASTOR PRINCIPAL DE LIFE.CHURCH Y AUTOR DE
DESDE AHORA EN ADELANTE: CINCO COMPROMISOS PARA PROTEGER SU MATRIMONIO

En *El dolor del liderazgo: Un salón de clases para el crecimiento*, Sam Chand abre el telón para dar un vistazo tras bambalinas al proceso de hacernos camino a través el dolor del liderazgo. Sus perspectivas ayudarán a cualquier líder a encarar con éxito los inevitables retos que todos los líderes deben enfrentar. Sam es un comunicador brillante, y este libro es lectura obligada para cualquiera que desee convertirse en un líder más fuerte, más sabio y más compasivo.

—JENTEZEN FRANKLIN, PASTOR PRINCIPAL DE FREE CHAPEL; AUTOR
DEL ÉXITO DE VENTAS DEL *NEW YORK TIMES*, *EL AYUNO*

Lee el trabajo de Sam Chand, *El dolor del liderazgo*, y escucha el sonido de los acordes que él toca y resuenan en lo profundo de nuestra alma. Sus libros no son tanto "manuales del éxito" sino, más bien, "dosis de realidad". Los mejores líderes somos los que aprendemos a identificar las distintas formas en las que intentamos minimizar nuestro dolor, huir de él o negarlo. Sin embargo, la experiencia del dolor es la senda hacia ser verdaderamente francos con respecto a nuestra vulnerabilidad, mortalidad, fragilidad, falibilidad, vanidad y necedad. La sinceridad es el único modo de "crecer". El Dr. Chand nos ayuda a dar pasos hacia la "victoria" que ganaremos, pasos que tenemos que dar especialmente cuando nos sentimos fracasados. ¡Gracias de nuevo, Sam!

—Pastor Jack Hayford, Rector de
The King's University, Dallas/Los Ángeles

Parece que todos escriben sobre el "cómo" del liderazgo, pero finalmente alguien ha escrito sobre el dolor. El nuevo libro de Sam Chand, *El dolor del liderazgo*, habla de la cruda y dolorosa realidad de liderar personas y organizaciones. Todo líder tiene que leer este libro. En la era actual, tan distraída y trastornada, se promueve mucho el liderazgo de "sentirse bien". Necesitamos líderes que sepan cómo abrirse camino por las decisiones difíciles, las situaciones retadoras y los asuntos complejos. Compra este libro, porque no te puedes permitir perderte la oportunidad de aprender del mejor.

—Phil Cooke, cineasta, consultor de comunicación y autor de
Unique: Telling Your Story in the Age of Brands and Social Media.

El Dr. Chand ha caminado con nosotros en el dolor, la muerte de seres queridos y las transiciones de liderazgo de la Iglesia. Durante todo ello trajo esperanza de manera constante en medio del dolor, recordándonos que hay un propósito en el dolor. El dolor nos hizo ser mejores líderes. ¡Este libro te dará esperanza y propósito también en tu viaje!

—Judah y Chelsea Smith, pastores principales de
City Church, Seattle, Washington

El dolor es inevitable para todos los que están en el liderazgo. Cuando llegan las presiones y el dolor, tengo que recordarme a mí mismo que esto es simplemente parte del llamado. Nunca es una razón para abandonar. No conozco nada que valga la pena y que se haya logrado sin pagar un precio; y mientras mayor es el precio, mayor es el premio. El dolor tiene un modo asombroso de sacar motivaciones que nunca habríamos logrado de otra manera, y esto, a su vez, nos catapulta más lejos de lo que jamás podríamos haber llegado sin el dolor. Gracias a mi amigo Sam Chand por darnos este conocimiento para que podamos crecer a través de nuestro dolor.

—Pastor Phil Pringle, OAM, Fundador y Presidente de
C3 Church Global, Pastor de la Iglesia C3, Oxford Falls,
Presidente de Oxford Falls Grammar, autor y artista.

Todo líder experimenta dolor, pero el sufrimiento parece ser la dimensión inexplorada del liderazgo. Samuel Chand, un magnífico coach de liderazgo, ha escrito un libro que ofrece un entendimiento práctico de los *qué* y *porqué* del dolor para que los líderes puedan entender su importancia y aprender las lecciones que Dios quiere enseñar con ello. He admirado a Chand como líder; ahora aprecio esta gran contribución que ha hecho para poder entender la angustia del liderazgo.

—Mark L. Williams, Supervisor General, Iglesia de Dios, Cleveland, Tennessee

Todo líder se enfrenta a desafíos dolorosos. Estas dificultades pueden hacer que abandonemos, ¡o que prosigamos y crezcamos! Este libro magnífico de mi amigo, el Dr. Sam Chand, te dará un entendimiento práctico del dolor, la presión, y de tu potencial. Lee este libro para que tu perspectiva sea transformada para siempre.

—John Bevere, autor/ministro, Messenger International

El liderazgo es un tema del que muchas personas hablan, pero pocas entienden con la profundidad, conocimiento y sabiduría bíblica del Dr. Samuel Chand. En *El dolor del liderazgo*, el Dr. Chand explora el importante papel que juega el dolor en la vida de cualquier líder, especialmente de los que estamos en el ministerio, y cómo puede convertirse en un catalizador del crecimiento. Este libro consuela y conforta al inspirar y empoderar a los líderes para que vean las inevitables luchas de la vida como dolores de parto divinos.

—Chris Hodges, pastor principal de Church of the Highlands; autor de *Fresh Air* y *Cuatro copas*

Cualquier deportista de élite te dirá que el crecimiento y la resistencia llegan mediante la experiencia de toda una vida de disciplina y dolor. Como líderes, podemos aprender de los hábitos de nuestros homólogos deportistas. En *El dolor del liderazgo*, Sam Chand desglosa un elemento abrumador del liderazgo, enseñándonos cómo aceptar y manejar el dolor para nuestro propio beneficio y para el beneficio de quienes nos rodean. ¡Este es sin lugar a dudas un gran libro que debes poner en las manos de tu equipo!

—Wayne Alcorn, Presidente Nacional de las Iglesias Cristianas Australianas; Pastor principal de Hope Centre International

El agotamiento es un síntoma de desilusión, y puede golpear tan fuertemente a pastores como a los CEO. El Dr. Chand tiene una gran reputación en cuanto a ayudar a algunos de los líderes más respetados del mundo a sobreponerse al desánimo y a lidiar con el cambio. *El dolor del liderazgo* relata algunas de estas historias y muestra cómo dejar que Dios use nuestras situaciones dolorosas para que nos lleven a nuevos niveles en nuestro liderazgo.

—Steven Furtick; Pastor principal de Elevation Church y autor de los éxitos de ventas del *New York Times*, *Bloquea al charlatán*, *Cosas mayores*, y *Sol, detente*

Con mucha frecuencia, los líderes cristianos ven el dolor como enemigo y hacen todo lo posible por evitarlo. Según el Dr. Sam Chand, sin embargo, ese es exactamente el enfoque equivocado. En este nuevo y magnífico libro, él muestra que tenemos que ver el dolor como nuestro amigo y abrazarlo, porque nosotros y las organizaciones que lideramos solo crecerán hasta el umbral de nuestro dolor.

—Dr. George O. Wood, Superintendente General del Consejo General de las Asambleas de Dios

Tras haber estado en el liderazgo durante más de treinta y cinco años y como pastor principal durante más de veinte años, no puedo decir lo suficiente sobre el libro de Sam Chand, *El dolor del liderazgo*. Desearía haber tenido este tipo de conocimiento hace años. En aquellos tiempos pocas veces recibíamos enseñanzas así sobre la realidad del dolor de las personas que lideran. Jesús entendió y enseñó la naturaleza al revés del liderazgo hace más de dos mil años: el primero será el último; y para tener poder, hay que convertirse en el siervo más humilde. Del mismo modo, para edificar el reino de Dios y crecer personalmente tenemos que experimentar dolor. Ese es el diseño de Dios. Gracias, Sam, por decirlo como es y por darnos a todos el conocimiento que necesitamos para usar nuestro dolor y permitir el cambio que produce, para que podamos asir nuestras promesas con ambas manos, dentro del llamado y dentro del desafío.

—Paul De Jong, pastor principal de LIFE, Auckland, Nueva Zelanda

No creo que haya una afirmación de liderazgo más poderosa y retadora que esta: "Solo crecerás hasta el umbral de tu dolor". Si quieres aumentar tu capacidad de liderazgo, debes aumentar tu tolerancia al dolor. El estiramiento y el crecimiento son procesos dolorosos, pero los resultados siempre valen la pena.

—Christine Caine, Fundadora The A21 Campaign

Liderar en un tiempo de cambio rápido y sin precedente en el siglo XXI a menudo produce un sentimiento de pérdida. Nos guste o no, hay dolor en el viaje. Mi querido amigo, el Dr. Sam Chand, ha vuelto a tratar de manera brillante este asunto vital del liderazgo con claridad, coherencia y convicción. ¡Feliz lectura!

—Dr. Mark Chironna, Church on the Living Edge, Orlando, Florida

Mi amigo de toda la vida, Sam Chand, ha diagnosticado con precisión el dolor del liderazgo, ¡y ha dado una receta y un pronóstico esperanzadores! Al compartir las diversas historias de otros líderes que han soportado dolor y han sobrevivido, su mensaje nos ayudará a superar los sentimientos de soledad y futilidad, y dará consuelo a los líderes doloridos. ¡Me emociona que Sam haya provisto un recurso tan relevante para los líderes! ¡Esto es una respuesta a la oración!

—Obispo Dale C. Bronner, D. Min., autor y pastor principal de Word of Faith Family Worship Cathedral, Atlanta, Georgia

El Dr. Chand ha escrito posiblemente el libro más importante ahora mismo para pastores y líderes. Todos sufriremos dolor al dirigir nuestras organizaciones. *El dolor del liderazgo* te ayudará a hacerlo bien y a salir más fuerte que nunca.

—BENNY PÉREZ, PASTOR PRINCIPAL DE THE CHURCH, LAS VEGAS, NEVADA

El libro de Sam Chand, *El dolor del liderazgo: Un salón de clases para el crecimiento*, ¡es esencial para todo líder! Solo desearíamos haberlo leído hace 25 años cuando fuimos pioneros de nuestra iglesia. Si quieres detener la hemorragia, experimentar la sanidad de Dios y volver a encender tu amor por liderar, este es el libro por el que has estado orando, ¡que posiblemente podría añadir décadas a tu liderazgo!

—JEFF Y BETH JONES, PASTORES PRINCIPALES DE
VALLEY FAMILY CHURCH, KALAMAZOO, MICHIGAN

El Dr. Sam Chand observa que los líderes solo pueden llegar hasta el nivel de su umbral de dolor. El dolor afecta a todos de formas distintas, aunque todos lo experimentamos. En su libro, el Dr. Chand trata de forma experta, sistemática, concienzuda y cuidadosa la angustia del dolor y las lecciones que obtenemos de él. Lee este libro, y serás un mejor líder.

—OBISPO MICHAEL S. PITTS, PASTOR FUNDADOR DE LA IGLESIA
CORNERSTONE, SUPERVISOR DE CORNERSTONE GLOBAL NETWORK

El Dr. Chand es una de las mentes más astutas que conozco. Con sabiduría profunda, pero a la vez sencilla, desarrolla los asuntos complejos de la vida y te empodera con las herramientas para tener éxito. Este libro está cargado de sabiduría y experiencias personales de algunas de las personas más poderosas. Le deja saber al lector: "No estás solo, y hay vida después de esto". Mi lección más grande de este libro es que este dolor innegable es mi indicador de crecimiento. Este es un *libro maravilloso*, y en mi iglesia será, sin lugar a duda, una *lectura obligada*.

—SMOKIE NORFUL, PASTOR PRINCIPAL DE VICTORY CATHEDRAL WORSHIP CENTER,
CANTANTE Y COMPOSITOR GANADOR DE UN PREMIO GRAMMY, CHICAGO, ILLINOIS

La vida es alegre y la vida duele. Aunque nos deleitamos en los tiempos de alegría, nuestro crecimiento procede de los capítulos de dolor. Mi amigo y compañero de coaching, el Dr. Sam Chand, ha pasado toda una vida recabando conocimiento íntimo y desarrollando perspectivas personales tanto del sufrimiento como de los éxitos. Ha aprendido el valor del dolor y cómo usar su angustia para crear transformación en la vida diaria y el ministerio. Sam comparte esa sabiduría en su extraordinario libro, *El dolor del liderazgo: un salón de clases para el crecimiento*. Te recomiendo leer despacio este libro. Examínalo concienzudamente, y aprende de él. No soportes el dolor ni te pierdas el mensaje.

—DR. DAVE MARTIN, COACH CRISTIANO DE ÉXITO,
NÚMERO I DE AMÉRICA Y AUTOR DE 12 *TRAITS OF THE GREATS*

Siempre he dicho que diferentes líderes deberían leer diferentes libros. Estaba equivocado. Todo líder necesita este libro. El dolor llegará a cada líder, y cuando suceda, este libro será de verdadera ayuda. Sam Chand es una voz inteligente de sabiduría en un mundo ruidoso de agitación, y su sabiduría aquí te sostendrá durante los tiempos difíciles.

—WILLIAM VANDERBLOEMEN, PRESIDENTE DE VANDERBLOEMEN SEARCH GROUP, AUTOR DE NEXT: PASTORAL SUCCESSION THAT WORKS

Este libro pega fuerte. Dice la verdad. Detrás del humor y los ingeniosos aforismos encontramos *una gran verdad que no podemos esquivar, y que quienes han estado* en el liderazgo conocen muy bien: el liderazgo es doloroso. El dolor es el rito de iniciación del líder. Cada nivel de crecimiento de liderazgo llega con dolor. El Dr. Sam Chand me desafía. Es mi afilador. Su autenticidad. Sus preguntas. Su intelecto. Su espíritu. Su testimonio. Me inspira tanto detrás como fuera del púlpito, para convertirme en una mejor persona y líder. Permítele inspirarte a ti también. *El dolor del liderazgo* es un libro para el viaje. Es buena medicina para cada líder que se ha sentido aislado, incomprendido o traicionado. Aquí encontrarás sabiduría y fuerza para perseguir el crecimiento y la eficacia en el liderazgo. Léelo antes de que haya algún dolor. Repásalo cuando haya dolor. Recomiéndalo después del dolor.

—MENSA OTABIL, RECTOR DE CENTRAL UNIVERSITY, ACCRA, GHANA

Sam Chand ha tocado de nuevo el núcleo de lo que los líderes afrontan en su diario vivir. Sus esclarecedores libros siempre tratan con precisión los asuntos clave que enfrentan los líderes. En este libro, Sam describe el hecho de que el dolor es el compañero de cualquier líder que está iniciando el cambio y siendo una verdadera influencia. El compromiso para resolver problemas e iniciar cambio, inevitablemente produce dolor. Las ideas de este libro, no obstante, no son solo académicas; Sam entiende la vida emocional de un líder. Guía a los líderes por el reto del dolor como parte de su crecimiento en el liderazgo. También explica el privilegio del liderazgo y el hecho de que un gran destino siempre va acompañado de gran adversidad. Este libro es una herramienta excelente para líderes que necesitan saber cómo navegar por los retos de su mundo de liderazgo.

—ANDRE OLIVIER, PASTOR PRINCIPAL DE RIVERS CHURCH, SUDÁFRICA, Y AUTOR DE PAIN IS INEVITABLE, MISERY IS OPCIONAL Y PRINCIPLES FOR BUSINESS SUCCESS

En más de veinticuatro años de liderazgo ministerial, nunca hemos leído un libro que comunique con tanta claridad la necesidad de identificar y ocuparse del dolor del liderazgo. Tras haber conocido al Dr. Chand durante catorce años como consultor para nuestro ministerio, sabemos de primera mano que la sabiduría que comparte puede catapultar a los líderes a sus siguientes niveles de grandeza. Estamos muy emocionados de poder compartir este libro con el liderazgo de nuestra iglesia y propietarios de negocios que están conectados a nuestro ministerio.

—OBISPO KIM W. BROWN Y ELDER VALERIE K. BROWN, MOUNT LEBANON BAPTIST CHURCH "THE MOUNT", K.W. BROWN INTERNATIONAL MINISTRIES, INC., CHESAPEAKE, VIRGINIA

EL
DOLOR
DEL
LIDERAZGO

UN
SALÓN DE CLASES
PARA EL
CRECIMIENTO

SAMUEL R. CHAND

WHITAKER
HOUSE
Español

Traducido por:
Belmonte Traductores
Manuel de Falla, 2
28300 Aranjuez
Madrid, ESPAÑA
www.belmontetraductores.com

Editado por: Ofelia Pérez

El dolor del liderazgo
Un salón de clases para el crecimiento

ISBN: 978-1-64123-475-7
Ebook ISBN: 978-1-64123-483-2
Impreso en los Estados Unidos de América.
© 2020 por Samuel R. Chand
www.samchand.com

Publicado originalmente en inglés en el 2015, bajo el título *Leadership Pain* por Thomas Nelson, una marca registrada de HarperCollins Christian Publishing, Inc.

Whitaker House
1030 Hunt Valley Circle
New Kensington, PA 15068
www.whitakerhouseespanol.com

2 3 4 5 6 7 8 9 10 11 ⨀ 27 26 25 24 23 22

No podría escribir un libro sobre el dolor del liderazgo sin honrar a Brenda, mi esposa y "compañera en el dolor" desde 1979, y mi mejor amiga desde 1973. Juntos hemos pasado por los tiempos más oscuros: fracasos de liderazgo, pobreza, muertes, desafíos matrimoniales, la educación de los hijos, aventuras de negocios fallidas, decepción de personas, traición, planes que se torcieron, y muchas cosas más.

Brenda es mi esposa, mi mejor amiga, la mejor madre y abuela, y la persona más sabia que conozco.

Todo lo que soy hay que acreditárselo al Señor y su bondadoso regalo de Brenda. Ella se ha sentado a mi lado cada día en el salón de clases del dolor para el crecimiento.

ÍNDICE

RECONOCIMIENTOS

Aunque mi nombre figura en este libro como el autor, no podría haberlo escrito sin la contribución de muchos maestros en mi *salón de clases para el crecimiento*. Estoy en deuda con cada uno.

Mi esposa Brenda, mis hijas Rachel y Debbie, Zack, mi yerno y mis nietas, Adeline y Rose, son fuentes de gran gozo y consuelo cuando enfrento los dolores de la vida.

Muchos amigos en el ministerio y el mundo laboral me han contado sus dolores, enseñándome que el dolor es el salón de clases de cada líder.

Mi editor, Pat Springle, alivia mi dolor al tomar mis pensamientos en bruto, montones de notas y horas de audios para crear algo convincente para mí... y ahora, para ti.

Varios mentores dotados, sabios y tenaces a lo largo de los años me han animado a aceptar mis dolores, perseverar y seguir avanzando.

De todos ellos he aprendido, y sigo aprendiendo, que solo crecerás hasta el umbral de tu dolor.

UNA MIRADA AL INTERIOR

Con los años, he tenido el marcado privilegio de trabajar con algunos de los mejores líderes de nuestra nación y de todo el mundo. Muchos de ellos me contactaron cuando estaban en su momento más bajo, desesperados, al límite. He visto a estos destacados hombres y mujeres hacer frente a algunos de los problemas más difíciles de la vida, y los he visto aprender, con todo tipo de dolor, las lecciones más valiosas de sus experiencias.

He pedido a algunas de esas personas que escriban sus historias, y las he incluido al comienzo de cada capítulo. Ofrecen una excepcional mirada al interior de la mente y el corazón de algunos de los mejores líderes del planeta. No te saltes estas historias. Léelas despacio. Te asombrarán e inspirarán, y puede que tomes prestado algo de su valentía para hacer frente a tus situaciones dolorosas.

1

LA LEPRA DEL LIDERAZGO

Debemos aceptar el dolor y quemarlo como combustible para nuestro viaje.
—KENJI MIYAZAWA

Craig Groeschel, fundador y pastor principal de Life.Church, Edmond, Oklahoma

Antes de comenzar Life.Church allá por 1996, uno de mis modelos ministeriales a seguir me dijo que solo tenía una promesa para mí. Recuerdo pensar que iba a prometerme algo que me animara, como: "Dios hará más a través de mí de lo que podría imaginar". Prestando atención a cada una de sus palabras, esperé con anhelo esa promesa de buenas noticias. Haciendo una pausa, como si quisiera causar un efecto dramático, mi mentor dijo de forma lenta y seria: "Lo único que puedo garantizarte es que Dios te va a… quebrar".

Genial.

No era eso lo que yo quería oír. Pero sus palabras no podrían haber sido más ciertas.

Durante los siguientes doce meses, aproximadamente, Dios comenzó a hacer una obra profunda en mi alma. No fue una obra como resultado de pasar tiempo en su Palabra o tiempo en oración. Fue una obra que surgió del dolor, la angustia, la decepción y la traición.

Gran parte del dolor que experimentamos como iglesia se podría haber evitado si yo hubiera sido mejor como líder. Pero a la joven edad de 28 años me especialicé en hacer que las cosas fáciles fueran más difíciles. Para empezar, me entró miedo y comencé a contratar para la plantilla de personal a miembros que no debería haber contratado. En un año, tuve que reemplazar a casi todos los miembros que había contratado, junto con la mayoría de nuestros voluntarios clave. Si alguna vez has tenido que despedir a alguien, sabrás el dolor que supone mirar a los ojos de alguien que te importa y decirle que ya no puede seguir trabajando. Ni siquiera recuerdo cuántas lágrimas derramé y las muchas veces que no pude hacer la digestión por la agonía de despedir de su trabajo ministerial a personas a las que amaba.

Otro gran golpe llegó justo después de lanzar nuestro ministerio de grupos pequeños. Con tan solo unas cien personas que asistían a nuestra iglesia, nos emocionó comenzar algunos grupos para ayudar a las personas a crecer espiritualmente y desarrollar relaciones más profundas unos con otros. Un grupo en concreto explotó con un crecimiento de treinta personas o más cada semana. El líder era un buen amigo mío, pero nuestra teología difería en un área importante. Le pedí que no enseñara sobre ese tema, pero él siguió enseñando sobre ese preciso asunto cada semana. Como yo creía que lo que estaba enseñando era peligroso, le rogué que no lo hiciera. Me dejó petrificado al decirme que acababa de tomar este grupo para comenzar su propia iglesia. No teníamos ni un año y ya estábamos experimentando lo que parecía una división de iglesia. Las personas escogieron. Muchas personas se vieron atrapadas en el fuego cruzado. Y el comienzo de nuestra pequeña iglesia se topó con un campo de minas inesperado que me dejó tambaleándome. Perder a las personas que nos habían ayudado a comenzar la iglesia fue un gran golpe. Perder la amistad fue incluso más difícil.

Pero nada se compara con perder a mi mentor en el ministerio. Por respeto a la familia, no entraré en detalles. Hay partes de esta historia que nadie conoce salvo mi amigo, mi esposa y yo. Y lo mantendremos así mientras vivamos. Mi mentor y mejor amigo fue uno de los hombres de Dios más maravillosos que conocí. Por desgracia batallaba con la depresión, y le atormentaban los pecados de su pasado. Cuando tuve que confrontar a mi héroe por algo con lo que él tenía que lidiar, el encuentro fue amargo. Tras explotar conmigo, salió de la sala muy enojado y dijo cosas que estoy seguro que desearía no haber dicho.

Supuse que tendríamos la oportunidad de suavizar las cosas, pero esa oportunidad nunca llegó. Su esposa me llamó días después con auténtico pánico explicando que había encontrado muerto a su esposo, colgado de una cuerda atada a una viga en su garaje. Pocos días después, cargado con cosas que nunca podría revelar sobre sus luchas, oficié el funeral de mi mejor amigo y mentor.

Ese acontecimiento cambió mi vida para siempre.

La promesa de que Dios me quebraría era cierta. Comencé con confianza, valentía, y lleno de fe. Un año después de iniciar nuestra iglesia me preguntaba cuánto tiempo más podría continuar. Si dirigir una iglesia iba a ser siempre así de difícil, no sabía si tenía lo que se necesita para ser pastor.

Algún tiempo después estaba en una conferencia de pastores, aun sangrando espiritualmente por las recientes heridas. Sentado en la segunda fila, lloré todo el tiempo que duró una charla que dio el Dr. Sam Chand. Él explicaba que los mejores líderes tuvieron que soportar más dolor. Y muchas personas nunca pudieron tener más influencia porque no tuvieron un umbral de dolor de liderazgo suficientemente grande. El Dr. Chand explicó: "Si no te está doliendo, no estás liderando". Y fue entonces cuando comencé a aprender las lecciones que creo que Dios quería enseñarme.

Aquí están algunas de las cosas que creo que Dios me ha mostrado sobre el dolor.

- Mientras más evito un problema, por lo general más grande se hace. Si logro conseguir el valor para soportar pequeñas cantidades de dolor y hacer lo correcto enseguida, evitaré mayores dosis de dolor después.
- El dolor es parte del progreso. Todo lo que crece experimenta algún dolor. Si evito todo el dolor, estoy evitando el crecimiento.
- A menudo, la diferencia entre dónde estoy y dónde Dios quiere que esté, es el dolor que no estoy dispuesto a soportar. Hacer lo correcto, por difícil que sea, es una característica extraña en el ministerio. La mayoría escoge lo fácil. Debemos escoger lo correcto antes que lo fácil.
- Dios siempre es fiel. Incluso cuando la vida es dura, Dios está siempre obrando para nuestro bien. El dolor nos enseña a depender de Él. Purifica nuestros motivos. Nos mantiene humildes y nos mueve a orar.

Mirando atrás todas las decisiones difíciles, incomprensiones, acusaciones falsas, relaciones que se tornaron amargas y dolorosas pérdidas, nunca quisiera tener que volver a pasar por todo ello. Y sé que hay más dolor esperándome a la vuelta de la esquina. Pero nunca cambiaría lo que Dios hace en mí por medio de estos tiempos difíciles. Debido a lo que Él ha hecho en mí, ahora puede hacer más por medio de mí. Hoy, me veo dando gracias a Dios por quebrarme. Y es un honor sufrir de una forma muy pequeña por Aquel que sufrió y lo dio todo por nosotros.

Es inevitable, es imposible escapar de eso. Por su misma naturaleza, el liderazgo produce cambio, y el cambio, aunque sea un crecimiento y progreso maravillosos, siempre conlleva al menos una medida de confusión, pérdida y resistencia. Para decirlo de otra forma: el liderazgo que no produce dolor o bien está en una etapa corta de bendición inusual, o realmente no está marcando diferencia alguna. Así que,

$$\text{Crecimiento} = \text{Cambio}$$
$$\text{Cambio} = \text{Pérdida}$$
$$\text{Pérdida} = \text{Dolor}$$

Por lo tanto,

$$\text{Crecimiento} = \text{Dolor}$$

Cuando los líderes, en cualquier campo, asumen el riesgo de mover individuos y organizaciones de una etapa a otra, del estancamiento a la eficacia o del éxito a la importancia, inevitablemente se topan con confusión, pasividad y resistencia abiertas por parte de aquellos a quienes intentan liderar. Es totalmente predecible. Cualquier estudio sobre líderes empresariales muestra este patrón en las respuestas de los miembros del equipo. Los equipos pastorales y las congregaciones no son la excepción. La larga historia de la iglesia muestra que el pueblo de Dios está –si se puede decir así– incluso *más* confundido, es *más* pasivo y se resiste *más* cuando sus líderes marcan el camino hacia cumplir los propósitos de Dios. El gurú empresarial Peter Drucker observó que los cuatro empleos más difíciles en América son, sin un orden en particular: presidente de los Estados Unidos, presidente de universidad, director general de un hospital y pastor (he estado en dos de estos papeles: pastor y presidente de universidad). Si eres un líder en la iglesia y batallas con tu papel, ¡no estás solo!

La imagen pública de los líderes de la iglesia puede ser la de personas amables que leen la mayor parte del tiempo cuando no están visitando a personas en el hospital. Ciertamente, leer y cuidar de los enfermos y necesitados son cosas importantes del liderazgo espiritual, pero el público no ve la increíble complejidad y persistentes presiones que se producen detrás de bambalinas.

No debería ser una sorpresa

Los principios y prácticas de este libro están dirigidos principalmente a personas que están en posiciones de liderazgo en ministerios y organizaciones sin fines de lucro. Esto incluye pastores, miembros del equipo y líderes voluntarios. Las historias y lecciones que se presentan, sin embargo, no están limitadas a la esfera del ministerio. Se aplican a líderes empresariales y a todos los demás tipos de organizaciones. Cada líder siente el dolor. De hecho, el liderazgo, todo el liderazgo, es un imán para el dolor, el cual llega de muchas formas. Recibimos críticas por las malas decisiones porque las personas nos culpan, y recibimos críticas incluso por las buenas decisiones porque hemos cambiado el amado *status quo*. Cuando personas sufren una crisis, nos preocupamos profundamente por ellos en vez de darles respuestas simplistas (o rechazarlos). Nosotros "llevamos sus cargas", lo cual significa que al menos parte del peso de su pérdida y sufrimiento recae sobre nosotros. Sufrimos cuando nuestros planes no se materializan o nuestros esfuerzos fracasan, y nos vemos ante nuevos desafíos inesperados cuando nuestros planes tienen éxito y experimentamos un aumento de crecimiento. Durante el camino, no somos inmunes a los estragos de la traición de aquellos en quienes confiamos, ni a la envidia de nuestros amigos y tampoco al agotamiento porque simplemente estamos exhaustos por todo el esfuerzo que conlleva dirigir a las personas, especialmente al pueblo de Dios.

> No soy teóloga ni erudita, pero soy muy consciente del hecho de que el dolor es necesario para todos nosotros. En mi propia vida, pienso que puedo decir sinceramente que del dolor más hondo ha salido la convicción más fuerte de la presencia de Dios y del amor de Dios.
>
> —Elisabeth Elliott

Algunos líderes se sienten encadenados por los errores del pasado o los dolores del pasado. Otros miran a un futuro incierto y se sienten paralizados. He realizado consultoría con líderes cuyas iglesias y organizaciones sin fines de lucro han crecido de unos cientos a varios miles, pero se sienten abrumados porque no tienen ni idea de cómo manejar una organización de ese tamaño. A unos pocos de esos líderes les cuesta articular la visión que Dios ha puesto en su corazón. Casi pueden saborear el futuro, pero lo único que tienen es miradas en blanco cuando intentan explicar la dirección que Dios les ha dado. Para la mayoría de ellos, la presión de las preocupaciones económicas es casi un estrés constante. Juntar nuevos trabajadores y voluntarios con un equipo ya existente puede crear confusión en todos. Y a veces un líder tiene que cavar hondo para encontrar el valor para despedir a un amigo. La incomprensión, el conflicto, y todo tipo de estreses llegan a la vida personal de nuestra familia, nuestros equipos de trabajo y de liderazgo, nuestra iglesia y nuestras comunidades. A veces, como Moisés, queremos gritar, "Dios, ¿por qué me has dado a este pueblo obstinado?".

En un retiro para pastores que estaban considerando dejar el ministerio porque estaban agotados, el director preguntó: "¿Por qué entraron en el ministerio hace años atrás? ¿Cuáles eran sus esperanzas, sus aspiraciones y sus expectativas?".

De la decena de pastores profundamente desanimados que había en la sala, todos menos uno destacaron que tenían una visión idealizada del ministerio cuando comenzaron. Durante la conversación, uno o dos de ellos comprendieron gradualmente que su idealismo los había predispuesto a una devastadora decepción. Les había agarrado por sorpresa (¡asombrados!) cuando encontraron dificultades en el ministerio y cuando Dios no las resolvió de una forma limpia y rápida. Uno comentó: "Estaba seguro de que 'bendiciones de Dios' significaba que las cosas irían bien y el crecimiento se produciría de forma natural. Quizá si me hubiera dado cuenta de que las dificultades son parte del temario de Dios, no me habrían devastado tanto". Sus ojos se abrieron a medida que asimilaba esa idea. "Y las dificultades que me han devastado habrían sido las herramientas de Dios para moldearme a mí y a mi iglesia. Caramba, no lo supe ver. Realmente no lo vi".

En conferencias, mesas redondas y consultorías, he hablado con muchos líderes cristianos que no eran idealistas al comienzo de su ministerio, pero ciertamente no esperaban el nivel de conflicto, desánimo y lucha que soportaron mientras estaban "haciendo la obra de Dios a la forma de Dios". El dolor les había atacado por el lado ciego, y muchos de ellos suponían que algo estaba terriblemente mal con Dios o con ellos porque el dolor no se fue rápidamente. Su solución fue hacer todo lo necesario para detener el dolor. No se daban cuenta de que esa es, exactamente, la respuesta incorrecta. La insensibilidad no es una respuesta viable. De hecho, siempre agrava los problemas. Es lo que yo llamo la "lepra del liderazgo".

Terminaciones nerviosas

En su libro *On Death and Dying* (Sobre la muerte y los moribundos), Elisabeth Kübler-Ross observó la progresión de los pacientes agonizantes al hacer frente a los azotes de sus enfermedades. Ella observó que pasaban por etapas definibles de dolor: negación, ira, negociar, dolor (o tristeza) y aceptación.[1] Otros observaron que las personas pasan por estas etapas en cualquier tipo de pérdida significativa. Los líderes también las experimentan.

Cuando golpea la realidad del dolor, la primera respuesta a menudo es: "¡Esto no puede estar sucediendo!". Esa es la negación.

Después, cuando el líder no puede ignorar la dolorosa realidad, emerge la ira: con la causa, con él mismo, con Dios, o con cualquier otra persona que llegue a su mente.

Una reacción natural y normal para cortar el dolor es negociar. La persona intenta instintivamente hacer un trato. "¿Qué puedo hacer para deshacerme del dolor y volver a la normalidad?". Parece una pregunta perfectamente válida, pero es más un escape que el valor de hacer frente a los duros hechos.

Lentamente, gradualmente, la persona deja de hacer algún tipo de trato para salir del dolor. La pérdida toma forma. Es casi palpable. Y una profunda tristeza llena el corazón. Esta etapa puede parecer y se puede sentir muy parecido a una depresión, pero hay luz al final del túnel.

Más tarde, o más temprano, la persona experimenta una esperanza renovada. Nuevas perspectivas, ideas que no se podían haber aprendido de ninguna otra forma, se convierten en tesoros encontrados en la oscuridad. La persona ahora tiene más compasión, un gozo más profundo, y más amor para compartir con otros.

Las etapas del dolor no son lineales. Las personas pueden ir hacia adelante o hacia atrás en ciclos más profundos de comprensión del dolor. Es enredoso y feo, pero es esencial si las personas quieren hacer las paces con su dolor.

La respuesta humana normal al dolor es hacer cualquier cosa menos enfrentarlo. Solemos *minimizar* el problema ("oh, realmente no es tan malo"), *excusar* a los que nos han ofendido ("ella en verdad no quería decir eso"), o *negar* que haya ocurrido ("¿qué conflicto?" ¿Qué traición? ¿Qué ofensa? ¡No sé de qué me estás hablando!").

El dolor no es malo, a menos que nos venza.
—Charles Kingsley

Pero el dolor no es el enemigo. La incapacidad o el rechazo para hacer frente al dolor es un peligro mucho mayor. Yo crecí en la India, donde vi a miles de leprosos. A menudo les falta la nariz, las orejas, los dedos de las manos y de los pies, pero no porque su carne se pudra (esa es una idea equivocada muy común). Varias partes del cuerpo se dañan gravemente porque no sienten las señales de aviso de dolor para mantenerse lejos de los peligros. El Dr. Paul Brand trabajó con leprosos en la India y los Estados Unidos. En *The Gift of Pain* (El regalo del dolor), escrito conjuntamente con Philip Yancey, Brand cuenta la historia de Tanya, de cuatro años. Cuando su madre llevó a Tanya al hospital nacional de leprosos en Carville, Louisiana, el Dr. Brand observó de inmediato que la pequeña parecía totalmente calmada mientras él retiraba sus vendajes ensangrentados y examinaba su tobillo dislocado. A medida que el doctor movía con cuidado el pie de la niña para evaluar la extensión del daño, Tanya parecía aburrida. No sentía dolor en absoluto.

Su madre explicaba que al principio se dio cuenta del problema de Tanya cuando tenía solo dieciocho meses de edad. Había dejado a su hija en un corralito unos minutos. Cuando regresó, vio que Tanya estaba pintando con su dedo ensangrentado garabatos rojos en la sábana. Ella no recordaba haberle dado a su hija ninguna pintura, Cuando se acercó, gritó de horror. ¡Tanya se había mordido el extremo de su dedo y estaba usando su sangre como pintura! Cuando su madre gritó, la niñita alzó la mirada y tenía "manchas de sangre en sus dientes".

Tanya sufría un extraño mal genético llamado indiferencia congénita al dolor, una enfermedad muy parecida a la lepra. En todos los demás aspectos era una pequeña saludable, pero no sentía dolor alguno. Siete años después, la madre de Tanya llamó al Dr. Brand para decirle que a la pequeña le habían tenido que amputar ambas piernas así como la mayoría de los dedos de las manos. Sus codos se le dislocaban constantemente, y sufría sepsis por las úlceras de sus manos y muñones de sus piernas. Se había mordido la lengua tantas veces que la tenía hinchada y lacerada.

Años atrás, el padre de Tanya se fue porque no pudo soportar el estrés de criarla, y la había llamado "un monstruo". El Dr. Brand dijo: "Tanya no era un monstruo, solo un ejemplo extremo, realmente una metáfora humana, de una vida sin dolor".[2]

La lepra puede ser contagiosa, pero el Dr. Brand aseguró a sus colegas del hospital que no estaban en peligro. Entonces, una noche, tras un vuelo de América a Londres, el Dr. Brand fue a su hotel y comenzó a desvestirse para irse a la cama. Cuando se quitó uno de sus zapatos, se dio cuenta de que no tenía sensación alguna en su pie. ¡La insensibilidad le aterró! Encontró un alfiler y se lo clavó en la piel debajo de su tobillo. Nada. Lo empujó un poco más en su carne. Esta vez apareció algo de sangre, pero seguía sin sentir dolor alguno.

Toda la noche el Dr. Brand estuvo en la cama con su mente acelerada imaginándose su nueva vida como leproso. ¿Cómo afectaría a su vida personal? ¿Tendría que dejar a su familia y vivir en una colonia para no contagiarlos? ¿Qué seguridad podría darle ahora a su equipo de que ellos no contraerían también la enfermedad?

A la mañana siguiente, mientras amanecía, el Dr. Brand tomó de nuevo un alfiler y se pinchó en el tobillo. Esta vez gritó. ¡Le dolió! A partir de ese día, siempre que sentía malestar por un corte, náuseas o cualquier otra cosa, respondía con una gratitud genuina: "¡Gracias, Dios, por el dolor!".[3]

Ojos nuevos, corazones abiertos

Tanya y muchos millones más que no tienen la capacidad de sentir el dolor, soportan una desventaja severa e involuntaria, pero el resto a menudo *escogemos* la insensibilidad y sufrimos las consecuencias. Muchos líderes piensan que tienen que poner una cara feliz (o al menos una cara estoica) ante las personas de su organización, así que rehúsan admitir su desánimo, decepción y desilusión, incluso ante sí mismos, o intentan demorar su dolor. Preocupados y quizás enojados, les dicen a sus cónyuges: "En cuanto se termine la campaña de construcción, el nuevo programa de música esté funcionando, contratemos al nuevo miembro de la plantilla, o algún otro acontecimiento se logre, podré aminorar el paso y el estrés se irá". Para los pastores y todos los demás líderes, ignorar el dolor es la lepra del liderazgo. Puede que prometa la ganancia a corto plazo de evitar la incomodidad, pero tiene consecuencias a largo plazo que son devastadoras.

> El dolor tiene el propósito de despertarnos. Las personas intentan esconder su dolor, pero es un error. El dolor es algo para llevar, como una radio. Tú sientes tu fuerza al experimentar el dolor. Todo está en cómo lo lleves. Eso es lo que importa. El dolor es un sentimiento. Tus sentimientos son parte de ti, tu propia realidad. Si te avergüenzas de ellos y los escondes, estás dejando que la sociedad destruya tu realidad. Deberías defender tu derecho a sentir tu dolor.
>
> —Jim Morrison, *De aquí nadie sale vivo*

Paradójicamente, a los cristianos a menudo les cuesta más que a los incrédulos manejar el dolor personal. Miran las promesas de Dios y concluyen que Dios debería llenar su vida de gozo, amor, apoyo y éxito. Eso es leer la Biblia de forma selectiva. Las Escrituras dicen, de forma clara y abundante, que soportar el dolor es una de las formas —quizá la principal forma— en la que Dios obra su gracia en lo más profundo de nuestra vida.

Para los líderes de iglesias, el dolor es generalizado y persistente. La persona que está involucrada en cualquier forma de liderazgo de iglesia, y especialmente los pastores, ven más de la parte inferior de la vida que los miembros de cualquier otra profesión. Los agentes de seguros ven a quienes acuden a ellos para protegerse de la pérdida; los banqueros y los agentes hipotecarios ven a las personas que tienen necesidades económicas; los médicos tratan problemas físicos; y los mecánicos miran debajo del capó del automóvil, pero ninguno de ellos mira al corazón de las personas como lo hace un pastor. Ninguna de estas personas ve a las otras personas en el apogeo y ocaso de sus vidas: tiempos de gran celebración, como bodas y cumpleaños, y tiempos de profundas pérdidas, como divorcios, enfermedades y muertes. Los pastores están expuestos a las mayores esperanzas y a las heridas más profundas de quienes tienen bajo su cuidado. Y no es temporal; es desde el vientre hasta la tumba.

Uno de mis amigos se reía mientras me contaba que los pastores están presentes en los eventos más críticos de la vida de una persona: al nacer, al emparentarse y al desaparecer. El pastor está ahí cuando nace un bebé y cuando muere una mamá. El pastor celebra con una pareja cuando se mudan a una casa nueva, y les consuela cuando la compañía hipotecaria ejecuta su orden sobre esa casa. El pastor se alegra cuando la persona asciende en el trabajo, y se duele con ellos cuando se quedan sin trabajo. El pastor se emociona con los padres cuando sus hijos ganan premios y becas, y va la cárcel con ellos cuando tienen que depositar la fianza para sus hijos obstinados. Está lleno de esperanza cuando personas acuden al altar y dicen: "Sí, acepto", y llora con ellos cuando gruñen: "Lo dejo". Los pastores están expuestos a los sueños y temores de personas en cada etapa de la vida. En el transcurso de una hora, un pastor puede recibir varios reportes brillantes y muchas noticias de tragedias. Este papel en las vidas de familias es un honor increíble, pero produce una tremenda presión y, a menudo, un dolor indirecto atroz. Si no tienen cuidado, el dolor acumulado puede aplastarles la vida, de forma figurada y literal.

Hacerse amigo del dolor

Necesitamos una perspectiva nueva. Necesitamos hacernos amigos de nuestro dolor. En un artículo de la página de opinión del *New York Times*, el columnista David Brooks ofreció una visión sorprendentemente bíblica del poder del dolor. Observó que los estadounidenses están obsesionados con la búsqueda de la felicidad, pero a menudo se sienten vacíos, solos y sin propósito. Él observó: "Las personas buscan la felicidad, pero se sienten formadas mediante el sufrimiento… La felicidad quiere que pienses en maximizar tus beneficios. La dificultad y el sufrimiento te llevan por un camino distinto". Brooks comparte esta idea: "La respuesta correcta a este tipo de dolor no es el placer. Es la santidad… poner las duras experiencias en un contexto moral e intentar redimir algo malo convirtiéndolo en algo sagrado". En el proceso, puede que no salgamos sanados; salimos diferentes.[4]

Los líderes de las iglesias pueden mirar a quienes están fuera de la familia de la fe en busca de buenos ejemplos de personas que han sido transformadas por la experiencia del dolor. Cuando Lou Gerstner se convirtió en el presidente y CEO de IBM en 1993, la compañía tenía problemas. Durante su primera reunión, el equipo de liderazgo discutió la estrategia de IBM. Cuando se terminó esa reunión de ocho horas, Gerstner dijo que no entendía una cosa; era como si los otros líderes hablaran un lenguaje diferente. Esa reunión, por muy dolorosa que fue, le reveló exactamente a lo que se enfrentaba para hacer que la compañía fuera rentable. Finalmente, tuvo que transformar la poderosa cultura de IBM, una cultura que la hizo tanto famosa como exitosa en la década de 1960 y 1970. Imagínate ser alguien externo a la compañía y tener que transformar un ícono como IBM. ¿Cómo lo hizo?

Gerstner se hizo amigo de su dolor. Abrazó el dolor de transformar toda la cultura de IBM, el dolor de centralizar lo que se había convertido en una operación muy individualista, y el dolor de hacer hamburguesas con las vacas sagradas de la empresa: procesos operativos que estaban considerados procedimientos operativos estándar antes de que él llegara. Al aceptar estos dolores, le dio la vuelta por completo a IBM.

Los deportistas, a menudo, juegan con dolores. Saben que tienen que hacerse amigos de su dolor. Un defensa de la NFL dice que jugar al fútbol es como "estar en un accidente de tráfico cada día".[5] ¿Por qué continúan haciéndolo? Porque les encanta jugar, y entienden que sus dolores y achaques son el precio que deben pagar para estar en un equipo y competir en el campo.

Aceptar tu dolor nunca es fácil. Todos los líderes deben soportar el dolor de la crítica. No puedes ser un líder y evitar que te critiquen. Todo lo que el Presidente de los Estados Unidos dice y hace lo analizan intensamente los republicanos y los demócratas. Cada programa de debate matinal del domingo disecciona las principales políticas y acciones ejecutivas. Se necesita una piel muy gruesa para ser el Presidente.

Hace unos años atrás, cuando Camilla Parker Bowles, la duquesa de Cornwall, visitó los Estados Unidos con Carlos, el Príncipe de Gales, los medios la criticaron por lo que se puso y lo que no se puso. Escribieron sobre cuántos cambios de ropa llevó para una visita de ocho días. Imagínate ser Camilla y leer un artículo que decía que parecía "desaliñada". Eso es doloroso. Pero si quieres ser princesa o presidente, o tener cualquier tipo de liderazgo, eso es lo que tendrás que manejar.

Hacerse amigo del dolor es parte del liderazgo. Nuestros dolores nos dicen que estamos avanzando en la dirección correcta. Nuevos dolores siempre serán parte de tu vida a medida que sigues escalando la escalera hacia tu destino.

Hay, claro está, muchas fuentes de dolor. Algunas son auto infligidas y se deberían evitar o resolver lo más rápido posible. Pero otros tipos de problemas no se pueden evitar si estamos comprometidos a ser líderes fuertes, cuidadosos, visionarios, que marquen la diferencia en las vidas de individuos y comunidades. El dolor no es un intruso en las vidas de los líderes espirituales; es un elemento esencial para moldear la vida del líder. El erudito del Nuevo Testamento N. T. Wright observó que Dios cumple sus propósitos mediante el dolor. En su explicación de cómo enfrentó el dolor la iglesia primitiva, observó:

> Los cristianos primitivos entendían que su vocación como seguidores de Jesús incluía… su propio sufrimiento, incomprensión y probablemente la muerte… El sufrimiento de los seguidores de Jesús es… no solo el inevitable acompañamiento del logro del propósito divino, sino realmente una parte misma de los *medios* por los cuales se cumple ese propósito.[6]

En los primeros siglos de la iglesia cristiana, la iglesia experimentó un crecimiento explosivo; pero esta no fue una época dorada para los creyentes. Sufrieron unas torturas increíbles a manos del Imperio Romano. Los cristianos fueron estirados y desmembrados, los pusieron en estacas y los quemaron, los despedazaron las fieras salvajes, y los torturaron con agujeros que les hacían en la cabeza en los que se les echaba agua caliente, y después experimentaron los devastadores efectos de dos plagas masivas. Mediante todo esto, la persona vio algo que nunca había visto antes: esperanza, fe y amor. Y millones fueron atraídos a Cristo.

En *Al encuentro del Dios invisible*, el autor Philip Yancey contaba su descubrimiento de que a la fe de Basilio el Grande se le llamaba "ambidiestra" porque tenía las bendiciones de Dios en su mano derecha y las dificultades de la vida en su mano izquierda, confiando en que Dios usara ambas cosas para lograr sus propósitos divinos en él y a través de él.[7] Todos necesitamos una fe ambidiestra.

Tu llamado

¿Quieres ser un mejor líder? Eleva el umbral de tu dolor. ¿Quieres que tu iglesia crezca? ¿Quieres que tu empresa consiga metas más altas? La reticencia a enfrentar el dolor es tu mayor limitación. No hay crecimiento sin cambio, no hay cambio sin pérdida, y no hay pérdida sin dolor.

Solo crecerás hasta el umbral de tu dolor

Si no tienes dolores no estás liderando. Tu visión para el futuro tiene que ser suficientemente grande para impulsarte a enfrentar los dolores y luchas que encontrarás por el camino.

Pero este libro no es un tratado teológico sobre el dolor. Hay varios libros excelentes que recomiendo para darle a la persona un análisis bíblico del dolor.[8] Mi propósito es proporcionar un entendimiento concreto y práctico del dolor que experimentamos para interpretarlo con más precisión y aprender las lecciones que Dios tiene en él para nosotros. Si vemos el dolor solo como un intruso no bienvenido, no podremos hacer las preguntas correctas, y nuestro sufrimiento se malgastará. En estas páginas, evitaremos (¡como una plaga!) las respuestas simplistas a las preguntas más difíciles de la vida. Este es un libro atrozmente honesto y muy práctico. Examinaremos los principios y prácticas que hacen de nuestro dolor un medio para cumplir los propósitos divinos de Dios para nosotros, nuestras iglesias y nuestras comunidades.

Mi padre era pastor, y yo he sido pastor. Hago consultoría con pastores y directores generales cada día, y hablo en conferencias de liderazgo. Si eres un líder de iglesia, yo soy uno de ellos. Entiendo tus esperanzas y dolores porque he estado ahí, y sigo ahí cada día. Cuando comencé a dar consultoría a líderes, le pedí a Dios dos dones: preocupación imparcial y favor. Recibo llamadas de algunos de los principales líderes del mundo. Son los directores generales/líderes principales/pastores principales de sus iglesias. No me llaman porque quieren oír historias interesantes o pasar el tiempo porque están aburridos. Me llaman porque sufren dolor y quieren algunas respuestas. Tengo que convencerlos de que el remedio causará más dolor antes de que sientan algo de alivio. Para ser más fuertes, tienen que cavar más profundo. ¿Por qué? Porque como un paciente en cirugía, tienes que estar dispuesto a sentirte peor para poder sentirte mejor. Este libro trata de lo que he aprendido acerca del dolor del liderazgo. Y estas lecciones nunca se aprenden fácilmente.

> De vez en cuando hablamos de nuestro cristianismo como algo que resuelve problemas, y hay un sentido en el que sí lo hace. Mucho antes de que lo haga, no obstante, aumentan tanto el número como la intensidad de los problemas. Incluso nuestras preguntas intelectuales aumentan mediante la aceptación de una fuerte fe religiosa... Si un hombre desea evitar el molesto efecto de las paradojas, el mejor consejo es que deje la fe cristiana.
>
> —Elton Trueblood, *The Incendiary Fellowship*

Llegué a los Estados Unidos desde la India en 1973. Tenía veinte años y buscaba una vida mejor. Bob y Vivian Steinbough vivían en Pasadena (California), y ellos me pagaron mis estudios en el Instituto Bíblico Beulah Heights[9], en Atlanta. Enviaban un cheque cada mes a la universidad para pagar mis gastos: matrícula, hospedaje, alimento, libros y algunos gastos puntuales. Un año después, la Organización de Países Exportadores de Petróleo (OPEP) redujo severamente el suministro de crudo a los Estados Unidos. Las filas en las gasolineras daban la vuelta a los edificios, las tasas de interés se dispararon, la inflación subió a cifras con doble dígito, y la nación sufrió una grave recesión económica. Durante ese tiempo difícil, Bob Steinbough perdió su empleo, y yo perdí los cheques que él y Vivian habían estado enviando a la universidad.

La nación estaba en crisis, y *yo* estaba en crisis. Tenía que encontrar una manera de ganar dinero, así que llamé a todas las puertas en la calle Berne Street, cerca de la universidad. Les pedía a las personas si podía cortarles el césped, barrer las hojas o las aceras. Estaba dispuesto a hacer cualquier cosa. Una vez tras otra, los residentes debieron pensar que un joven de India parecía muy fuera de su lugar en el sudeste de Atlanta. Movían negativamente la cabeza y me decían que me fuera. Pero entonces ofrecí esto: "Se lo hago gratis".

Esto intrigó a algunos. Invariablemente me preguntaban: "Entonces ¿qué quieres de mí?".

Yo respondía: "Cuando termine, puede hacerme un sándwich de crema de cacahuate y mermelada. Eso es todo".

Algunos de ellos aceptaron mi oferta, pero no era suficiente para mantener el hambre a raya. Como a un kilómetro de la universidad estaba el supermercado Simpson. Las situaciones desesperadas demandan medidas creativamente desesperadas. Fui a la tienda y pedí hablar con el gerente. Le pregunté: "¿Alguna vez tira usted comida?".

Él me miró un tanto perplejo, pero en ese entonces yo estaba bastante delgado, así que mi pregunta no era muy difícil de entender. Él asintió: "Sí, claro, casi todos los días. No podemos vender ningún alimento después de la fecha de caducidad".

Le pregunté: "¿Ha oído usted hablar de todos los niños hambrientos de la India?".

"Sí", dijo mirándome con una sonrisa curiosa.

"Bueno, ¡pues aquí tiene a un indio hambriento!".

Durante muchos meses iba al supermercado para ver al gerente. Realmente no podía darme los alimentos que iba a tirar, pero los ponía en un paquete y los depositaba cuidadosamente en el contenedor comercial de dos metros de altura en la parte posterior de la tienda. Yo tenía que esperar hasta que volviera a pasar a la tienda, y entonces entraba en el contenedor, sacaba la comida y después salía. Él descubrió que yo podía usar alimentos congelados, especialmente las pizzas y bolsas de verdura, pero también me decía cuándo había fruta, como plátanos, manzanas y naranjas, que estaba demasiado madura para venderla, pero que aún se podía comer.

Durante casi un año, este gerente de la tienda fue mi sustento para sobrevivir. Entonces encontré un puesto de conserje en la universidad. Lo solicité y conseguí el empleo. Enseguida necesitaron también un cocinero para el desayuno y alguien para lavar los platos, y me dieron también esos trabajos. Estaba contento de tener tres empleos a tiempo parcial, y ahora tenía acceso a la comida cada día. ¡Era maravilloso! Por supuesto, no me pagaban. Era un arreglo de intercambio. Por mi trabajo en el campus, la universidad me pagaba la matrícula, los libros, y hospedaje y comida.

Cuando conté esta historia a un grupo de personas, alguien me preguntó: "¿Por qué no te regresaste a la India?".

Eso es fácil de responder. Si no tenía dinero suficiente para comprar comida, ciertamente tampoco tenía dinero para comprar un billete de avión para volar ¡al otro lado del mundo! Era tan pobre que ni siquiera tenía dinero para hablar con mis padres durante esos años. Las llamadas de larga distancia eran muy caras.

Una vez, un amigo me preguntó: "¿Cuándo fue la última vez que hablaste con tus padres?".

Pensé unos instantes y respondí: "Llevo aquí cuatro años, y no he hablado nada con ellos durante todo este tiempo".

Me dio quince dólares para que pudiera llamar a mis padres y hablar con ellos unos minutos.

Cuando llamé, mi padre respondió. Dije: "Hola, ¡soy Sam!".

Tras una pausa, él respondió: "¿Qué Sam?". Había pasado tanto tiempo, que no reconoció mi voz.

Le dije: "Sam, tu hijo".

El resto de la familia se puso al teléfono, aunque era más de medianoche en la India. Tuvimos una conversación maravillosa aunque muy corta para ponernos al día.

Las experiencias moldean las percepciones. Este periodo de pobreza creó una marca muy profunda en mi mente que insistía: "El dinero da opciones a las personas, pero yo soy pobre, así que no tengo opciones. Siempre seré pobre. Es mi destino en la vida". Creía firmemente que solo podría permitirme comer pizza congelada. Solo podía vivir en los lugares más baratos. No puedo tener amigos porque todos se avergüenzan de mi pobreza. ¿Quién me escuchará si intento decir algo?

El dolor de ser pobre me dejó una marca que parecía irreparable, pero gradualmente comencé a reinterpretar esos dolorosos años. Comencé a ver que tenía opciones, muchas opciones. Mi pasado no dictaba mi futuro. Tenía que aprender a pensar de manera más amplia, a imaginar posibilidades no limitadas por mis experiencias. Incluso en las circunstancias más negras, podemos descubrir opciones creativas. Yo lo llamé *pensamiento de cielo azul*. No es idealista e irracional, sino más bien uno que está infundido de una poderosa esperanza.

Mi deseo para ti

En los capítulos siguientes identificaremos las principales causas del dolor del liderazgo, las personas, situaciones y procesos que nos hacen sangrar, y ofreceré algunas soluciones eficaces para ayudarte a responder con sabiduría, fortaleza y gracia.

Permíteme darte una pequeña idea de los principios que quiero impartirte. Cuando estés sangrando:

- Entiende e interpreta tu dolor.
- Ten claro qué lección estás aprendiendo.
- Pasa tiempo con líderes que tengan un umbral de dolor alto.
- Cuídate, a nivel mental, físico, espiritual y relacional.
- Sé siempre consciente de cuál es tu temperatura interior.
- Escucha a tu cónyuge (o mejor amigo).
- No le pidas a Dios que aumente tu umbral de dolor. ¡Te arriesgas a que responda esa oración!

He conocido a muchos líderes cuyo potencial llegó hasta un techo y se detuvo cuando rehusaron atravesar su umbral de dolor. Algunos fueron sacados a flote por completo, pero la mayoría se conformaron con algo menos, a menudo bastante menos, de lo que el gran diseño de Dios tenía para ellos. Su umbral de dolor se convirtió en su techo. Mi esperanza para ti es que adquieras el corazón, la perspectiva y las habilidades para continuar elevando tu umbral de dolor. En los principios e historias de este libro espero que encuentres el valor para hacer tres cosas:

1. **Ver el dolor como tu mejor maestro.** No lo evites. No lo minimices. Y no te insensibilices a él. El dolor nunca desaparece porque sí. Cuando no se resuelve, se profundiza en nuestra mente, crea ansiedad en nuestro corazón, causa resentimiento y depresión, y crea tensión en nuestras relaciones. Como decía el viejo anuncio de aceite de motor: "Cómprame ahora o cómprame después". Aborda el dolor enseguida y aprenderás lecciones importantes sobre Dios, sobre ti mismo y sobre cómo ayudar a crecer a otros cuando se vean ante dificultades. Enfréntalo después y tendrá resultados devastadores.

2. **Dejar que tu visión te dirija.** Mantén la visión fresca y fuerte. No dejes que tu mente sea consumida por tu dolor inmediato y tus obvias

limitaciones. Cuando interpretas tu dolor como más grande, más importante, más amenazador, más comprensivo que tu visión, redefinirás tu visión hasta el umbral de tu dolor. Enfócate en el cuadro general y deja que el legado que estás adelantando con lo que haces te dé el valor que necesitas para hacer frente a los problemas de cada día. Tu visión renovará continuamente tu esperanza, restaurará tu valor y renovará tu perspectiva. Te capacitará para que pagues el precio de enfrentar el dolor y dar el siguiente paso adelante.

3. **Tener un riguroso plan de desarrollo personal.** Si tienes un plan para crecer espiritualmente, relacionalmente y profesionalmente, incorporarás dificultades al proceso de aprendizaje. No te conformes. Lee a los mejores autores, pasa tiempo con líderes valientes y diseña un plan para afilar tus habilidades. En muchos momentos te chocarás contra varios obstáculos, interna y externamente, reales y percibidos. Cuando te enfrentes a cada uno de ellos con valor, elevarás tu umbral de dolor y te convertirás en un mejor líder. En el proceso, verás el dolor como tu amigo, no como tu enemigo.

Sin una perspectiva nueva sobre el dolor, una visión convincente y un plan claro, cada dificultad tiene el potencial de detenerte en seco. Un sentimiento de destino que te dirija abre tus ojos a las lecciones que puedes aprender de la traición, la crisis y el fracaso.

En su libro, *The Healing Path* (El sendero hacia la sanidad), el psicólogo Dan Allender describió la percepción espiritual que podemos extraer de los eventos dolorosos de nuestra vida. Lo escribió así:

Si no anticipamos concienzudamente cómo responderemos al daño de vivir en un mundo caído, el dolor podría no servir para nada. Nos insensibilizará o nos destruirá en vez de refinarnos, e incluso bendecirnos... La sanidad en esta vida no es la resolución de nuestro pasado; es el uso de nuestro pasado para acercarnos a una relación más profunda con Dios y sus propósitos para nuestras vidas.[10]

Para ser un mejor líder, eleva el umbral de dolor en tu vida. Para conseguir esto, primero necesitas entender firmemente las tres clases de dificultades que te encontrarás: desafíos externos, estreses internos y dolores del crecimiento. Hacia esto nos dirigimos ahora.

Al final de cada capítulo encontrarás ideas y ejercicios que te ayudarán a aplicar los principios que acabas de encontrar. No lo pases deprisa. No hay bonificación por ir deprisa. Dedica tiempo a pensar, considerar, recordar y orar. Confía en que Dios te hable y te dé sabiduría. Si usas este libro con un equipo o un grupo pequeño, usen las preguntas para sus discusiones.

Aprende esto

Solo crecerás hasta el umbral de tu dolor. Para crecer más, eleva tu umbral.

Haz esto

Haz el compromiso de ser atrozmente honesto contigo mismo, con Dios, y al menos con otra persona mientras lees este libro.

Piensa en esto

1. ¿Cómo definirías y describirías la lepra del liderazgo? ¿Qué efectos tiene sobre el líder y sobre quienes le siguen?
2. ¿Estás de acuerdo o en desacuerdo con esta afirmación: El liderazgo es un imán para el dolor. Explica tu respuesta.
3. ¿Qué significaría para ti tener una "fe ambidiestra"?
4. ¿Puedes pensar en alguna ocasión en la que dejaste que tu dolor reinterpretara (y rebajara) tu visión? Describe cuándo fue que ocurrió eso. ¿Cómo desearías haber respondido?
5. ¿Por qué estás leyendo este libro? ¿Qué esperas sacar de él?

Y recuerda: **solo crecerás hasta el umbral de tu dolor.**

2
DESAFÍOS EXTERNOS

El éxito no se mide por lo que logras sino
por la oposición que has tenido, y el valor con el que
has mantenido la lucha contra todo pronóstico.
—ORISON SWETT MARDEN

Benny Pérez, pastor principal en The Church, Las Vegas (Nevada)

Muchas ciudades del país sufrieron una crisis inmobiliaria cuando comenzó la recesión en 2008. Las Vegas fue golpeada de forma muy dura. Seis años antes de ese tiempo, habíamos comenzado nuestra iglesia con 27 personas en el salón de nuestra casa, y había crecido hasta 2500 cada fin de semana. Estábamos muy emocionados con lo que Dios estaba haciendo, y compramos un terreno para poder construir nuestra iglesia. Cuando llegó la crisis y los valores inmobiliarios cayeron, nuestro banco pidió tener una reunión con nosotros. Sabía que no iba a ser una llamada social. El oficial del banco nos dijo que teníamos que ir con 900 000 dólares para bajar nuestro "préstamo a valor" hasta el 75 por ciento. Sacamos el dinero de nuestros ahorros para un nuevo edificio, y se lo dimos al banco. Nos habíamos librado, o al menos eso pensábamos.

Un año después, la crisis inmobiliaria en Las Vegas se convirtió en una catástrofe. El valor de las propiedades cayó como por un precipicio. El terreno que habíamos comprado por 4,5 millones de dólares ahora valía solo 800 000 dólares. Con el terreno y el edificio poseíamos 8 millones de dólares, pero se valoraban solo en 2,4 millones. Queríamos construir porque estábamos creciendo muy rápido. Anunciamos en nuestra página web que íbamos a recaudar dinero suficiente para edificar el Auditorio Wendell E. Smith. El banco nos llamó y nos dijo que todo el dinero que recaudásemos teníamos que entregarlo para pagar la deuda. El banco nos había arrinconado, no podíamos hacer crecer la iglesia. Estaba en un callejón sin salida.

Me preguntaba cómo podía haber sucedido todo aquello. Cosas maravillosas habían ocurrido en nuestra iglesia. Dios había derramado sus bendiciones sobre nosotros. ¿Iba a acabar así? Consideré dejar que el banco se quedara con el terreno y el edificio, pero enseguida descubrí que tendrían un derecho de retención sobre cualquier nuevo edificio que pudiéramos construir. El banco entregó nuestra cuenta a una "división especial de bienes" nacional. Recibí una llamada de un oficial del banco en Florida que intentó intimidarme. Las cosas ya habían ido de mal en peor; ahora la situación era muy fea.

En ese momento, yo no conocía a nadie que pudiera ayudarme a navegar por esas aguas desconocidas. Me sentía desamparado y solo, y para ser sincero, una ola de vergüenza nublaba mi pensamiento. ¿Cómo había podido dejar que sucediera eso? Me costaba dormir muchas noches, así que estaba agotado durante el día. Mis pensamientos estaban preocupados por nuestra crisis financiera a todas horas. Cuando estaba en la iglesia, pensaba en ello. Cuando estaba en casa, no podía pensar en otra cosa. Cuando nuestra familia estaba de vacaciones, yo pensaba en ello constantemente. Quería encontrar a alguien que me ayudara a llevar la carga, pero no había nadie. Mi equipo, nuestra iglesia y mi familia, así como el banco, esperaban que les diera respuestas, pero yo no tenía ninguna.

Seguimos adorando y dirigiendo programas. Esa era nuestra misión y ese era nuestro gozo, pero detrás de las puertas de nuestras oficinas sentía la agobiante presión de intentar que la iglesia no se derrumbara.

A menudo me sentía abrumado, pero esas dificultades se convirtieron en los tiempos más tiernos e íntimos con el Señor. Los salmistas derramaron sus corazones ante el Señor, y yo hice lo mismo. En medio de la noche, cuando no podía dormir, lloraba y oraba: "¿Por qué voy a inquietarme? ¿Por qué me voy a angustiar? En Dios pondré mi esperanza y todavía lo alabaré. ¡Él es mi Salvador y mi Dios!" (Salmos 42:5).

Por supuesto, todo esto afectaba cada parte de mi vida, incluyendo mi matrimonio. Wendy siempre buscaba en mí las respuestas, pero ahora, cuando me preguntaba por el futuro, yo tenía que admitir: "No lo sé". Eso era realmente duro. Wendy y yo ya estábamos viendo a una consejera. Durante este tiempo, comenzamos a verla más a menudo. Puede que pierda el terreno y la iglesia, concluí, pero no iba a perder mi matrimonio.

Un buen amigo vino a la ciudad y me pidió que almorzáramos juntos. Me dijo que se había enterado de nuestros problemas con el banco, y me dio un excelente consejo: "Contrata el mejor abogado que encuentres". Mi amigo me recomendó una gran firma de abogados de su ciudad, y después de hacer un par de llamadas, tuve una reunión con uno de los mejores abogados en bienes raíces de Las Vegas. Cuando le expliqué nuestras circunstancias y las demandas del banco, este abogado judío se reclinó en su silla y dijo: "Pastor Pérez, acabo de pasar por esta misma situación en mi sinagoga. Sé exactamente qué hacer". ¡Fue como si un ángel me hubiera hablado! Finalmente encontré a alguien que entendía.

La siguiente conversación no fue tan positiva. Después de que habló con el banco para intentar buscar una solución, me llamó y me dijo: "Pastor, tengo malas noticias. No quieren hacer un trato, y es aún peor: van por usted personalmente". Me quedé desecho.

Tuvimos que declarar protección de bancarrota porque el banco no nos dio otra opción. Sufrimos meses de deposiciones, auditorías e interminables conversaciones con abogados. El banco esperaba poder encontrar irregularidades en nuestras cuentas, pero todas nuestras cuentas estaban perfectamente en orden.

Un día, el abogado acudió a mí y me explicó que el banco rehusó ceder, y que planeaban demandarme por cualquier balance no cubierto por la venta de la iglesia y del terreno. Él representaba a la iglesia. Me aconsejó que consiguiera a otro abogado que me representara personalmente.

Meses después, el abogado de la iglesia vino para reunirse con nuestro equipo ejecutivo. Dijo: "Se acabó. Hemos perdido. Tienen que dejar de pagarme y tienen que seguir adelante".

Me fui a casa. Me sentía devastado. Ni siquiera podía hablarle a Wendy salvo para decir: "Hemos perdido". Lloré y lloré toda la noche. A la mañana siguiente, le dije a Dios: "De acuerdo, Dios, voy a confiar en ti. No sé lo que eso significa, pero voy a confiar en ti".

Veinticuatro horas después, el abogado me volvió a llamar. Dijo: "Benny, mejor que creas en los milagros, porque parece que vas a tener uno. El banco le está ofreciendo un trato a la iglesia". Ofrecían aceptar una cantidad de la iglesia que nosotros gustosamente hubiéramos aceptado en pagar en cualquier momento durante el largo y agotador sufrimiento. Gustosamente aceptamos el trato.

Teníamos sesenta días para pagarlo por completo, pero solo teníamos una cuarta parte del dinero que necesitábamos. Unos días después, recibí una llamada de un total desconocido de un país extranjero. De algún modo, se enteró de nuestra situación. Preguntó por los detalles, y le conté todo al respecto. Dijo: "Déjeme hablar con mi esposa. Le volveré a llamar en unos minutos". Apenas podía esperar a que sonara el teléfono. Cuando me volvió a llamar, se ofreció a contribuir con una gran suma de dinero y a darme un préstamo sin intereses para el resto que quedara por pagarle al banco.

Yo grité y declaré alabanzas a Dios. Estaba maravillado, pero el Señor me susurró: "Hijo, yo tengo personas en todo el mundo. No estoy limitado por el tiempo, el espacio o la cultura". Yo confiaba en Dios un poquito, y Él intervino con mucho. Sublime gracia.

La lección más importante que aprendí con todo esto, es la necesidad de un abandono total a la fidelidad, el amor y los propósitos de Dios. Yo había hablado por muchos años sobre confiar en Dios, pero ahora tenía un nuevo entendimiento de lo que significa ponerlo todo en sus manos.

También aprendí a contratar a los mejores profesionales que pudiéramos permitirnos tener. Contratar al abogado correcto fue muy importante. Su experiencia me dio un sentimiento de paz. Él fue un regalo de Dios.

Durante esta dolorosa etapa de prueba, reafirmé a mi personal y a las personas de nuestra iglesia que la misión de nuestra iglesia nunca ha sido un terreno o un edificio, sino las personas. Los corazones y las almas importan más que cualquier cosa material. Dios iba a sacarnos de esa situación para que las personas fueran protegidas y bendecidas, y lo hizo.

Mi consejo para los pastores es que busquen a otros que puedan ayudar. El enemigo te dice que estás solo, y la vergüenza puede hacerte sentir indigno y desprotegido. Encuentra un amigo, mentor o consejero que pueda caminar contigo durante estos tiempos oscuros. Esa persona es más valiosa que el oro. De hecho, si tu iglesia está teniendo dificultades económicas, llámame. Me encantará poder ayudarte.

Mike Kai, pastor de Inspire Church, Waipahu (Hawái)

El ministerio está lleno de gozo y tristeza, triunfos y dificultades. Nos encanta ver vidas cambiadas, miles entregando sus vidas a Jesús, muchos descubriendo sus llamados y convirtiéndose en discípulos de Jesús, vidas restauradas, matrimonios sanados, adicciones superadas y liberación, pero hay también un enemigo muy real que está intentando torcer la obra de Dios. El enemigo de nuestra alma, el adversario, solo quiere traer desánimo y derrota a nuestras vidas.

Mi esposa Lisa y yo hemos aprendido que nuestra forma de manejar los momentos difíciles puede determinar resultados importantes: ¿me volveré tierno y me mantendré tierno, o podría el estrés convertirme en un tirano? Uno de los principales valores que compartimos es una transparencia apropiada con nuestra iglesia y nuestro equipo de personal. Mientras más cerca están de nosotros las personas, más transparentes somos. También esperamos que otros sean igualmente transparentes con nosotros.

Las transiciones en el equipo pueden ser dolorosas o placenteras. Pero incluso cuando tenemos las mejores intenciones, el dolor puede seguir siendo intenso. Una de las experiencias más dolorosas que he tenido en el ministerio fue cuando un miembro de mi equipo, que era muy cercano a mí, comenzó a darme la espalda. Yo no sabía que eso estaba sucediendo en aquel momento, pero mirando hacia atrás, las señales definitivamente estaban ahí.

Éramos una iglesia más pequeña entonces, de unos 500 o 700 miembros, y aún nos reuníamos en una cafetería de una escuela elemental. Estábamos dando el gran salto de la escuela a rentar algo mucho más grande y más caro en un centro comercial en Hawái. Estábamos metidos hasta el cuello en la expansión de la iglesia, conseguir fondos, renovar el edificio y todas las reuniones y estreses que vienen con el crecimiento. Fue un tiempo extremadamente ocupado para mí y todo el equipo. Todos estábamos siendo estirados más allá de nuestra capacidad.

Me habían dicho que no todos en nuestro equipo estarían dispuestos a hacer el ajuste y "cruzar el río Jordán" para llegar a nuestro nuevo destino. Tenía sentido. No todos se quedarán contigo en el viaje, pero yo no sabía quién se quedaría y quién se iría.

Teníamos un equipo muy unido, pero mis responsabilidades estaban cambiando. No podía aparecer en cada celebración, cada comida y cada evento como lo había hecho cuando teníamos una congregación más pequeña. No solo estaba cambiando la iglesia; yo también estaba cambiando. Con la presión y la responsabilidad añadidas, mi papel se amplió. Tenía que reajustar mis prioridades. No podía hacer todo lo que había hecho en el pasado, y este hecho realmente dolía. Era *el dolor de la capacidad aumentada*.

Mis nuevas prioridades realmente molestaron a un miembro en concreto del equipo, y comenzó a compartir su frustración con tres miembros clave de mi equipo. Durante meses, yo no era consciente de que se quejaban de mí entre ellos. Se iban de viaje para hacer buceo nocturno (muy popular en Hawái), pero nunca me invitaban. Eso me dolía. Quizá no hubiera podido ir, pero ni siquiera me lo preguntaban. Para empeorar aún más las cosas, en esos viajes era cuando se quejaban de mí. Yo estaba ajeno a todo eso. Se iban a pescar, ¡pero el almuerzo era yo!

Gradualmente, observé un cambio de conducta en estos tres miembros del equipo. Eran un poco más fríos... un poco distantes a mi alrededor. Comencé a darme cuenta de los cambios. Después, tras contratar a alguien para el equipo a fin de que nos ayudara con la parte más empresarial de las cosas, uno de los tipos comenzó a actuar de una forma peculiar. Un día me aparté con él para ver qué le ocurría. Esa conversación fue el comienzo del proceso en el cual el Señor comenzó a sacar las cosas a la luz. Fue una conversación difícil y frustrante.

Cuando terminamos de hablar, me di cuenta de que las cosas eran mucho peores de lo que me había imaginado. Cavé un poco más hondo y me di cuenta de que el cabecilla del descontento de los miembros del equipo había hecho todo tipo de cosas (demasiadas cosas como para contarlas) para sabotear mi liderazgo. Pero el cabecilla, el hombre en quien yo más confiaba, estaba de vacaciones en California. Podía haberle llamado, confrontado y despedido de inmediato, pero pensé en sus hijos pequeños. No quería arruinar sus vacaciones, pero no quería arruinarlas por sus hijos. El calendario, sin embargo, estaba complicado. Antes del día en que él debía regresar, yo estaría en Australia para una conferencia. Él regresaría cuatro días antes de que yo regresara. Decidí esperar hasta que yo regresara. Mientras tanto, confronté a los otros dos antes de irme de viaje.

Mis dos semanas de viaje en Australia fueron horribles. Odio admitirlo, pero lloré varias veces, y Lisa me consolaba. Nunca había experimentado una traición de mi equipo y una posible división en la iglesia, pues era probable; él se había ganado los corazones de una gran parte de la iglesia.

Me di cuenta de que no tenía otra opción. Tenía que despedirlo. Eso sería lo primero en la lista de cosas que hacer cuando regresara a casa. Sin embargo, casi al final del viaje, Lisa me hizo una pregunta muy difícil: "Mike, ¿has hecho todo lo que está al alcance de tu mano para salvarlo antes de dar el último paso y despedirlo?".

No me gustó nada la pregunta. Yo protesté: "Claro que hay más cosas que podría hacer, pero ¿es que acaso se lo merece?". Pasó otra semana en Australia, y entonces regresamos a casa.

En cuanto regresé a la iglesia, tuve una reunión con él. Por supuesto, para entonces él ya se había enterado de que yo había descubierto la trama para minar mi liderazgo. La advertencia anticipada le había dado unos días para prepararse para nuestra conversación, y yo sabía que la estaría preparando hasta el día que yo llegara.

La pregunta de Lisa me hizo repensar mi enfoque. "Hacer todo" significaba ofrecerle dos meses para que lo pensara bien. El sueldo completo, sin condiciones. Él lo aceptó con gusto. Pero a los pocos días, tan solo una semana antes de abrir nuestra nueva iglesia, él ya había comenzado a decirle a las personas: "Me voy de aquí y regreso a tierra firme". Algunos de los líderes le habían oído decir eso, y acudieron a mí para decirme lo que sabían. Me reuní con él una vez más, esta vez con algunos líderes clave, y lo despedimos.

Por la gracia de Dios, y tras muchas conversaciones para ayudar a cada uno a procesar la anatomía de lo que había ocurrido, pudimos salvar la relación con los otros dos miembros del equipo.

Esta etapa fue una de las más difíciles que he experimentado en mi ministerio, pero aprendí a evitar reaccionar demasiado rápido y a buscar lo mejor de Dios en todo momento. El camino elevado suele ser el menos transitado, pero se convierte en la senda de la gracia y el crecimiento de Dios para nuestra vida.

En la película *Gladiator*, el noble general romano Máximo Décimo Meridio dirige sus tropas hasta la victoria sobre la bárbara tribu germana. El emperador Marco Aurelio visita a Máximo en el lugar de esta victoria y le dice que planea nombrar al general como su sucesor y le da la misión de liderar al imperio y delegar poder al senado. El hijo de Aurelio, Cómodo, descubre que su padre planea esquivarlo en la sucesión. En un ataque de ira, asesina a su padre y se declara a sí mismo emperador. Máximo se convierte en su adversario. Para deshacerse de él, Cómodo ordena la ejecución de Máximo y crucifica a la familia del general. Sin embargo, Máximo sobrevive, pero se convierte en un fugitivo.

Como refugiado, unos mercaderes de esclavos capturan a Máximo y lo venden para convertirse en un gladiador. A diferencia de cualquier otro luchador, se hace amigo de los que algún día podrían luchar con él en la arena. Mientras tanto, en Roma, Cómodo patrocina los juegos de gladiadores, irónicamente para conmemorar la muerte de su padre y celebrar su ascensión al trono. En uno de los días de los juegos, un grupo de gladiadores se dirigen al centro de la arena mientras soldados en carros entran y los rodean para recrear una gran batalla. Pero en un giro inesperado de las expectativas, Máximo ordena a los que quieran seguirle que se formen y se defiendan de los carros. Máximo se convierte en el predilecto de la multitud... y en quien más odia Cómodo.

Para deshacerse de su rival, Cómodo orquesta una lucha unilateral. Pone a Máximo contra el imbatible Tigris al Gaul en una arena llena de tigres cuyas cadenas ponen sus fauces y zarpas al alcance de cualquier paso mal dado. Durante la pelea, Máximo queda muy herido, pero sigue luchando. Tras un duelo terrible, Máximo derrota a Tigris. Se dirige hacia la multitud y al emperador para recibir su decisión de matar o salvar la vida a su adversario. Es, como siempre, decisión del emperador. Este pone su pulgar hacia abajo, pero Máximo le perdona la vida a Tigris. La multitud vitorea y le proclama como Máximo el Misericordioso.

Cómodo está muy enojado. Decide matar a Máximo él mismo. El emperador le seduce a un combate personal, pero antes de su batalla pública, perfora deslealmente el pulmón del gladiador. Máximo está debilitado, pero pelea igualmente y mata al emperador, con la propia espada del emperador. Máximo el Misericordioso tuvo que seguir luchando incluso cuando estaba herido.

> La verdad es que todo el mundo te va a lastimar; solo tienes que encontrar a aquellos por los que vale la pena sufrir.
>
> —Bob Marley

Máximo es como muchos líderes que conozco: noble, incomprendido aun cuando tiene las mejores intenciones, atacado por quienes deberían aplaudirle; incluso muy lastimado, escoge la misericordia en lugar de la venganza una y otra vez, y se mantiene en la pelea hasta el final. La mayoría de los líderes que conozco son regularmente apuñalados por debajo de sus armaduras. Reciben cortes, sangran y son lastimados, pero no abandonan.

Cuando dirigimos organizaciones (empresas, organizaciones sin fines de lucro e iglesias), el tamaño no importa tanto como otro factor crucial. La mayor diferencia entre los líderes de grandes organizaciones y pequeñas organizaciones no es su ubicación, el tamaño de su edificio, el rango de su visión, el número de miembros de su equipo, o su talento. De hecho, algunos de los mejores líderes que he conocido tienen organizaciones pequeñas. Pero en todas mis consultorías y conferencias he visto un único factor: los líderes de organizaciones más grandes han demostrado que pueden soportar más dolor.

¡Estás rodeado de diablos!

Hay muchos desafíos externos distintos para los pastores, pero la resistencia y la hostilidad personal están en lo más alto. Yo me crié en casa de un pastor, he sido pastor y hablo con pastores cada día. El mayor quebradero de cabeza que oigo de ellos es el dolor que les infligen sus amigos. No son necesarias muchas de estas personas para hacer que nuestras vidas sean miserables. Cuando hablo de este tema, me gusta divertirme un poco. Le digo a mi audiencia: "Sé una cosa de su iglesia. Quizá nunca haya estado en su campus, pero sé esto: ¡al menos el diez por ciento de su congregación son diablos!".

> No se trata de ir por ahí intentando provocar problemas. Mientras sea sincero y exprese lo que cree que es cierto, alguna persona se convertirá en su enemigo, le guste o no.
>
> —Criss Jami

Por lo general se ríen en este momento, pero entienden exactamente lo que les estoy diciendo. Ese diez por ciento provoca el noventa por ciento de los dolores de cabeza y el sufrimiento. No solo se resisten al cambio a toda costa, sino que también cuestionan la integridad del líder, su sabiduría y autoridad. Si no pueden detener el progreso con un desafío abierto, lo hacen bajo tierra con malas campañas de murmuración. No se necesitan muchas de estas personas para esparcir el veneno de la duda hasta cada rincón de la iglesia.

Tras una pausa para dejar que lo asimilen, pregunto: "Entonces, si tienen una iglesia de cien personas, ¿cuántos diablos hay en su congregación?".

Ellos gritan: "¡Diez!".

"Si tienen una iglesia de mil, ¿cuántos diablos tienen?".

"¡Cien!".

A veces añado: "Si tienen una iglesia de diez mil, ¿cuántos diablos están profundamente comprometidos a sabotear todo lo que hacen?".

"¡Mil!".

Ahora puedo establecer mi punto:

Si no puedes manejar a diez diablos, ¿por qué iba Dios a confiarte cien o mil de ellos? Si tú y tu iglesia solo crecerán si elevas el umbral de tu dolor, la pregunta es simple: ¿Cuántos diablos puedes manejar? En otras palabras, ¿cuántos opositores se necesitan para robar tu gozo, erosionar tu entusiasmo y consumir tu tiempo para que pierdas tu enfoque en la visión que Dios te ha dado? Ese número es el límite de tu crecimiento. A través del profeta Jeremías, Dios le preguntó a su pueblo: "Si los que corren a pie han hecho que te canses, ¿cómo competirás con los caballos?" (Jeremías 12:5). Aprende a correr con los diablos que hay en medio de ti hoy, ¡y Dios te recompensará con muchos más con los que lidiar!

Después les digo: "Recuerden: crecimiento es igual a cambio; cambio es igual a pérdida; pérdida es igual a dolor; así que inevitablemente, crecimiento es igual a dolor. Por eso el liderazgo es a la vez brutal y hermoso. ¡Es *lidersangro*! ¡Es *brutermoso*!

Si estás liderando, estás sangrando.

Presiones económicas

Algunos de los desafíos que enfrentan los pastores vienen de las percepciones públicas de sus funciones. La gran mayoría de los feligreses consideran que sus pastores y equipos de trabajo deben estar "de guardia" todo el día y todos los días. Esto significa que los pastores nunca pueden relajarse por completo. Un pastor estaba en un partido de fútbol universitario con su esposa y otra pareja cuando sonó su teléfono celular. Era la esposa de un hombre de su iglesia. Le explicó que su esposo acababa de morir, y esperaba que el pastor fuera al hospital de inmediato. El estrés de estar siempre "listo" sitúa a los pastores en la categoría de seguro de vida de alto riesgo, parecido a los leñadores, pero por delante de quienes trabajan con municiones.

Muchas personas suponen que los pastores pasan la mayoría de su tiempo jugando al golf y tomando café con amigos en la iglesia o la comunidad. No tienen una idea precisa de las demandantes cargas administrativas unidas a las responsabilidades con final abierto a la hora de ocuparse de un grupo de personas con problemas y necesidades. Según un estudio reciente de la Asociación Nacional de Administración de Asuntos de Iglesias, el pastor promedio en 2012 tiene un salario anual de 28 000 dólares. Uno de cada cinco necesita un segundo empleo para mantener a su familia. El salario medio de un maestro es de 42 000 dólares. Estas dos profesiones, pastores y maestros, son dos de las profesiones tituladas peor pagadas del país.

Por supuesto, los pastores que salen en las noticias son a menudo pastores de mega iglesias que ganan mucho más que esta escasa cantidad. De hecho, muchos líderes de iglesias luchan por llegar a final de mes. Como los maestros que llevan a casa exámenes para corregir y lecciones para preparar, los pastores pasan una cantidad de tiempo enorme después de horas preparando reuniones y mensajes, respondiendo llamadas y haciendo visitas. Muchos adquirieron préstamos de estudiante para ir al seminario, lo cual a menudo es una de las aventuras académicas más caras. Tras la graduación, como profesional entrenado y titulado, trabajan largas horas para recibir un salario escaso. Cuando el salario y las horas que dedican se tienen en cuenta, muchos pastores ganan menos por hora que quienes trabajan cortando césped o en restaurantes de comida rápida.

Podríamos suponer que las personas que reciben las bendiciones de Dios de las enseñanzas del pastor y su compasivo cuidado, querrían dar una compensación adecuada, pero eso por lo general no suele ser así. Muchos líderes laicos, especialmente los de generaciones mayores, suponen que la función del pastor necesariamente conlleva sufrimiento y sacrificio, incluyendo sufrimiento y sacrificio económicos.

Las presiones económicas no siempre les ocurren al otro tipo. Lo sé. He estado ahí. No mucho después de aceptar una posición como pastor de una iglesia rural en Michigan, Brenda dio a luz a Rachel, nuestra primogénita. Enseguida descubrimos que Rachel tenía una alergia muy fuerte a la leche, así que teníamos que comprar un sustituto de soja, un sustituto muy caro. Mi salario en la iglesia en 1980 era de 125 dólares por semana (¡así que no te quejes de lo poco que ganas!). Ya estábamos viviendo al límite antes de que naciera Rachel. Ahora, los gastos añadidos de un nuevo bebé y la fórmula de soja nos lanzaron por el precipicio. Necesitábamos ayuda. Decidimos ir a los servicios sociales para solicitar cupones de comida.

Vivíamos en una ciudad pequeña. Las distancias no eran grandes, y todos sabían de los negocios de los demás. La oficina de servicios sociales estaba a unos cien metros de la iglesia. Llenamos la solicitud y enseguida nos llamaron para tener una reunión con una asistente social. Cuando ella entró me reconoció, sonrió, y dijo: "¿Cómo está hoy, pastor?".

De repente se avergonzó, y ambos nos avergonzamos. Miró las solicitudes que habíamos llenado, y me hizo algunas preguntas más. Finalmente, puso los papeles en la mesa y nos dijo: "Pastor, usted gana un poco más de la cuenta como para poder recibir los cupones de comida. Lo siento".

Le pregunté: "¿Cuánto más?".

Ella se avergonzó, y dijo: "Veintidós dólares al mes".

En esos días, yo no tenía un sabio mentor a quien llamar. Podía haberle pedido a la iglesia que redujera mi sueldo en veintidós dólares al mes, y podríamos haber recibido la fórmula de soja, el pan, queso y otros artículos para comer.

No sé cómo se difundió la noticia, pero el pequeño aprieto económico de nuestra familia enseguida recibió la compañía de la humillación pública cuando las personas susurraban que el nuevo pastor había solicitado los cupones de comida. Brenda y yo teníamos que comprar la fórmula de soja con nuestro escaso sueldo, lo cual significaba que teníamos que decidir *si* comeríamos todos los días, y no *qué* comeríamos. Una necesidad privada y urgente nos convirtió en un espectáculo público. Estas cosas fueron un uno-dos de boxeo directo al estómago.

Una mirada al interior desde fuera

Los grupos de investigación Fuller, Barna y Pastoral Care publicaron estas conclusiones sobre los desafíos externos de los pastores:

- El 40 % reportan graves conflictos con un feligrés al menos una vez al mes.
- El 66 % de los miembros de la iglesia esperan que un ministro y su familia vivan con un estándar moral más alto que ellos mismos.
- La profesión de "Pastor" está cerca de lo más bajo en una encuesta de las profesiones más respetadas, justo por encima de "vendedor de automóviles".

Sus investigaciones también demostraron que muchos pastores vivían mirando por encima de sus hombros porque se daban cuenta de que sus trabajos eran flojos:

- Más de 4000 iglesias cerraron en los Estados Unidos el año pasado.
- Más de 1700 pastores dejaron el ministerio cada mes el año pasado.
- Más de 1300 pastores fueron despedidos por la iglesia local cada mes durante el año pasado, muchos sin causa justificada.
- Más de 3500 personas al día dejaron la iglesia el año pasado.[1]

En otro estudio de pastores, Richard Krejcir reportó:

- El 78 % se vieron obligados a dimitir de una iglesia, al menos una vez.
- El 63 % habían sido cesados de su posición pastoral, al menos dos veces.

En un análisis más detallado de las causas del despido, Krejcir descubrió:

- El 52 % identificó que la principal razón fue por asuntos organizacionales y de control, por ejemplo, conflicto con un anciano, una persona laica clave o una división en la iglesia.
- El 24 % dijo que la principal razón del despido fue que la iglesia estaba sufriendo un grado importante de conflicto cuando ellos llegaron, y la manera en que lo trató el pastor no pudo resolverlo.

+ El 14% identificó que la principal razón fue la resistencia a su liderazgo, visión, enseñanza o cambio, o que su liderazgo fue "demasiado fuerte", o que esperaban el cambio "demasiado rápido".

+ El 8% dijo que no supieron conectar personalmente con los líderes y las personas de la iglesia, a veces porque fueron muy leales al pastor anterior y rehusaron aceptar a cualquiera para reemplazarlo.[2]

Causas comunes

Algunos cristianos pueden ser muy taimados, algunos podrían decir enrevesados. Todos sonríen cuando entran por las puertas de la iglesia el domingo, pero detrás de las sonrisas de vez en cuando acecha el letargo, la suspicacia, la desconfianza, y a veces malvados planes para minar la autoridad del pastor y destruir su reputación Además de los conflictos personales, los líderes afrontan un amplio rango de obstáculos organizativos y culturales. Veamos los más comunes.

Crítica

Jesús dijo: "Porque donde dos o tres se reúnen en mi nombre, allí estoy yo en medio de ellos" (Mateo 18:20). Pero también es cierto que donde hay dos o tres reunidos en su nombre, alguien encontrará una falta en el otro. Es de naturaleza humana intentar levantarse uno mismo derribando a otros, y los líderes ministeriales son dianas muy visibles, accesibles y vulnerables. Si son visionarios, se les critica por no ser pacientes, o vulnerar las tradiciones, o no cuidar de los que están dolidos. Si se dedican a los enfermos y hacen muchas visitas al hospital, se les critica por no estar el tiempo suficiente en la oficina para manejar los proyectos o por no trazar un plan valiente para el futuro. Si tienen dones administrativos, se les critica por no ser buenos oradores.

El punto queda claro: no importa cuáles sean tus dones y estilo, no importa lo mucho que te vuelques en las personas, y a pesar de cuánto tiempo dediques al ministerio, tendrás que afrontar la crítica.

Traición

Si lideras lo suficiente, inevitablemente sufrirás heridas profundas de traición. Es una paradoja del liderazgo: nuestros esfuerzos por ayudar a las personas a experimentar el amor y el poder de Cristo crean envidia en los corazones de algunos que están viendo (y recibiendo nuestro amor). La mayoría de las personas están agradecidas, pero unas cuantas, y solo se necesitan unos cuantos, nos minan con una oposición abierta, mentiras y chismes. En *Leading with a Limp* (Liderando con imperfecciones), Dan Allender definió esta herida y describió cómo además aísla a la víctima:

> La traición es una herida psíquica profunda que endurece el corazón contra el dolor y atenúa su hambre de intimidad. El dolor ha de abrir nuestro corazón y finalmente llevarnos a cuidar de otros Pero ¿qué ocurre si sentimos una profunda vergüenza por nuestro dolor? La vergüenza nos distancia de las personas y el consuelo que podrían darnos en nuestro dolor; la vergüenza también hace que una persona odie el deseo innato de estar conectado a otros.[3]

Allender observa que la traición ocurre principalmente en dos formas: abandono o abuso. Cuando aquellos en quienes confiamos nos dan la espalda, rehúsan apoyarnos en un tiempo de necesidad, y nos retiran su amor cuando más lo necesitamos, el impacto es como el de un cuchillo en el corazón. Sin duda, así es como se sintió Jesús cuando todos sus seguidores más cercanos (salvo Juan y las mujeres) lo abandonaron mientras sufría la tortura y la muerte en la cruz. La otra forma de traición, el abuso, es una herida activa, brutal, directa. En este caso, la herida no está causada por la ausencia de una sonrisa amable cuando la necesitamos; es la presencia de un rostro con el ceño fruncido y amargado cuando necesitamos apoyo.

Para ser justos, la traición no siempre es asunto de una sola parte. Ciertamente, Jesús era completamente inocente, y su traición fue completamente injusta, pero ninguno de nosotros es tan puro. Los líderes que son inseguros a menudo demandan un nivel de lealtad que no es saludable ni para el líder ni para los seguidores. Cuando alguien los cuestiona (demasiadas veces o demasiado alto), pueden reaccionar con sentimientos de traición que no están basados en la realidad. En tiempos de intensa crítica, divisiones y traición, los líderes necesitan un amigo objetivo, sabio, un coach o un consultor que les ayude a navegar por las aguas turbulentas y turbias. Tienen que admitir su parte en el conflicto, incluso aunque sea pequeña. Asignar la responsabilidad apropiada es importante en cualquier desacuerdo, y especialmente a medida que el conflicto amenaza con aumentar.

La complejidad del trabajo

Un gran desafío para los pastores modernos es la mera complejidad del trabajo. Hace una o dos generaciones atrás, el papel del pastor era preparar sermones cada semana, pastorear al rebaño y que las cosas rodaran tranquilamente. Eso no era demasiado difícil cuando había solo unos cuantos engranajes en la maquinaria. Hoy, incluso en iglesias pequeñas, la maquinaria es muy complicada. Cada revista, cada conferencia y cada blog tienen ideas nuevas e innovadoras. Es imposible seguir el ritmo. En un artículo titulado "Ocho razones por las que un pastor fracasa", la primera razón de Joseph Mattera es que "las iglesias se están convirtiendo en empresas complejas que los pastores no están equipados para dirigir". Algunas de las responsabilidades que se han sumado a la complejidad son:

- Estar al día con las leyes zonales de las inmobiliarias, financiación bancaria para los nuevos edificios y la expansión, y relacionarse con los líderes empresariales de la comunidad con respecto a las necesidades de las instalaciones. La ubicación es una clave del crecimiento, así que los pastores tienen que estar enterados de la demografía de sus comunidades.

- A medida que crece la iglesia, los pastores tienen que contratar al arquitecto adecuado, tomar decisiones en cuanto a los complejos planes de construcción y dirigir la siempre popular campaña de capital. Durante etapas particulares, conseguir fondos puede convertirse fácilmente en la obsesión del pastor.

- La contabilidad financiera se vuelve exponencialmente compleja a medida que la iglesia crece y se van añadiendo nuevos equipos e instalaciones.

- Todas estas habilidades no se enseñan en los seminarios o la universidad, y no están en las competencias básicas de la mayoría de los líderes ministeriales. Hasta que puedan encontrar a un administrador ejecutivo, ellos mismos tienen que hacer malabares con todas estas bolas organizacionales.

- En comunidades urbanas y algunas suburbanas, las necesidades de los pobres rápidamente superan los recursos de la iglesia, así que los pastores tienen que emplear tiempo formando relaciones y coordinando recursos con organizaciones de servicio locales.

- Los líderes que tienen más de cuarenta años tienen que aprender un nuevo lenguaje y una nueva cultura: la posmodernidad. Los apologetas a la vieja usanza no conectan con las mentes y corazones de las audiencias más jóvenes. Si estos líderes ministeriales no aprenden a hablar su lenguaje, parecerán (o de hecho serán) irrelevantes. Parte de este cambio en la cultura hace resurgir asuntos de identidad de género, racismo, ecología, y una multitud de asuntos más.

- Con solo uno o dos clics, cada persona en la congregación puede escuchar en la Internet a los mejores maestros de la Biblia del mundo. Era bastante difícil ser eficaz cuando los pastores competían con el otro pastor de la iglesia de enfrente, pero ahora compiten con los mejores del mundo. Esto pone una presión añadida sobre su capacidad para dar un buen sermón, y para usar todo su tiempo extra para prepararlo.

- A medida que las iglesias crecen, la selección de los miembros del equipo se convierte en un elemento crítico para la cultura del equipo, la eficacia de cada departamento, y el crecimiento continuado de la iglesia. Seleccionar bien es crucial; las malas decisiones supondrán tener que pagar un alto precio.

- Además, los pastores también necesitan dedicarse al pastoreo del rebaño, desarrollar líderes, cuidar de los enfermos y necesitados, y asistir a un sinfín de reuniones.[4]

Heredar una cultura tóxica

Jeremy había sido pastor de jóvenes durante solo unos meses cuando el pastor fue despedido por un fracaso moral. Durante un par de años antes de que se descubriera el pecado del pastor, había aumentado la tensión dentro de la iglesia. Varias personas habían sospechado de su coqueteo, pero no tenían ninguna evidencia contundente. La repetida negación de los hechos por parte del pastor lo mantuvo en su posición. Cuando la evidencia se confirmó, ¡estalló un volcán de ira acumulada! Tras el despido, el residuo de resentimiento y traición no se desvaneció. El equipo ejecutivo pidió a Jeremy que fuera el nuevo pastor, pero ahora tenían una profunda sospecha de cualquier pastor, incluido Jeremy. Quizá lo habían escogido porque era joven e idealista, o quizá porque pensaron que podrían controlarlo. Sea cual fuera la razón, Jeremy no se dio cuenta de que se había metido en un caldero hirviendo de ira.

Si es o no sabio ocupar una posición como la que aceptó Jeremy cuando despidieron a su pastor, es una pregunta complicada. En el proceso de toma de decisiones, tenemos que ser despiadadamente realistas con los desafíos de entrar en una posición cuando el líder anterior se va por la puerta trasera.

Pero la situación contraria podría ser igualmente problemática. He conocido iglesias que eran tan leales al amado pastor anterior que no pudieron aceptar que nadie ocupara su lugar. Los entrenadores de fútbol que se contratan para sustituir a leyendas en los mejores programas, raras veces tienen éxito. Las expectativas son sencillamente demasiado altas. Hacen su mejor esfuerzo, pero la cultura es inalcanzable.

La toxicidad puede provenir de una fuente distinta: los bancos de la iglesia. Algunas personas aman la sensación de poder, y piensan que la iglesia es un buen lugar para ejercerlo porque quizá suponen que el pastor, el equipo y otros miembros son ingenuos. Estas personas hambrientas de poder no han aprendido los principios inversos del reino: para ganar poder, tenemos que entregarlo; para ser honrados, tenemos primero que honrar a Dios y a otros; y las verdaderas riquezas vienen al ser muy generoso.

Máscaras, mentiras y engaño

"¿En quién puedes confiar?", preguntó un pastor cuando supo que uno de los miembros de su equipo ejecutivo había sido imputado por defraudar impuestos. "He trabajado con él durante más de una década", lamentaba. "Nunca imaginé que algo así pudiera ocurrir". El pastor se preocupó de inmediato por la esposa del hombre y sus hijos adolescentes. No esperaba que la camioneta de las noticias locales se estacionara para entrevistarlo sobre el arresto y el inminente juicio. De repente, la causa de Cristo tenía un ojo negro en la comunidad. Era otra gran piedra que añadir a la carga que el pastor tenía que llevar, al menos durante un tiempo. Ya hubiera sido estrés suficiente cuidar de la familia.

A veces los pecados de engaño no están dirigidos hacia el pastor, pero es él quien tiene que soportar la carga de ayudar a las personas a entender lo que ocurrió, suavizar los temores y restaurar la reputación de la iglesia.

El conflicto entre visión y tradición

El debate entre la tradición observada y atesorada durante tanto tiempo, y las nuevas ideas no es algo nuevo. Cada generación tiene que luchar esta batalla y aprender las habilidades de la diplomacia. Cuando se sugiere el cambio, algunas personas sienten que su historia y, de hecho, su identidad se ven amenazadas, así que se resisten incluso a los pasos más razonables para avanzar. Los miembros de iglesia son notorios por luchar entre ellos por las cosas más triviales, pero para ellos el estilo de música, la ropa del pastor, las horas de las reuniones y un centenar de cosas más son más importantes que la paz y la unidad de la familia de Dios.

Dificultades en casa

Y hablando de la familia, los pastores estresados no pueden dejar sus problemas en la oficina. Se los llevan a casa. Quizá intentan escudar a su esposa e hijos de los problemas que enfrentan en la iglesia, pero no pueden. El dolor, ira y tristeza se filtran también a las vidas de ellos. Todas las estadísticas dolorosas que hemos identificado bajo el estrés interno y los desafíos externos, afectan también a la familia, quizá de forma indirecta, pero profunda. Más de la mitad de los pastores entrevistados (58 %) reportaron que su cónyuge tenía que trabajar fuera de casa para suplementar el sueldo que recibían de la iglesia. De forma similar, más de la mitad de las esposas de los pastores (56 %) dicen que no tienen amigas cercanas. Y como el resto de la población, la mitad de todos los matrimonios de pastores terminan en divorcio, pero el doloroso número no habla de los muchos otros que deciden quedarse casados pero sufren bajo el esfuerzo constante y las crisis ocasionales de las dificultades económicas, los malentendidos, prioridades en conflicto y personas reticentes.

Liderar a los aletargados

Varias encuestas de asistencia a la iglesia muestran que cada vez menos personas asisten a la iglesia, dan generosamente y se ofrecen voluntarias para servir.[5] No hace mucho tiempo, las personas eran consideradas asistentes regulares si asistían a la iglesia dos veces al mes. Ahora esa cifra puede ser incluso menor a dos veces al mes.

Actualmente hay muchas más distracciones que nunca que alejan de las iglesias a las personas. Los partidos de fútbol de los niños se programan para las mañanas de los domingos. Las familias tienen más ingresos disponibles, así que viajan más. La televisión por cable ofrece muy buenas películas los domingos por la mañana. Las personas pueden adorar sintonizando a su pastor favorito en la televisión o en la Internet.

Además de las distracciones inmediatas, potentes fuerzas de la cultura han erosionado la credibilidad de las iglesias. En *Bad Religion: How We Became a Nation of Heretics* (Mala religión: cómo nos convertimos en una nación de herejes), Ross Douthat identificó varias formas en las que el cristianismo influenció positivamente en los Estados Unidos hasta las últimas décadas del siglo XX. Entonces se unieron cinco catalizadores sociales para rebajar el impacto positivo de la iglesia:

+ La polarización política llevó a la corriente principal cristiana a la izquierda y a los evangélicos a la derecha, haciendo que la iglesia parezca un peón político en un lado o el otro.

+ La revolución sexual con frecuencia hizo que la ética bíblica del sexo pareciera irrealista y desfasada para muchas personas, en su mayoría jóvenes.

+ La globalización y la comunicación moderna han hecho que parezca que el cristianismo es una religión occidental y que apoya el oscuro historial de racismo, colonialismo y antisemitismo en Europa.

+ La creciente prosperidad en Occidente ha aislado eficazmente a las personas del sentimiento de necesidad de un rescate y esperanza para el futuro.

+ Finalmente, todos estos factores han influenciado de manera importante a las personas educadas y acaudaladas de cada comunidad, los guardianes de la comunicación y la cultura.[6]

¿Qué tiene todo esto que ver con los desafíos de ser un pastor hoy día? ¡Todo! Significa que muchas de las personas a las que los líderes cristianos están intentando alcanzar en la comunidad comienzan con un prejuicio negativo contra Dios, contra la iglesia y contra el pastor. Y los que acuden a las iglesias a menudo están tan distraídos con otras cosas, que hacen poco más que aparecer una o dos veces al mes para poder marcar su casilla de "espiritualidad" o "asistencia a la iglesia" en su lista de cosas buenas por hacer. La investigación de Richard Krejcir demuestra que en las iglesias más conservadoras, que creen en la Biblia, menos del 25 por ciento de los asistentes están involucrados en ningún grupo o estudio aparte de las reuniones del domingo en la mañana, y sospecha que los números en realidad son menores.[7]

Hoy día, los pastores hablan a personas que asisten con menos regularidad, y cuando aparecen, no están prestando atención. Es muy difícil basar una visión atrevida del futuro sobre hombres y mujeres que realmente no están interesados. Se conforman con mirar desde la distancia, pero no quieren que nada se interponga en su situación de comodidad, placer y tranquilidad.

Por supuesto, hay algunas personas maravillosas que están radicalmente comprometidas con Cristo y su causa. Los felicitamos y valoramos como socios fiables en la aventura de restaurar un mundo quebrado. Pero no todos son como ellos, ni de cerca.

Limitados por los miembros del equipo

Durante años he usado la metáfora de una escalera para ayudar a los líderes a entender la influencia que tienen los miembros del equipo. En mi libro *¿Quién sostiene tu escalera?* explico que la visión del líder es su escalera. A medida que intenta subir por ella, no necesita ayuda alguna para subir unos cuantos peldaños por una escalera de unos siete metros de longitud. Es estable y segura si solo está a unos metros del suelo. Pero si quiere subir más alto, necesita que alguien sostenga la parte inferior para que no se escurran los anclajes. Si el ayudante no está prestando atención, la escalera se podría escurrir y el pastor podría caerse y lastimarse. Así que incluso para subir una corta distancia por la escalera, el pastor necesita a alguien que esté atento y sea fuerte.

Si quiere subir hasta el final de su escalera, el pastor necesitará dos o tres personas que sean tan fuertes y atentas como la primera persona que sostiene su escalera. ¿Qué tal si su visión llega a los quince metros? ¿O a los treinta metros? Las personas que sostienen su escalera determinan la altura que puede alcanzar.

**No importa cuán elevada sea la visión; lo que importa
es la calidad de quienes sostienen tu escalera.**

Muchos pastores tienen visiones maravillosas de cómo Dios puede usar a la iglesia para conseguir grandes cosas, pero no han seleccionado a las personas adecuadas para sostener su escalera. Quizá han encontrado a alguien que podría sostenerla si subieran hasta los siete metros, pero no más arriba. Si no están dispuestos a hacer cambios en las personas que sostiene la escalera, nunca llegarán más arriba. Nunca. Los líderes pueden hacer una de tres cosas con quienes sostienen sus escaleras: *retenerlos* porque son eficaces, *dejarlos ir* porque no lo son, o *reasignarlos y volver a entrenarlos* para sostener la escalera de otro.

La mayoría de los líderes ministeriales están más comprometidos con tratar de no herir los sentimientos de nadie que de lograr la visión que Dios les ha dado. No he estado nunca en una iglesia en la que alguien no necesitara ser despedido. No estoy sugiriendo que los pastores y otros líderes se conviertan en brutales capataces. En absoluto. Deben tener dos metas en tensión: visión y pastoreo. No se pueden permitir soltar ninguna de las dos si quieren ser los líderes que Dios los ha llamado a ser. La reticencia a despedir o reasignar a un amigo ha limitado el ministerio de innumerables pastores, y ha aumentado muchísimo sus niveles de estrés porque intentan conseguir que miembros de su equipo hagan algo que no pueden hacer o que nunca harán.

Reglas irrazonables

A veces nuestra cultura va marcha atrás, está atrofiada y es represiva. El prejuicio produce un dolor tremendo. A principios de la década de 1970, cuando yo era conserje en el Instituto Bíblico Beulah Heights, una de mis tareas era recoger la basura en todas las oficinas. Durante mi primera semana, cuando fui a la oficina del decano, vi a una joven encantadora que era su ayudante ejecutiva. Oh, era hermosa. Me presenté, y ella respondió con dulzura: "Me llamo Brenda". Como cualquier otro joven cegado por el amor, comencé a pensar en cómo podía conocerla y salir con ella. Pero había un problema: Brenda era caucásica y yo era indio. Brenda y yo nos conocimos unos diez años después de que el Presidente Lyndon B. Johnson firmara la Ley de Derechos Civiles, pero parecía que algunas personas en Georgia nunca habían oído acerca de la igualdad racial.

Yo no tenía dinero suficiente para salir con Brenda, pero el mero hecho de que obviamente me gustaba envió ondas de tensión por todo el campus. Como respuesta, el consejo directivo de la universidad se reunió en una sesión urgente y crearon un artículo que prohibía a las personas tener citas con personas de otra etnia. Pero enseguida se dieron cuenta de que eso no era suficientemente claro. Tenían que definir el término tener citas. Así que lo definieron como tener conversaciones de más de cinco minutos, sentarse en la misma mesa en la cafetería, montar en el mismo automóvil, sentarse juntos en clase o sentarse en el mismo banco en la iglesia. De hecho, los miembros del consejo intentaron establecer una zona de exclusión expresamente diseñada para mantenerme alejado de Brenda.

Brenda y yo respetábamos el liderazgo de la universidad, pero también queríamos vernos. En tres ocasiones, el decano, actuando en nombre del consejo de la universidad, nos llamó a su oficina y nos amenazó con expulsarnos si seguíamos hablando el uno con el otro. La expulsión sería algo incómodo para Brenda, pero catastrófica para mí. Ella podía asistir a cualquier otra universidad del país. El cambio requeriría algo de distanciamiento e interrupción, pero su vida no se descompondría durante mucho tiempo. Por el contrario, si me expulsaban a mí, perdería mi visa de estudiante y sería deportado. Bajo los términos de inmigración de ese entonces, nunca me permitirían volver a entrar a los Estados Unidos de nuevo durante el resto de mi vida.

Otro decano del campus era el consejero designado para los estudiantes, y de vez en cuando llamaba a Brenda para ir a verle. Le decía que si seguía viéndome, iría al infierno (no estoy ni bromeando ni exagerando). Brenda tenía un gran respeto por la autoridad, así que salía de aquellas reuniones aplastada por la culpa y la confusión. Después de cada reunión, me decía que tenía que cortar conmigo porque no quería ir al infierno. Tras un tiempo, se dio cuenta de que el decano estaba usando esas amenazas para manipularla, y volvimos a estar juntos. Eso sucedió varias veces.

Brenda y yo tenemos cajas de notas que nos escribimos durante nuestro tiempo en el Instituto Bíblico Beulah Heights. Cuando no podíamos vernos, nos escribíamos o llamábamos. Los teléfonos en nuestros dos dormitorios estaban solo a unos veinte metros de distancia, pero usarlos era más seguro que reunirnos en persona. Nuestra danza de amor y secreto duró tres años. Ambos asumimos riesgos, pero valieron la pena.

Un año, el Día de la Secretaria, estaba seguro de que nadie apreciaría a Brenda ni le daría las gracias por su fidelidad y excelente servicio, así que usé el poco dinero que había ahorrado para comprarle un ramo de flores e hice que se las enviaran a su oficina. Alguien observó las bonitas flores y le preguntó: "¿Quién te las regaló? ¡Son preciosas!".

Sin pensarlo dos veces, respondió: "¡Me las regaló Sam!". Cuando se difundió la noticia, el decano nos llamó a ambos.

Yo me crié en una cultura que respeta profundamente a quienes están en autoridad. India es una tierra de gracia que da el mayor honor a los padres, maestros y otros líderes. En cada conversación amenazante con el decano, yo nunca le repliqué ni perdí los nervios. Me sentaba tranquilamente y escuchaba, y cuando terminaba, decía: "Gracias, señor". Incluso siendo un joven en la universidad, entendía que el temor y el racismo evidentes en el consejo no era algo que aparecía de la nada. Hasta cierto punto, estos hombres eran el producto de su cultura. Habían vivido durante décadas bajo las leyes de Jim Crow, que permitieron la discriminación racial en el Sur durante casi un siglo después de la Guerra Civil; yo no. Ellos habían visto recientemente marchas y brutalidad policial; yo no. Ellos habían visto cómo Martin Luther King Jr. y Robert F. Kennedy habían sido asesinados; yo había llegado a una América que estaba sufriendo un dolor y un temor enormes.

Durante aquellos horrorosos años de estudiante, creía que el liderazgo y el consejo directivo de la escuela eran ignorantes, no discriminatorios. De algún modo sentía que la reacción del consejo y el decano no era el verdadero contenido de su corazón. No creo que el decano creyera que lo que estaba haciendo era bueno, correcto y justo. Le dieron la tarea de reforzar la política del consejo, y él intentaba hacerlo lo mejor que podía. No creo que el consejo actuara por resentimiento, sino por miedo. No sabían hacerlo mejor. El consejo estaba lleno de personas de zonas rurales y ciudades pequeñas donde la igualdad racial se veía como una grave amenaza para su forma de vida. Estaban sufriendo las presiones de una cultura represiva y racista, y simplemente no sabían cómo reconciliar su fe en un Dios de gracia y misericordia con el creciente racismo que había en su nación.

Regresé a la India en 1977, pero no podía dejar de pensar en Brenda. Por fortuna, pensamientos agradables acerca de mí llenaron su mente y su corazón. Regresé dos años después y le pedí que se casara conmigo. Ella dijo: "¡Sí!". Queríamos casarnos en la iglesia que había junto al campus donde ambos habíamos estado muy involucrados. Brenda había diezmado fielmente y había dirigido el ministerio de la residencia de ancianos, entre muchas otras formas en las que había servido en la iglesia. Antes de regresar a la India, yo había sido el líder de alabanza y coordinador del coro, además de predicar esporádicamente cuando el pastor estaba fuera.

Brenda y yo concertamos una cita para ver al pastor. Cuando le pedimos que nos casara, él dijo claramente: "No". Yo pregunté por qué, y me explicó: "Porque no creo que este matrimonio vaya a funcionar. Ella es blanca, y tú eres indio" (como si no nos hubiéramos dado cuenta). Le pregunté si podíamos rentar la iglesia para nuestra boda. Él accedió a mi sugerencia, y encontramos otro pastor para oficiar la ceremonia.

En ese entorno emocionalmente cargado, inconscientemente pusimos en un dilema a todos aquellos a quienes invitamos a nuestra boda. ¿Vendrían o no? ¿Serían fieles a sus líderes manteniéndose al margen, o tendrían la libertad de conciencia de acudir y celebrarlo con nosotros? Nuestros amigos tomaron un sinfín de decisiones distintas: algunos acudieron a la boda, pero no al banquete, algunos acudieron al banquete, pero no a la boda, otros acudieron a ambas cosas, y algunos no asistieron a nada. Nuestra boda intensificó las divisiones y sospechas en la comunidad de Beulah Heights. Para Brenda y para mí, un dolor muy agudo opacó nuestro momento más feliz.

Teníamos que irnos de allí. Un amigo mío de Oregón me había invitado a ser su pastor de jóvenes. Me dijo: "No puedo pagarte nada, pero puedo darte un lugar para vivir". Tres días después Brenda y yo nos casamos, abarrotamos nuestro automóvil y cruzamos el país para hacer un nuevo inicio.

Serví como pastor de jóvenes durante un año, y después me convertí en pastor en Michigan durante nueve años. Durante ese tiempo, nuestra iglesia comenzó a apoyar al Instituto Bíblico Beulah Heights, y enviamos allí estudiantes. Estábamos felices de ayudarlos a crecer en su fe y aprender las habilidades que necesitarían para toda una vida de éxito. El profesorado me pidió que volviera para hablar en talleres y simposios en la escuela. Tras muchos viajes de regreso a Atlanta y mucho tiempo trabajando con la facultad, el consejo directivo me invitó a ser miembro del consejo. De repente, estaba sentado en la misma mesa con los que habían aprobado una cláusula para impedir que pasara tiempo con Brenda.

Para construir puentes, invité a varios miembros del consejo a ir a Michigan para hablar en nuestra iglesia. Algunos de ellos se quedaron en nuestra casa. A su propia forma, todos se disculparon por cómo nos habían tratado. Las viejas heridas fueron sanadas. Un nuevo entendimiento se había desarrollado. Cuando el presidente aceptó un puesto en otra universidad, el consejo me pidió que me convirtiera en el presidente del Instituto Bíblico Beulah Heights.

Diez años después de que Brenda y yo nos fuéramos de Beulah Heights con profundos sentimientos de dolor y confusión, regresamos, pero esta vez yo era el presidente del instituto. Sorprendentemente, se había producido una transformación radical de sanidad. Los miembros del consejo ahora me daban la bienvenida como el nuevo líder de la institución.

Los capítulos más oscuros de mi historia se produjeron en Beulah Heights, pero en la gracia asombrosa y redentora de Dios, Él usó a las mismas personas y la misma institución para producir nueva esperanza, creatividad y fruto en mi vida. Pero, en primer lugar, teníamos que arreglar algunas cosas.

Poco después de ocupar mi nueva función, fui a la oficina del decano y le dije: "Hace años me senté en esta silla en esta oficina enfrente de usted, y usted me amenazó con expulsarme. Yo era el conserje. Ahora soy su presidente. No tengo nada en contra de usted. La pregunta es si usted tiene algo contra mí".

Él me aseguró que el pasado, sin duda, era pasado, y que avanzaríamos juntos hacia el futuro. En mis quince años como presidente de Beulah Heights, el decano se convirtió en uno de mis compañeros de más confianza y valor.

Cuando llegué como presidente de Beulah Heights en 1989, teníamos ochenta y siete estudiantes; cuando me fui quince años después, teníamos casi ochocientos. Cuando llegué, no estábamos acreditados; cuando me fui, teníamos una doble acreditación. Nadie animaba más alto ni fue más útil que el decano. Su constante estribillo era: "Sam, lo mejor está por llegar. ¡Aún no hemos visto todo lo que Dios va a hacer aquí!".

Aun así...

Sí, ser un líder es un papel increíblemente estresante. Las horas por lo general son largas, el sueldo a menudo es corto, y las personas a veces son polémicas. Pero un estudio del Centro Nacional de Opinión de la Universidad de Chicago reporta que los pastores son las personas más felices del planeta, superando incluso a los profesionales bien pagados y muy respetados como médicos y abogados.

Reitero. Sí, ser un líder es un papel increíblemente estresante. Las horas por lo general son largas, el sueldo a menudo es corto, y las personas a veces son polémicas. Incluso con estas dificultades, muchos pastores y otros líderes de iglesias encuentran una enorme realización en sus funciones. Ven vidas cambiadas, y tienen el gozo de saber que Dios les ha usado para comunicar su ternura y fortaleza.

Ser un líder cristiano en cualquier organización es uno de los trabajos más difíciles del mundo, lleno de riesgos, esfuerzos y desafíos para el líder y su familia, pero es también el que más esperanza ofrece para marcar una diferencia tanto en el presente como en la eternidad.

Aprende esto

Solo subirás tan alto como la calidad y la capacidad de quienes sostienen tu escalera.

Haz esto

En una escala de 0 (nada en absoluto) a 10 (saturado), evalúa tu actual nivel de angustia procedente de los desafíos externos de:

- Crítica
- Traición
- La complejidad del trabajo
- Heredar una cultura tóxica
- Máscaras, mentiras y engaño
- El conflicto entre visión y tradición
- Dificultades en casa

- Liderar a los aletargados
- Limitado por los miembros del equipo
- Reglas irrazonables

¿Qué te dice esta rápida evaluación sobre la fuente de tus desafíos externos?

Piensa en esto

1. Llegado este punto, ¿cuál es tu capacidad para tratar con los diablos a tu alrededor? ¿Cómo está limitando esto el crecimiento de tu liderazgo y de tu iglesia?

2. En la breve evaluación de los desafíos anteriores, ¿cuáles son los dos o tres que te dan más problemas? ¿Quién sabe lo mucho que batallas con estas cosas? ¿Quién puede ayudarte a encontrar un camino hacia adelante?

3. ¿Cómo aconsejarías a alguien que sufrió una traición recientemente? ¿Has seguido tu propio consejo para tratar con las tuyas? ¿Por qué sí o por qué no?

4. ¿Quién sostiene tu escalera? ¿Hasta qué altura puedes subir con ellos sosteniéndola? ¿Necesitas hacer algún cambio? Si es así, ¿cuándo y cómo los harás?

5. ¿Estás de acuerdo o discrepas con los hallazgos del estudio sobre la satisfacción laboral para los líderes ministeriales? ¿Cuál es tu nivel de satisfacción con tu función? Explica tu respuesta.

6. ¿Qué lecciones (sobre Dios, sobre ti, y sobre tu función) quiere Dios enseñarte de tus desafíos externos?

Y recuerda: *solo crecerás hasta el umbral de tu dolor.*

3

DEMASIADO CON DEMASIADA FRECUENCIA

Nunca confíes en un líder que no camina cojeando.
—Dr. J. Robert Clinton

Obispo Mark J. Chironna, Iglesia Church on the Living Edge y Mark Chironna Ministries, Orlando (Florida)

Alguien me dijo una vez: "La naturaleza de la vida es ser tempestuosa". Cuando cumplí los cincuenta años, varios factores en mi ministerio y mi vida personal convergieron para provocar una tormenta perfecta de proporciones horribles.

En el ámbito ministerial, mi horario era frenético, y las demandas para hablar en conferencias y otros eventos me exigían viajar mucho. El agotamiento contínuo de viajar, junto a las presiones del ministerio, comenzaron a desgastarme.

Estábamos realizando varias reuniones dominicales y necesitábamos unas instalaciones adecuadas. En el proceso de vender nuestro lugar existente, nos encontramos con varios reveses justo antes de cada cierre que teníamos previsto; e hicimos frente a numerosos desafíos para encontrar un sitio nuevo. Cada opción parecía exigir más tiempo y dinero.

Habíamos vendido nuestro edificio, pero el nuevo se había frustrado. Esto nos dejó en una situación muy precaria. Finalmente, tuvimos que comprar unas instalaciones a treinta minutos de nuestra ubicación existente. De la noche a la mañana, nuestra hipoteca subió de 7000 dólares a 70 000 dólares al mes. Para esos críticos de salón que nos acusarían de mala planificación, por favor retengan un poco su juicio. Nos aconsejaban algunas de las mentes más brillantes en el mundo de la iglesia, el mundo legal y el mundo de la contabilidad.

Esperábamos que nuestros números crecieran cuando abriéramos nuestro nuevo edificio, pero más de dos mil personas no querían recorrer esa distancia. Teníamos menos de 700 adultos en un edificio cuyos gastos estructurales eran diez veces más altos que el anterior.

He estado en muchos programas de edificación, pero esta vez la presión económica era colosal. Después de unos meses, seguíamos sin crecer lo que esperaban los expertos, ¡y el nivel de mi ansiedad se estaba disparando! La preocupación era mi compañera constante. El pensamiento del tipo "¿Qué sucedería si...?" me estaba afectando consciente e inconscientemente.

Es fácil citar a Pablo en Filipenses: "No se inquieten por nada". Es tan fácil como ignorar su viaje en 1 Corintios donde habla de estar "con tanta debilidad que temblaba de miedo" en una etapa de su vida. La presión económica tuvo un impacto profundo en mi patrón de sueño, mi habilidad para relajarme y mi habilidad para desempeñarme.

La ansiedad prolongada también llegó con una amiga: la depresión. Si me hubieras preguntado antes si tan siquiera pensaba que la depresión y la ansiedad me podrían afectar, te habría citado varios versículos sobre cómo *no podrían* afectarme.

Mi cuerpo estaba sintiendo el deterioro del estrés. Cada vez estaba más fatigado a pesar de tomar suplementos y comer adecuadamente. Comencé a perder mucho peso, y finalmente perdí totalmente el apetito.

Sin embargo, el golpe de nocaut aún no había llegado. Este me llevaría a una batalla larga, aparentemente interminable, contra la ansiedad, desesperación y guerra espiritual con los poderes de las tinieblas. El túnel era largo y oscuro, y me parecía una sentencia de muerte.

La tormenta se volvió perfectamente horrible cuando mi hijo más pequeño llegó a la adolescencia. Tanto él como su hermano son adoptados; el trastorno del apego es un problema bastante común en los hijos adoptados. Le habían diagnosticado el trastorno cuando era muy joven. Hacer amistades era una gran dificultad para él. El trastorno, junto a otros problemas neurológicos, le hizo "actuar mal" en venganza contra toda la familia durante sus años de adolescencia. Las consecuencias de su conducta tuvieron un trágico efecto sobre todos nosotros. El dolor emocional y físico que soportamos fue mayor de lo que podíamos imaginar. Encontrar la gracia para soportarlo exigía una vigilancia constante. El caos y la incertidumbre eran las características de la etapa. Falsas acusaciones nos llevaron a implicaciones legales y sociales, con costes económicos, lo cual hizo que mi responsabilidad para proveer fuera incluso más difícil.

La presión me estaba aplastando. Batallé con un insomnio severo, lo cual contribuyó a tener incluso más ansiedad y depresión. Tomaba medicamentos muy fuertes, pero los días y las noches se hacían eternos. Tenía que tomar decisiones paso a paso para continuar avanzando, incluso cuando solo dormía quizá una de cada cinco o seis noches.

Sinceramente no creía que fuera a salir de todo aquello. Lo que me ayudó no fue solo los médicos o los terapeutas, sino un amigo que, como el Señor mismo, se mantuvo más cercano que un hermano. Es pastor y amigo de toda la vida que ha conocido épocas de intensa guerra espiritual y estrés. Durante este tiempo viajó conmigo, se sentó conmigo por la noche cuando no podía dormir, y recorrió el camino conmigo mientras oraba por un cambio, el cual nunca llegaba.

Tengo un grado doble en psicología y teología, así que el "conocimiento teórico" siempre estaba presente, pero la experiencia era casi insoportable. En la vida, tú no puedes sanarte a ti mismo; se necesitan las relaciones para sanarte. Yo perdí la perspectiva, y perdí mi identidad. Necesitaba amigos cercanos y miembros de equipo cercanos que me recordaran quién era yo.

Esa época terrible duró casi cuatro años. Desde mi perspectiva humana, me dejó sin lo "mejor" de mi década de los cincuenta cuando esperaba estar en mi "flor de la vida". Tuve que aprender, como nos enseñó hace años H. Beecher Hicks, a "predicar en medio de la tormenta". Yo no sabía que tendría que predicar en medio de la tormenta durante más de 185 domingos, ¡y alinear diariamente mis pensamientos con la verdad durante 1278 días!

Espacio liminar es un concepto en teología y psicología. Es el estado intermedio, transicional, donde no puedes regresar adonde estabas porque se ha cruzado un umbral, y aún tienes que llegar donde vas porque aún no está disponible para ti. Esencialmente, es el pasillo entre el pasado y el futuro. Puedo decirte con bastante candor: ese pasillo es un infierno.

Por la gracia de Dios, finalmente encontré la puerta al otro lado del espacio liminar. Tardé mucho más de lo que hubiera querido, y me costó mucho más esfuerzo y enfoque del que quería emplear. ¿Qué he aprendido? Ya no cito versículos a la ligera a quienes están sufriendo. Ahora, a menudo lloro cuando me entero de las dificultades de las personas. Ya no tengo respuestas simplonas para ellos. He aprendido a tan solo estar con ellos y sentarme donde ellos se sientan, como Ezequiel sentándose con los exiliados junto al río

Quebar. También he aprendido varias cosas sobre la ansiedad y la depresión que me permiten ponerme junto a mis hermanos y hermanas, y por el poder del Espíritu Santo, ayudarles a aprender cómo "estar con" la ansiedad, sin que ella les defina ni les gobierne.

Para los que quieren arreglos rápidos, he descubierto que no los hay, y nunca los ha habido. Echar las cargas sobre el Señor, dependiendo de cuán pesadas sean, toma tiempo. El corazón conoce su propia amargura, y un extraño no comparte su gozo. La oración y la súplica son procesos que requieren tiempo. Se necesita tiempo para llegar a lo más profundo y verbalizar dolores ocultos y temores, especialmente cuando crees que es pecado admitir que tienes temor escondido. Durante mucho tiempo, yo no me permití ser plenamente humano.

Para llegar a una nueva orientación, tuve que experimentar la desorientación. En ese espacio liminar tanto en el alma como en las circunstancias, pasé por un proceso de reorientación. Al final, todo valió la pena. Si no crees mi testimonio, pregúntale a Job sobre su etapa en el espacio liminar, o a Elías, o a Jeremías, o a Pablo, o quizá, a Jesús mismo.

Obispo Dale C. Bronner, Word of Faith Family Worship Cathedral, Austell (Georgia)

No hay nada en los institutos bíblicos o los seminarios que prepare a los ministros para el dolor del ministerio. Hay un dolor al construir y hay un dolor al crecer. Al comenzar joven en el ministerio, yo estaba bajo la suposición que si servías a Dios fielmente, sus bendiciones y favor descansarían sobre tu vida y ministerio. Sigo creyendo que es cierto. Sin embargo, donde cometí un grave error de juicio fue al suponer que el favor de Dios ¡significaba exención de problemas y dolor en el ministerio!

En 2010 estaba en medio de un proyecto de construcción que comenzó en 2007: un edificio multipropósito de 33 millones de dólares para servir a nuestra iglesia y nuestra comunidad. Antes de comenzar el proyecto, ya era muy consciente de que las cosas, por lo general, cuestan más de lo que uno calcula y requieren más tiempo del que uno anticipa. Con esto en mente, pasé tiempo planificando y preparando. Creo firmemente en que la fe no es un sustituto de la sabiduría; ¡y la esperanza no es una estrategia!

Aunque había estado pastoreando durante casi veinte años, este fue el primer dolor visible en el ministerio para mí. Algunos dolores gritan, pero este era un dolor a escondidas. De hecho, la única forma en que supe que estaba experimentando los crecientes dolores del ministerio fue por el insomnio que sufría en mi vida por primera vez. A veces una persona no puede dormir por algo que está comiendo. Otras veces una persona no puede dormir por algo que le está comiendo a él o a ella.

Durante el día, no sentía el dolor de toda la presión que soportaba, pero cada noche cuando me preparaba para ir a la cama, daba una cabezada que duraba una o dos horas y después me despertaba, y no podía volver a conciliar el sueño. Al principio pensaba que el Señor me estaba despertando porque quería tener comunión conmigo o compartir alguna revelación conmigo, pero tras varias noches de insomnio, comencé a sentirme cansado. No era común en mí.

Cuando fui a hacerme mi revisión médica anual, la enfermera me tomó la tensión y me dijo que estaba un poco alta. Era creyente, así que me dijo: "Sea lo que sea lo que te estresa, olvídate de ello, y deja que el Señor lo maneje". Bueno, eso es muy fácil de decir pero difícil de hacer.

Aunque la enfermera tenía buenas intenciones, yo sabía que no entendía mi situación. Intenté explicárselo: "Tengo mucha fe en Dios, pero estoy construyendo un gran edificio, y esto es solo el resultado de la presión que siento inconscientemente". Continué diciéndole: "Es como una persona que está levantando un gran peso, como 123 kilos, y entonces comienza a temblar después de hacer unas cuantas repeticiones. No significa que a la persona le falte la fe solo porque está temblando bajo el peso de la presión. Solo significa que la persona está soportando una carga muy pesada, y esa es la forma en que su cuerpo reacciona a ello".

¿Me intimidaba construir un proyecto de 33 millones de dólares? ¡Por supuesto! ¿Pero lo iba a construir de todas formas? ¡Por supuesto! Pasé cinco años planificando el proyecto. Al considerar el costo, sin embargo, nunca imaginé que me produciría el dolor del insomnio. Una noche sin dormir es tolerable, quizá dos, pero cuando esta condición se alarga durante semanas, ¡tienes un problema!

Entiendo que, del mismo modo que el favor no nos exime del dolor, la fe no nos exime del temor. Estaba construyendo una parte de mi sueño. Un sueño no es meramente lo que uno ve mientras duerme; ¡un sueño es lo que te impide dormir! Mi sueño es una parte de mi pasión. A propósito, la palabra "pasión" literalmente significa "dolor". ¡La pasión tiene que ver con sufrir por lo que amas! Cuando un músico es apasionado por la música, él o ella sufre mediante las horas de ensayo diario.

La pasión estaba viva en mí. Era como si estuviera embarazado, ¡y el bebé me diera patadas y se activara durante la noche! Tiene sesiones de planificación en los momentos más inoportunos. Pero aprendí que todos los sueños exigen un sacrificio para existir. El sacrificio es simplemente abandonar algo bueno ¡para conseguir algo mejor!

Creo que el insomnio era una forma de dolor, quizá incluso el dolor del temor, el temor a fallar o a no terminar bien. Pero, de nuevo, la fe no es hacer algo *sin* temor, sino hacerlo en la *presencia* del temor. ¡La fe no tiene un significado contextual si el temor no está presente! Así que estaba construyendo mientras tenía miedo. Estaba haciendo lo que yo llamo "confiar y temblar". Estaba corriendo asustado, ¡pero estaba avanzando!

¿Te imaginas lo que se siente ser un líder que enseña sobre la fe, que parece tan invencible como Superman delante de las personas, pero que se convierte en Clark Kent en privado? Bueno, así me sentía yo. Me quedaba tumbado despierto durante largos periodos de tiempo. El tiempo parece detenerse cuando uno está despierto durante la noche.

Lo intentaba todo para volver a dormirme. Probé a contar mis bendiciones. Seguía totalmente despierto. Probé a recitar versículos. El sueño me seguía eludiendo. Probé a contar ovejas. No funcionó. Probé a reprender al insomnio. No funcionó. Probé a confesar que se había ido. Seguía sin funcionar. Probé a cansarme físicamente antes de irme a la cama. Eso no funcionó. Mi último recurso fue acudir a unas pastillas para ayudar a dormir. Solo podía soportar cierta cantidad de dolor de no dormir antes de tener que anestesiar el dolor para poder operar al día siguiente.

Ni en un millón de años hubiera pensado yo que tomaría pastillas para dormir, pero el dolor a largo plazo ¡desespera a cualquiera! Las personas desesperadas hacen cosas desesperadas. ¡Todo este episodio de insomnio duró unos dos años! Entonces, de repente Dios usó a mi preciosa esposa para orar por mí y declarar con valentía: "No necesitarás más estas pastillas para dormir".

Y desde ese día, he dormido como un bebé, ¡y no he tenido que volver a tomar otra pastilla para dormir!

Estoy extremadamente agradecido por la intervención sobrenatural de Dios en mi vida, pero les digo a las personas relajadamente: "Dios realmente se perdió una maravillosa oportunidad de sorprenderme ¡habiendo aparecido antes con su intervención!". Aunque soporté muchas noches sin dormir, mi fe se mantuvo firme en Dios. En medio de la noche, mientras estaba totalmente despierto, leía las palabras del apóstol Pablo que describen parte de su dolor:

¿Son servidores de Cristo? ¡Qué locura! Yo lo soy más que ellos. He trabajado más arduamente, he sido encarcelado más veces, he recibido los azotes más severos, he estado en peligro de muerte repetidas veces. Cinco veces recibí de los judíos los treinta y nueve azotes. Tres veces me golpearon con varas, una vez me apedrearon, tres veces naufragué, y pasé un día y una noche como náufrago en alta mar. Mi vida ha sido un continuo ir y venir de un sitio a otro; en peligros de ríos, peligros de bandidos, peligros de parte de mis compatriotas, peligros a manos de los gentiles, peligros en la ciudad, peligros en el campo, peligros en el mar y peligros de parte de falsos hermanos. He pasado muchos trabajos y fatigas, y muchas veces me he quedado SIN DORMIR; he sufrido hambre y sed, y muchas veces me he quedado en ayunas; he sufrido frío y desnudez. Y, como si fuera poco, cada día pesa sobre mí la preocupación por todas las iglesias (2 Corintios 11:23-28).

Leer acerca de todas las circunstancias dolorosas que soportó Pablo como líder puso mi dolor en perspectiva. Me impactó ver que Pablo también padeció insomnio, no porque le faltara la fe, sino por la presión bajo la que estaba al tener que manejar todas sus responsabilidades diarias y su cuidado por las iglesias. Si el apóstol Pablo trató con estas cosas dolorosas, ¿por qué iba a esperar yo estar exento de dolor? Aprendí que Dios no nos abandona en nuestro dolor. Está ahí con nosotros, confortándonos y fortaleciéndonos, ¡y dándonos la gracia necesaria para terminar nuestra tarea!

Así que la próxima vez que te encuentres lidiando con un dolor asociado con el liderazgo, no lo consideres algo anormal. No eres el primero, y no serás el último en experimentarlo. Entiende que hay una gracia que Dios mismo suple mediante Jesús para ti a fin de que puedas soportar el dolor. Piensa en esto: Dios le dio a Jesús una corona de espinas, entonces ¿por qué esperas tú recibir una corona de rosas?

El apóstol Pablo animó al joven Timoteo diciéndole: "fortalécete por la gracia que tenemos en Cristo Jesús" (2 Timoteo 2:1). Así que no busques siempre salir de una situación ¡hasta que saques de la situación lo que Dios ha escondido en ella para ti! Por eso Pablo le recordó a Timoteo: "Comparte nuestros sufrimientos, como buen soldado de Cristo Jesús" (2 Timoteo 2:3).

A veces Dios te libra del horno de fuego; ¡otras veces te hace a prueba de fuego! Cuando te hace a prueba de fuego, ¡debes soportarlo! Dios está más interesado en tu desarrollo que en tu comodidad. Arderás, ¡pero no serás consumido! Hay una historia que debes contar para su gloria que narra tu viaje personal, ¡con un recorrido que va desde el dolor hasta el placer!

Steve había sido un pastor asistente con éxito durante varios años, y cuando recibió una oferta para ser el pastor principal de una iglesia en Nueva Jersey, sintió que estaba listo para el desafío. Él y su esposa Rachel tomaron a sus dos hijos, su perro y todas sus pertenencias y se embarcaron en una aventura de fe. Durante tres años Steve se volcó en su iglesia y su comunidad. Tuvo que tomar algunas decisiones difíciles: eliminar diplomáticamente al pastor de jóvenes y encontrar alguien que ocupara ese lugar de forma idónea, reformar por completo la música, reestructurar la organización de voluntarios de la iglesia, echarle ganas para resolver algunos sentimientos de dolor de antaño entre familias, y aparecer en cada reunión cívica como el rostro de la iglesia que crecía repentinamente.

Antes de llegar a Nueva Jersey, Steve invertía regularmente cincuenta horas por semana en la iglesia. Ahora, regularmente invertía sesenta o setenta horas y a veces ochenta para mantener todos los platos girando. Por dos años disfrutó cada minuto de ello (bueno, casi cada minuto. Siempre hay mucho tedio en cualquier trabajo). Pero durante el tercer año, la rutina le estaba alcanzando. Subió de peso, se perdió más partidos de los niños que nunca, y a veces le gritaba a su esposa, o a su asistente, o al pastor de jóvenes, o al perro, o a cualquiera que estuviera cerca. Rachel y muchos otros le preguntaron: "¿Estás bien, Steve?".

Él sonreía y les aseguraba: "Claro. No hay problema. Tan solo estoy un poco cansado, eso es todo".

Tras varios meses de preguntas con buena intención, Steve comenzó a darse cuenta de que el estrés de ser pastor se estaba llevando lo mejor de él. Sin importar cuánto orase, lo mucho que trabajase o cuánto intentase evitar a los ladrones de visión y los asesinos de gozo, seguía resbalándose más y más en un agujero emocional y espiritual. Steve no tenía ni idea de cómo salir.

Entonces, en octubre de 2012, el huracán Sandy golpeó la costa cerca de la iglesia. En cuestión de horas, la complejidad de la vida de Steve ¡se multiplicó por cien! A medida que se acercaba la tormenta, Steve tomó a su familia y al perro y condujo tierra adentro, durante unos ochenta kilómetros. Pasaron la noche preguntándose si las temibles predicciones serían ciertas. Todas las cadenas ponían imágenes y reportajes *in situ* a todas horas. Era peor de lo que nadie había imaginado.

Al día siguiente, Steve dejó a Rachel y los niños en un hotel y se dirigió de nuevo a su comunidad. Primero se detuvo en su casa. El tejado goteaba por dos sitios, pero no había daños estructurales. La iglesia había resistido bastante bien, pero los escombros de las casas y las empresas azotadas inundaban la zona ajardinada y el estacionamiento. Una mirada a las calles le decía que su lista de prioridades acababa de cambiar. Enseguida descubrió que al menos la mitad de los hogares de las personas de la iglesia habían quedado destruidos, o al menos estaban temporalmente inservibles. Cuando se restauró el servicio de telefonía celular, llamó al pastor de jóvenes y a algunos miembros de su equipo de liderazgo para ver cómo estaban. Sus casas habían sufrido daños, pero estaban listos para ayudar a otros que lo necesitaran más.

Durante los siguientes días, Steve, su equipo, líderes laicos y miembros de la iglesia concentraron sus esfuerzos en conseguir recursos (alimentos, agua, ropa, juguetes y medicinas) para los miembros de la iglesia y para otros en la comunidad que habían perdido sus hogares. Era agotador, pero emocionante saber que estaban marcando la diferencia. La luz finalmente regresó a sus casas, así que Rachel y los niños regresaron.

Durante los dos meses siguientes, Steve se dedicó a ayudar a todos los necesitados. Fue, de muchas maneras, su mejor momento. La persona apreciaba profundamente su duro trabajo, abrazos sentidos y palabras amables. Gradualmente, las personas repararon sus hogares y se quedaron o encontraron otro sitio para vivir. Steve no lo sabía en ese momento, pero como un tercio de las personas de su iglesia nunca regresaron. Ya habían aguantado lo suficiente el mar y sus amenazas. Durante todo este tiempo, la mayor parte de las facturas de la iglesia seguían llegando, pero las ofrendas cayeron en picado. Sí, las personas daban pero lo hacían para ayudar a sus amigos y vecinos, no para el fondo general de la iglesia.

Se asentó una nueva normalidad para la iglesia y la comunidad, pero no para Steve. Él había estado mostrando síntomas de estrés antes de que el huracán azotase la Costa Este. Irónicamente, las demandas adicionales habían sacado lo mejor de él, pero le habían secado por completo su vida. Cuatro meses después de la tormenta, Steve se dio contra una pared. Fue el típico caso de agotamiento.

> Nadie puede entendernos del todo. Lo que más duele es que pocos nos entienden realmente, porque ese entendimiento les llamaría a unirse al mundo, y al dolor, del líder.
> —Dan Allender, *Healing Path*

Demasiado

Contrario a lo que muchas personas piensan, el estrés no es el problema. El culpable es *demasiado estrés sin liberar*. Un poco de estrés saca lo mejor de nosotros. Nuestra adrenalina fluye, y nos volvemos más creativos, más enérgicos y más decididos a llegar más alto que antes. Pero muchos líderes viven sin válvulas de seguridad. Son como ollas a presión sin una válvula de bloqueo. Cada conversación difícil, cada decisión dura, cada fracaso, cada pregunta desafiante, y cada duda de sí mismo suma a todo lo anterior que ya ha llenado la olla. Con cada nuevo esfuerzo, la suma parece imperceptible, así que la persona no hace nada al respecto. A medida que aumenta el estrés hasta el punto de causar una explosión o una implosión, parece algo completa y absolutamente normal.

Puedes estar seguro de esto: si eres un líder de una organización sin fines de lucro, una iglesia o una empresa, los problemas te encontrarán, y llegan en muchos envoltorios distintos: un cónyuge decepcionado, una demora inadmisible en un proyecto importante, un miembro del equipo taciturno, un accidente, una muerte prematura, un bajón inesperado en la producción, un niño consentido, una crisis económica, o cientos de permutaciones más y dolores de cabeza y sufrimiento.

Las *fuentes* del estrés varían ampliamente, y los *síntomas* del estrés multiplicado y sin aliviar vienen en todo tipo de formas y tamaños. La persona intenta lidiar con el dolor intenso de diferentes formas: algunos se vuelven más impulsados y frenéticamente activos en un intento por controlar personas y situaciones, otros se retiran emocionalmente y físicamente para evitar el conflicto, y otros mezclan las dos: se paralizan por fuera pero están terriblemente ansiosos por debajo de la superficie. Los síntomas de estrés incluyen:

+ Síntomas emocionales: sentirse agobiado, desesperado, aislado, irritable o de mal humor.
+ Síntomas de conducta: comer demasiado o demasiado poco, dormir demasiado o demasiado poco, consumir medicamentos o alcohol para relajarse, desatender las responsabilidades normales, conductas compulsivas, poca resistencia a la tentación y no disfrutar de las cosas que solían darnos placer.
+ Síntomas cognitivos: ansiedad, pensamientos difusos o acelerados, incapacidad para concentrarse, y falta de juicio.
+ Síntomas físicos: problemas de estómago, dolores de cabeza por la tensión, dolores y achaques extraños o la pérdida de interés en el sexo.

El liderazgo conlleva visión, empuje y ambición piadosa por avanzar el reino de Dios o expandir una empresa, pero sin salvaguardas; los líderes visionarios pueden sufrir cansancio, soledad y agotamiento. Y redoblar sus esfuerzos por controlar a las personas, por lo general, resulta contraproducente y crea más estrés. El estrés, no obstante, no está reservado para los tipos agresivos. Otros pastores y ejecutivos son sensibles, compasivos y siempre disponibles, lo cual puede llevar a relaciones dependientes y de necesidad, confusión y agotamiento emocional. Y redoblar sus esfuerzos por ayudar a las personas casi siempre empeora el problema.

Si un líder estresado tiene el valor de admitir su lucha, amigos bienintencionados, pero desinformados, quizá dirán: "Oh, no dejes que eso te moleste. Suéltalo, hermano. Solo suéltalo".

La mayoría de las personas no tienen ni idea de lo que es ser un líder cristiano. Nos preocupamos. Nos preocupamos profundamente de las personas que Dios nos ha confiado. El Creador y Rey nos ha llamado a representarlo ante las personas de nuestras iglesias, empresas y comunidades. Cuando tienen una necesidad, queremos ser las manos, los pies y la voz de Dios para ellos. Cuando esas necesidades no pueden ser suplidas, nos molesta. Nos molesta mucho.

El médico Richard Swenson trató este problema en *Margin: Restoring Emotional, Physical, Financial, and Time Reserves to Overloaded Lives* (Margen: restaurar las reservas emocionales, físicas, financieras y de tiempo en vidas sobrecargadas).[1] En una conferencia para líderes ministeriales, sostuvo una pequeña rama en alto, la dobló un poco, y la soltó. De inmediato volvió a su forma original. Explicó que un poco de estrés que se resuelve rápido no tiene ningún efecto duradero. Después dobló más fuerte la rama y durante un minuto. Cuando soltó un extremo de la rama, se recuperó solo en parte, pero se quedó bastante doblada. Explicó que el estrés importante, sin aliviar, produce efectos prolongados. Después dobló despacio la rama hasta que se oyó un sonido de chasquido, y después se partió. Explicó que cuando la persona experimenta un estrés severo, prolongado y sin aliviar, es decir, agotamiento, el resultado es un daño duradero y devastador. En algunos aspectos, la persona nunca se recupera del todo.

Algunos en la audiencia querían hacer retroceder la predicción pesimista del médico, pero los que tenían amigos que habían sufrido la devastación del agotamiento asentían.

En la vasta mayoría de los casos, el agotamiento es el resultado de una larga serie de decepciones, reveses y sufrimiento. Cualquiera de ellos, por sí solo, no puede causar un daño irreparable, pero el efecto acumulativo de la tensión sin aliviar, las pérdidas que se quedan sin llorar y el conflicto sin resolver, finalmente pasa una factura muy elevada.

El dolor personal no solucionado crea un sentimiento de desesperación. Las personas quieren alivio, ¡y lo quieren *ahora*! Buscan cualquier forma de bloquear el dolor, aunque solo sea por unos minutos. Es fácil perderse en programas de televisión sin sentido, deportes, juegos de video y otras muchas diversiones. Algunas de estas cosas son más que distracciones; son fuentes de destrucción. Quizá la más devastadora sea la pornografía y el sexo ilícito. Las estadísticas sobre los cristianos y la pornografía son alarmantes pero familiares para cualquier líder cristiano. Entre los feligreses, el 50 % de los hombres y el 20 % de las mujeres admiten que son adictos a la pornografía. Es peor en el púlpito. En *Men's Secret Wars* (Las guerras secretas de los hombres), Patrick Means reporta que el 63 % de los pastores encuestados confesaron que luchaban con deseos sexuales compulsivos o adicciones sexuales, incluyendo pornografía, masturbación y un amplio abanico de conductas sexuales.[2] Estas conductas gradualmente (o no tan gradualmente) derriban barreras morales y sacuden convicciones espirituales, haciendo que la persona sea más vulnerable a la tentación del adulterio, con consecuencias que destrozan individuos, familias, iglesias, y el nombre de Dios en la comunidad.

> Es más fácil encontrar hombres que se ofrezcan voluntariamente para morir, que encontrar a los que están dispuestos a soportar el dolor con paciencia. —Julio César

Quizá no lo quieres saber

Los pastores enfrentan presiones similares a cualquier CEO o alto ejecutivo de cualquier compañía, pero con la dimensión añadida de que se espera de él que será un maestro magnífico y un amigo compasivo, además de saber planificar, delegar y administrar de forma excelente. Se espera que sea "todo para todas las personas", dentro y fuera de la iglesia. En otras palabras, los pastores son particularmente vulnerables al estrés de las expectativas irrealistas. Varias organizaciones han encuestado a pastores en las dos últimas décadas. Los estudios más recientes y exhaustivos muestran resultados alarmantes.

Un amplio estudio descubrió que:

- El 90% de los pastores trabajan entre 55 y 75 horas por semana.
- El 80% cree que el ministerio pastoral ha afectado negativamente a su familia. Muchos hijos de pastores no asisten a la iglesia ahora por lo que la iglesia les ha hecho a sus padres.
- El 33% cree que el ministerio es un peligro para sus familias.
- El 75% reporta que ha experimentado una crisis importante de estrés al menos una vez en su ministerio.
- El 90% siente que no está debidamente preparado para lidiar con las demandas del ministerio.
- El 50% se siente incapaz de suplir las demandas de su trabajo.

+ El 70% dice tener una autoimagen más baja ahora que cuando comenzaron.
+ El 70% no tiene a nadie a quien consideren amigo íntimo.
+ El 33% confiesa haber estado involucrado en algún tipo de conducta sexual indebida con alguien de la iglesia.
+ El 50% ha pensado en dejar el ministerio en los últimos meses.
+ El 94% de sus familias siente las presiones del ministerio del pastor.

Además, este estudio reveló:

+ 1500 pastores dejan el ministerio cada mes debido a un fracaso moral, agotamiento o disputas en sus iglesias.
+ El 50% de los matrimonios de pastores terminan en divorcio.
+ El 80% de los que entran al ministerio, lo dejarán en un plazo de cinco años.
+ El 70% de los pastores lucha crónicamente con la depresión.[3]

El Dr. Richard J. Krejcir del Instituto Francis A. Schaeffer de Desarrollo de Liderazgo Eclesial, realizó un estudio a 1050 pastores que asistieron a dos conferencias. Él descubrió esto:

+ El 100 % tenía un asociado cercano o amigo del seminario que había dejado el ministerio por agotamiento, conflicto en su iglesia o un fracaso moral.
+ El 90 % dijo que está frecuentemente fatigado y desgastado semanalmente, e incluso diariamente.
+ El 71 % dijo que estaba agotado y que batallaba con la depresión semanalmente, e incluso diariamente.
+ El 89 % consideró dejar el ministerio en algún momento, y el 57 % dijo que lo dejaría si encontrara un lugar mejor donde ir, incluyendo el trabajo secular.
+ El 77 % sentía que no tenía un buen matrimonio.
+ El 75 % sentía que no había recibido una buena preparación y/o entrenamiento en su seminario para poder guiar y dirigir la iglesia o para aconsejar a otros. Esto les dejaba descorazonados en su capacidad como pastores.
+ El 38 % estaba divorciado o actualmente en un proceso de divorcio.

- El 30 % había tenido una aventura amorosa o algún encuentro sexual puntual con algún miembro de la iglesia.
- El 23 % dijo que se sentía feliz y contento de forma regular con quiénes eran en Cristo, en su iglesia y en su hogar.[4]

Tristemente, la tendencia no nos da mucho ánimo. Los estudios muestran un importante aumento de la incidencia de problemas relacionados con el estrés en el ministerio.

Una mirada detallada

Las causas del estrés son tan variadas y complejas como la naturaleza humana, pero podemos identificar fácilmente algunas fuentes comunes. Raras veces se producen aisladamente o una por una. Tienden a suceder en grupos, con el tiempo y con efectos multiplicados.

Confusión de roles

Como veremos en el capítulo 5, los líderes muestran una amplia gama de dones, estilos de liderazgo e intereses. Algunos son buenos oradores, pero son muy malos organizadores. Otros destacan en la visita a los hospitales y en consejería, pero no son muy buenos lanzando visión, planificando o delegando. Otros son magníficos visionarios, pero les falta empatía con las personas heridas que les rodean. El problema para todos estos pastores, por supuesto, es que su equipo espera que destaquen en todas estas áreas.

Los líderes de todos los ámbitos se sienten atraídos a las áreas en las que se sienten fuertes y eficaces, pero se sienten culpables, y oyen muchas quejas cuando se desatienden otras áreas del ministerio. Ciertamente, ningún trabajo encaja perfectamente con nadie, pero cuando una persona actúa en base a sus fortalezas durante mucho tiempo, sus energías y entusiasmo se van agotando poco a poco. Se afirman a sí mismos diciéndose que están sirviendo y sacrificándose, pero a menudo no se dan cuenta de que están operando con el depósito vacío.

Fatiga de compasión

Amar a otros hizo que Cristo fuera totalmente vulnerable hasta el punto de la muerte. Para nosotros, amar a otros nos hace vulnerables a ser malentendidos, poco apreciados y rechazados. En su libro, *Can You Drink the Cup?* (¿Puedes beber la copa?) Henri Nouwen escribió:

Cada vez que tomamos la decisión de amar a alguien, nos abrimos a un gran sufrimiento, porque los que más amamos nos causan no solo un gran gozo sino también un gran dolor. El dolor más grande viene en la partida. Cuando el hijo se va de casa, cuando el esposo o la esposa se van por un largo periodo de tiempo o para siempre, cuando el amado amigo se va a otro país o muere... el dolor de la partida puede hacernos pedazos. Aun así, si queremos evitar el sufrimiento de la partida, nunca experimentaremos el gozo de amar. Y el amor es más fuerte que el temor, la vida es más fuerte que la muerte, la esperanza es más fuerte que la desesperación. Tenemos que confiar en que el riesgo de amar siempre vale la pena asumirlo.[5]

El agotamiento causado por amar, dar, servir y sacrificarse constantemente, especialmente acompañado del sentimiento de soledad, rencor y dolor, erosiona la capacidad de un líder cristiano de lidiar con la vida. Algunos lo llaman *fatiga de compasión* y lo comparan con la fatiga del combate. Al comienzo de la Guerra Civil, y después mucho más en la Primera Guerra Mundial, los médicos se dieron cuenta de que el esfuerzo de la batalla afectaba seriamente la eficacia de los soldados. Muchos tuvieron que ser trasladados a hospitales para recuperarse, aunque no habían sufrido ni un rasguño. La enfermedad recibió el nombre de neurosis de guerra a principios del siglo XX. Durante la Segunda Guerra Mundial, los médicos investigaron la enfermedad y descubrieron que era más predecible después de que un soldado había estado en el frente durante noventa días. Recibió una nueva etiqueta: *reacción de estrés de combate*. Tras noventa días de una exposición constante a la lucha, un soldado "se volvía cada vez menos valioso hasta que era totalmente inútil".[6] Un médico que trataba a soldados que sufrían de estrés de un combate prolongado observó:

Muchos tienen disentería crónica u otra enfermedad, y casi todos muestran estados de fatiga crónica... parecen apáticos, descuidados, que no prestan atención y con una expresión facial casi de máscara. El tono de voz es bajo, el contenido de las ideas pobre, se quejan de dolores de cabeza crónicos, insomnio, fallo en la memoria, se sienten olvidados, preocupados consigo mismos, temerosos de una nueva tarea, no tienen sentimiento de la responsabilidad y se sienten desesperanzados con respecto al futuro.[7]

La fatiga de compasión es una forma suave de neurosis de guerra que está asociada a médicos, enfermeras y personal de emergencia, especialmente quienes trabajan en unidades de trauma. Para pastores y personal de la iglesia, cuidar a personas necesitadas es un procedimiento operativo estándar, es su llamado, su responsabilidad y su privilegio, pero la intensidad inusual de eventos específicos o periodos prolongados de cuidado pueden degradar de manera importante la capacidad de una persona para operar eficazmente.

Comparación y competencia

Un pastor que asistía a una conferencia nacional para su denominación estaba disgustado por lo que experimentó. Tras su primer día, le dijo a un amigo: "Cuando conocí a las personas, las preguntas más comunes que hicieron fueron: '¿Cuántas personas asisten a su iglesia?' y '¿Cuál es su presupuesto anual?'. Estaban preguntándose unos a otros para ver dónde estaban en su orden jerárquico. El tamaño es poder. El tamaño es prestigio. El tamaño te da identidad y autoridad, al menos eso es lo que obviamente pensaban ellos. Era nauseabundo".

No hay nada malo con querer que una iglesia prospere y crezca para que las personas experimenten la gracia de Dios, vidas cambiadas y una comunidad transformada. Pero podemos querer esos mismos resultados con motivaciones oscuras y siniestras. ¿Cómo podemos saber si el orgullo nos está dirigiendo? No es muy difícil averiguarlo. ¿Nos sentimos amenazados, o celebramos cuando otra iglesia crece y otro pastor recibe el aplauso? ¿Nos sentimos superiores a pastores cuyas iglesias son más pequeñas e inferiores ante los que tienen iglesias más grandes? ¿Hay un sentimiento de rencor cuando se les pide a otros que hablen en conferencias de pastores y a nosotros se nos pasa por alto? ¿Nos gozamos en secreto cuando un líder exitoso cae? Todos estos (y muchos otros) son síntomas de que estamos inseguros, temerosos y guiados por el orgullo en lugar de "un compromiso puro y sincero con Cristo" (2 Corintios 11:3).

La dificultad que tenemos para aceptar la responsabilidad de nuestra conducta reside en el deseo de evitar el dolor de las consecuencias de esa conducta.
—M. Scott Peck, *El camino menos transitado*

Visión personal nublada

Al igual que los líderes de cualquier ámbito, los pastores a menudo entran en el ministerio con un jovial idealismo. Eso no es algo malo, a menos que no se equilibre con la experiencia y se profundice al trabajar junto a líderes más sabios y experimentados. Para muchos, el problema no es la visión de la iglesia. Eso está bastante claro. La dificultad es que sienten que están en un barco sin un remo en un río de curso rápido. Están avanzando, pero no saben bien dónde están en el rumbo de las cosas.

Este problema, a menudo, es el primo de la confusión de roles. Quieren servir en sus fuerzas, pero saben todas las demás cosas que tienen que hacer también, y hacerlas bien. Ven a los ejecutivos empresariales que van a la iglesia que tienen mucho más dinero y mucha más autoridad (al menos, eso es lo que parece, y sabemos que no es cierto), y sienten punzadas de autocompasión, resentimiento, y un deseo de escapar. Con el tiempo, estas presiones arrasan por completo con el idealismo original. Se transforman en cinismo. Cada día intentan con todas sus fuerzas cumplir con una gran lista de demandas, pero por dentro se están muriendo lentamente.

El hueco de la dona

David tenía a sus hombres valientes, Pablo tenía a Bernabé, Timoteo y Silas, pero muchos líderes no tienen a alguien a quien llamar en busca de ánimo y apoyo. Quizá han intentado abrirse con una persona de su equipo de liderazgo u otro líder, pero recibieron respuestas simplonas como "confía en Dios" u "ora por ello". La confianza y la oración son esenciales, pero a veces necesitamos que otra persona en la que podamos confiar nos escuche sin darnos un consejo o criticarnos, que ore por nosotros y con nosotros. Sin un verdadero amigo, los líderes solitarios agachan su cabeza y se arrastran lentamente hacia delante. La tenacidad es loable, pero las personas, al igual que los automóviles, se quedan sin combustible, necesitan neumáticos nuevos y a veces incluso reparaciones importantes. La negligencia solo conduce a problemas mayores.

Los líderes necesitan a alguien que les escuche, que realmente les escuche, mientras hablan de sus problemas con su familia, su equipo de liderazgo y su economía, y todos los demás problemas complejos que enfrentan. Como consultor de liderazgo, he descubierto que solo escuchar con empatía es algo tan útil como encontrar una solución para un problema inmediato.

En el tiempo correcto y de la forma correcta, los líderes también necesitan a alguien que les dé una buena retroalimentación sobre su equipo, comunicación, crecimiento y otros asuntos, incluyendo desafíos personales. También necesitan una palmada en la espalda. Las experiencias del pasado de ser malentendidos, no deberían impedir que los líderes vuelvan a mirar para encontrar a alguien en quien puedan confiar. Sin un amigo o dos, se secarán.

Dolor del pasado sin resolver

Los líderes no entran en sus papeles (o matrimonio, o cualquier otra relación o función) como páginas en blanco. Puede que pensemos que somos fuertes individualistas, pero en gran parte hemos sido moldeados por nuestras experiencias pasadas, especialmente nuestras relaciones con nuestros padres. Si esa relación fue de apoyo, tenemos una plataforma sólida para asumir riesgos y mejorar. No hay garantías, podemos meter la pata gravemente en nuestra vida al margen de cuán maravillosos hayan sido nuestros padres, pero tenemos una ventaja en el amor y confianza en las relaciones, y en hacer que el trabajo sea significativo.

Dos historias de la liga nacional de fútbol muestran el impacto del pasado. El documental *The book of Manning* (El libro de Manning) describe la influencia tan positiva que Archie Manning tuvo sobre sus hijos, Cooper, Peyton y Eli, pero especialmente sobre Peyton. Archie era una estrella del fútbol americano en la Universidad de Mississippi a finales de la década de 1960. Tuvo una gran carrera en la NFL, principalmente con los Santos de New Orleans. Durante esos años, sus hijos nacieron y comenzaron a demostrar destreza en el terreno de juego. El padre de Archie se había suicidado cuando Archie era un niño, así que su padre no estaba ahí para compartir sus victorias y derrotas.

A medida que los hijos de Manning crecían, Archie se dedicaba a cambiar el guión familiar. Se convirtió en un padre devoto y atento. El documental se enfoca en el amor, entendimiento, ánimo y apoyo que Archie les dio a sus tres hijos. Buenos programas reclutaron a los tres, pero sus carreras no fueron todas éxitos y premios. Antes de su primer partido en Ole Miss, a Cooper le diagnosticaron un trastorno de la columna congénito. La cirugía no fue un éxito rotundo, y durante un tiempo la familia se preguntaba si podría volver a caminar. Durante los largos días de dolor y angustia, Archie estuvo a su lado. Peyton se convirtió en un gran defensa en la universidad y en la NFL. Su fuerte relación con su padre le aportó un fundamento firme de amor y confianza con el que pudo mejorar en el campo. Eli demostraba ser una destacada promesa como defensa en Ole Miss, pero un problema con la bebida casi le costó su carrera. De nuevo, el apoyo y dirección de Archie ayudaron a encarrilar a un hijo por el buen camino de su vida y de su carrera deportiva. Al final del documental, los televidentes reciben el impacto del gran amor, humildad, valor y ternura que comparte la familia. Cooper, Peyton y Eli están de pie sobre los hombros de su papá, un hombre bueno y estupendo.[8]

Un segundo ejemplo muestra el otro lado. Las relaciones dolorosas pueden tener un abanico de efectos destructivos. Algunas personas reaccionan al dolor, temor y enojo metiéndose en un cascarón de autoprotección. Algunos intentan desesperadamente agradar a otros para ganar la aprobación que no han tenido. Y todavía otros se ven impulsados a demostrarse que son dignos del respeto que no se les dio. Brett Favre era un hombre resuelto. Explicaba a *USA Today* que el mensaje de su padre diciéndole que no era suficientemente bueno lo llevó a convertirse en uno de los mejores defensas de la historia de la NFL y lo impulsó a seguir jugando a una edad a la que la mayoría de los defensas ya se han retirado de la liga.

Su papá también había sido su entrenador en el instituto. Demandaba excelencia a Brett, y no aceptaba excusa alguna. Cuando Irv Favre murió a los cincuenta y ocho años por un ataque al corazón, Brett "perdió a su mayor fan, y su crítico más verbal". Su padre era duro con su hijo. Brett recuerda: "Si has crecido en el hogar de un entrenador de fútbol americano que parece un sargento instructor, pensarías que sería duro. Siempre que estaba dolido, o pensaba que estaba dolido, su consejo era: 'Levanta el trasero'. La mayoría del tiempo yo tomaba ventaja de la situación, como hace cualquier niño que quiere atención. Él no aceptaba ni un ápice de eso. Nunca dijo que nos amaba. Pero lo sabíamos. Y viceversa: Nosotros nunca se lo dijimos a él".

Favre tenía dos formas de lidiar con el dolor de su infancia: estaba decidido a ser el mejor, y consumía alcohol y medicamentos para insensibilizar el dolor. La mayoría de los seguidores lo consideraban un gran rasgo de carácter, pero no entendían la fuente de su insaciable ambición. Y la mayoría excusaban el consumo de medicamentos diciendo que era simplemente resultado de los típicos dolores de un jugador de la NFL. La esposa de Favre, Deanna, conocía otra historia. Después de que él intentó limpiarse varias veces y falló (incluso cuando la liga mandó un tratamiento), ella le dio un ultimátum: o dejar los medicamentos o ella le dejaría a él.

Durante toda su carrera, Favre continuó oyendo la voz en su mente, la voz crítica de su padre que le conducía a ser el mejor. En el año que salió de su retiro para volver a jugar, explicó: "Parte de mi éxito siempre ha sido que sentía que tenía algo que demostrar, incluso después de ganar tres premios como jugador más valioso. Eso no ha cambiado hoy. Si voy a jugar, quiero ser el mejor y tengo este resentimiento. Tienes que jugar con la mentalidad de que estás a punto de perder tu trabajo, y que van a hablar 'del otro jugador' mejor que de ti. Tienes que pensar: 'Quiero que mi nombre lo mencionen primero'".[9]

Hasta cierto grado significativo, todos somos productos de nuestro pasado. Puede que tengamos la bendición de padres maravillosos que construyeron unos cimientos de seguridad, amor, fortaleza y valor, y queremos transmitirlos a nuestros hijos e iglesias. Pero muchos no tuvimos padres como Archie Manning. Quizá no recibimos abusos o abandono, pero hasta cierto punto llegamos a nuestro matrimonio y carrera con déficits, déficits que puede que jamás hayamos reconocido. Nuestro deseo natural y normal es agradar a otros para ganar la aprobación, dominar para controlar personas y situaciones, o escondernos detrás de paredes de autoprotección, y probablemente una combinación de estas estrategias para salir adelante. Cada una de ellas promete un alivio a corto plazo, control, poder y aplauso, pero no resuelven el problema subyacente del dolor genuino. Y ese dolor finalmente nos morderá.

> No se puede llegar a la consciencia sin dolor.
>
> —Carl Jung

Cuando el dolor nos abruma

Hay una falacia común de que los cristianos deberían ser inmunes al dolor, el sufrimiento y las dificultades. La imagen presentada por algunos líderes preeminentes es que caminar con Dios siempre nos permite volar sobre alas de águila por encima de nuestros problemas. Si esta es la expectativa del cristiano promedio, ¿cuál es la expectativa de los pastores y otros líderes? Tristemente, muchos de ellos esperan para usar la frase aguda de J. L. Packer, "más de lo que Dios pretende dar". Esta falsa expectativa de surcar siempre por encima de los problemas, afirma Packer, es cruel porque predispone a las personas para una brutal decepción, e incluso la depresión.[10]

El perfeccionismo es una convicción teológica muy poco frecuente entre un puñado de cristianos, pero funcionalmente es una epidemia entre líderes y pastores de todos los sectores teológicos. Los líderes compasivos y a menudo inseguros absorben la crítica de otros, y la mezclan con una conversación negativa con ellos mismos. Tras un tiempo, no necesitan ayuda alguna para llegar a utilizar acusaciones de auto condenación. Son destructores de almas independientes. Tras un buen sermón, se dicen a sí mismos: "Esa parte no estuvo clara. Debería leer un comentario más. La señora de la tercera fila se estaba durmiendo. ¿Realmente fue tan malo? Se me olvidó decir una frase clave en esa ilustración. ¿Qué me pasa? ¿Acaso alguna vez lo haré bien?".

Y eso después de un buen sermón.

Tras reuniones con el equipo de liderazgo, los mensajes son más de lo mismo: "Bob no estuvo de acuerdo conmigo. Me pregunto si se lo dirá a otros para ponerlos de su lado. No expliqué mis planes muy bien. No me extraña que estén contra mí. He escuchado a Patrick Lencioni hablar sobre dirigir equipos. ¿Acaso alguna vez aprenderé a hacerlo?".

El perfeccionismo crea expectativas irrealistas, lo cual inevitablemente produce una molesta auto condenación o una duda aplastante de uno mismo. Pero esto no es lo único que puede abrumar a los líderes. Un matrimonio torcido, niños descontrolados, deudas, problemas de salud, tensión sin resolver, cuidar de unos padres ancianos, fracaso moral, secretismo y un centenar más de problemas pueden llevarlos más allá del desánimo hasta llegar a la depresión.

La depresión llega de muchas formas distintas y por varias causas distintas. Algunas formas tienen causas psicológicas, como una enfermedad, cáncer o un desequilibrio químico causado por la enfermedad. La mayoría de los casos de depresión, sin embargo, están causados por circunstancias fuera del cuerpo; en otras palabras, el estrés no liberado y el enojo sin resolver. Una de las clásicas formas de describir este tipo de depresión es el enojo volteado hacia adentro. Esta depresión común puede ir de leve a severa. Según la Clínica Mayo, la distimia es:

Una forma crónica y leve de depresión, pero de larga duración. Los síntomas por lo general duran al menos dos años, y a menudo mucho más de eso. La distimia interfiere con la capacidad de operar y disfrutar la vida.

Con distimia, quizá pierdes el interés por las actividades diarias normales, te sientes desesperanzado, te falta productividad y tienes una baja autoestima y un sentimiento general de ineptitud. A menudo se percibe a las personas con distimia como muy críticas, quejándose constantemente e incapaces de divertirse.[11]

Una depresión grande es una forma más grave. Puede ocurrir solo una vez en la vida de una persona, pero es más común que las personas tengan múltiples episodios. Durante estos periodos, la persona experimenta una habilidad significativamente discapacitada para operar en casa y en el trabajo. Los síntomas relacionados con el estrés son más pronunciados. Las personas a veces tienen pensamientos de suicidio e incluso pueden actuar en base a esos pensamientos.

En un artículo sobre el sufrimiento silencioso de los pastores, Fred Smoot, director ejecutivo de Emory Clergy Care en Duluth (Georgia), reportó que cuando los pastores no pueden vivir al nivel de las excesivas demandas puestas sobre ellos por su propio perfeccionismo y las expectativas de otros, a menudo "dirigen su frustración de nuevo hacia sí mismos", lo cual produce una espiral descendente de auto condenación y desesperanza. Además, Matthew Stanford, profesor de psicología de la Universidad Baylor, observó que la depresión en la cultura cristiana lleva una "doble estigmatización": el estigma de la cultura sobre la enfermedad mental acompañada de la "espiritualización excesiva" cristiana de la depresión considerándola una falta de fe o un síntoma de debilidad. Esto hace que sea muy difícil para los pastores hablar sobre el estrés que sufren en su descenso por el largo tobogán hacia la desesperanza, y hace que sea igualmente difícil admitirlo ante ellos mismos o algún otro cuando tocan fondo.[12]

Sinceridad y objetividad, los primeros componentes importantes de lidiar con la depresión, están igual de cerca que las páginas de la Biblia. Los salmos están llenos de efusiones de dolor, enojo, decepción, horror y llamadas a la venganza, así como de amor, alabanza, gozo y esperanza. De hecho, el teólogo Martin Marty observó que la mitad de los salmos son, según sus palabras, "invernales". Los lamentos no son subcristianos; son parte de un caminar auténtico y vibrante con Dios. Sin duda, el profeta Isaías afirmó: "pero los que confían en el Señor renovarán sus fuerzas; volarán como las águilas". Pero el versículo no termina ahí. En una vida de fe, a veces volamos alto pero la mayoría de las veces "correrán y no se fatigarán". Y de vez en cuando, el poder del Espíritu capacita a seguidores fieles para que hagan frente a las dificultades, y así "caminarán y no se cansarán" (Isaías 40:31).

La compasiva garantía de Dios es que cuando estamos en nuestro peor momento, Él no nos ha abandonado. El salmista relata su furia y el tierno toque de Dios:

> Se me afligía el corazón
>> y se me amargaba el ánimo
>> por mi necedad e ignorancia.
> ¡Me porté contigo como una bestia!
>
> Pero yo siempre estoy contigo,
>> pues tú me sostienes de la mano derecha.
> Me guías con tu consejo,
>> y más tarde me acogerás en gloria.
> ¿A quién tengo en el cielo sino a ti?
>> Si estoy contigo, ya nada quiero en la tierra.
> Podrán desfallecer mi cuerpo y mi espíritu,
>> pero Dios fortalece mi corazón;
>> él es mi herencia eterna (Salmos 73:21-26)

Si estamos abiertos al toque de Dios, Él usará incluso nuestro dolor más profundo para acercarnos más a Él. El perfeccionismo nos arruina y envenena nuestro corazón, pero la gracia nos restaura. J. L. Packer explica cómo actúa la gracia de Dios en nuestro dolor:

Esto es lo que busca toda obra de gracia: un conocimiento incluso más profundo de Dios, y una comunión incluso más íntima con él. La gracia es Dios acercándonos, aun siendo pecadores, cada vez más a él. ¿Cómo procesa Dios en gracia este propósito? No escudándonos del asalto del mundo, de la carne y del diablo, ni protegiéndonos de las pesadas y frustrantes circunstancias, ni tampoco escudándonos de los problemas creados por nuestro propio temperamento o psicología; sino más bien exponiéndonos a todas estas cosas, para abrumarnos con un sentimiento de ineptitud, y para llevarnos a que nos aferremos a él con más fuerza. Esta es la principal razón, desde nuestra posición, por la que Dios llena nuestra vida de problemas y perplejidades de uno u otro tipo, es para asegurarse de que aprendamos a aferrarnos a él fuertemente.[13]

En el libro *Cómo sobreponerse al lado oscuro del liderazgo*, Gary McIntosh y Samuel Rima sostienen que el dolor que causa el perfeccionismo, la sed de aprobación y el insaciable deseo de tener éxito, de hecho impulsan a un líder a sobresalir. Así, el dolor puede catapultar a un líder hacia el éxito.[14]

La seducción de la nada

Las personas tienen distintos puntos de quiebre, pero la mayoría de las personas bajo una presión incesante finalmente concluyen que es mejor no sentir nada que seguir soportando el dolor. No estoy hablando del suicidio; estoy hablando de la insensibilidad emocional. Es más fácil mantenerse ocupado, ver televisión y leer todas las palabras de la sección deportiva, incluso aunque no nos divierta el fútbol, el críquet o el *curling*. Las distracciones consumen nuestro tiempo y nuestros corazones. Nos roban el gozo, significado, impulso y amor. Evitar temporalmente puede ser mejor que el dolor que estamos sufriendo, pero pagamos un alto precio por las diversiones.

Cuando los líderes se insensibilizan, se retiran de sus cónyuges, sus hijos y sus equipos. Quizá se siguen relacionando con las personas que no demandan mucho de ellos. Eso es fácil. Esas personas no son una amenaza. Es más difícil esconderse de los que están cerca, de los que se dan cuenta y hacen preguntas difíciles. ¡Esos son a los que debemos evitar!

Cuando los líderes insensibilizados se quedan sin sentimientos, intentan seguir haciendo las cosas de forma mecánica, pero sus corazones ya están lejos, muy lejos. Quizá no sienten el aplastante dolor del estrés tanto como antes, pero tampoco sienten el amor, gozo y celebración de las bendiciones de Dios. Es fácil escaparse de asumir la responsabilidad para asignar la culpa cuando las cosas no van bien. Los líderes insensibilizados se vuelven amargos, gruñones, impacientes y egocéntricos.

Sam Ranier, escritor y pastor principal de la iglesia Stevens Street Baptist Church en Cookeville (Tennessee), compara la insensibilidad emocional con unas piernas dormidas después de haber estado sentado en una posición doblada demasiado tiempo. Por lo general, la insensibilidad desaparece a medida que el hormigueo remite. El efecto no dura demasiado. Pero la insensibilidad emocional puede durar años. "Y mientras más tiempo estés distante", explica él, "más doloroso será el despertar. Mientras más tiempo estés dormido, más intenso será el proceso de despertarte. Tendrás que luchar con el sentimiento de agujas clavadas, sacudirte y comenzar a hacer circular de nuevo la sangre. Porque mantenerse distante es morir. Lentamente. Insensible al dolor".[15]

Dios nunca malgasta nuestro dolor. En el Aspen Ideas Festival, el anfitrión Bob Schieffer de *Face of Nation*, de la CBS, abrió el micrófono para preguntas después de entrevistar a T. D. Jakes. Una mujer dijo: "Usted es un predicador. ¿Por qué no nos predica?".

Jakes dio un sermón sencillo ese día. Dijo: "Cuando usted nace, es como una llave sin muescas. A medida que avanza por la vida, cada herida, fracaso, dolor… le hace una muesca en su metal. Y un día hay un *momento brillante* donde lo ve claro, su dolor ha formado la llave que entra en el cerrojo y abre su futuro".[16]

Un líder eclesial que entrena a cientos de pastores cada año, le dijo a una audiencia que el dolor que experimentamos en los primeros cuarenta años de nuestra vida nos da la sabiduría y experiencia necesarias en un ministerio más profundo para el resto de nuestra vida. De algún modo, esa afirmación aporta una riqueza de esperanza a medida que sufrimos dificultades, decepciones y fracasos.

Aprende esto

El estrés no es el problema. El culpable es *demasiado estrés sin liberar.*

Haz esto

Haz una línea de tiempo de tu vida. Identifica los eventos más significativos, agradables y dolorosos, incluso aunque la única persona que los conozca seas tú. Después escribe los cinco eventos más dolorosos de tu vida. ¿Cuánto aparecen en tus pensamientos cada uno de ellos, colorean tus emociones y te fuerzan a agradar a otros, demostrarte algo a ti mismo o a esconderte de los riesgos?

Piensa en esto

1. ¿Cuáles son algunas señales de estrés sin liberar en tu vida?
2. Piensa en la rama del Dr. Swenson. ¿Qué forma ha tenido tu rama durante los últimos años? ¿Cómo está ahora mismo? ¿Cómo lo sabes?
3. ¿Cuáles son algunas causas comunes de tu estrés? ¿Cómo manejas, por lo general, la tensión (agradando, demostrando, escondiéndote, ocupándote, distrayéndote, insensibilizándote, etc.)?
4. Describe el doble estigma de la depresión para los líderes.
5. ¿Estás de acuerdo o discrepas con la frase: "Dios nunca malgasta nuestro dolor"? Explícalo.

Y recuerda: *solo crecerás hasta el umbral de tu dolor.*

4
DOLORES DEL CRECIMIENTO

*El cambio es duro porque las personas sobrevaloran el valor
de lo que tienen, y subestiman el valor de lo que
podrían ganar al entregar lo que tienen.*
—James Belasco y Ralph Stayer

Philip Wagner, Pastor de la iglesia Oasis Church, Los Ángeles (California)

Por muchos años, no equiparé "liderazgo" con "dolor". Equiparé liderazgo con visión, fortaleza y éxito. Ahora lo veo de forma distinta.

Me doy cuenta ahora de que con la responsabilidad vienen decisiones difíciles, épocas dolorosas, así como algunas victorias tremendamente gratificantes. Los líderes son solucionadores de problemas. Mientras mejores somos solucionando problemas, mejores somos como líderes. Las personas son la mayor fuente de gozo en nuestra vida, y las personas son también la causa más grande de nuestro dolor. En cualquiera de los casos, Jesús nos pide que los amemos.

Hace algunos años, Holly y yo fuimos a Cancún de vacaciones. Tuvimos tres semanas para jugar y refrescarnos. Fue genial… el agua azul, la arena blanca, chips y salsa y ninguna presión. Cuando regresé, uno de los pastores del equipo entró en mi oficina y se sentó. Me dijo con renuencia: "Creo que he cometido un error mientras estabas fuera".

Los recuerdos de la arena blanca y el agua azul comenzaron a salir de mi alma como el agua que se va por un desagüe. Lo miré, esperando, con un poco de temor, queriendo oír cuál era ese "error". Él continuó: "He empezado a tener reuniones en mi casa, y queremos comenzar una iglesia".

Un sentimiento enfermizo invadía mi estómago poco a poco. Yo espeté: "Espera. ¿Qué? ¿Has empezado reuniones en tu casa?".

Él tragó saliva y me dijo: "Hace ya un tiempo que quería comenzar una iglesia, y sentí que Dios me estaba diciendo que este es el momento".

"¿Este es el momento?", pensé, *"¿Mientras yo estaba fuera de la ciudad?"*. Dije en voz alta: "¿Así que mientras te pago para que me ayudes a pastorear *esta* iglesia, tú invitaste a algunos miembros de esta congregación a tu casa y estás planeando empezar *tu* propia iglesia? ¿Eso te parece ético?". Estaba buscando alguna lógica.

Él respondió: "Bueno, varias personas habían acudido a mí y estaban pensando en irse de Oasis de todas formas, y me gustaría liderar esta nueva iglesia".

Respiré hondo y lo miré a los ojos: "¿Te has preguntado qué has hecho tú para que las personas se sientan seguras diciéndote lo que no les gustaba de la iglesia, y supieran que probablemente estarías de acuerdo con ellos en vez de ayudarles a verlo de otra forma?".

En este punto comencé a preguntarme si él diría algo en esa conversación que no sonara peor que lo último que había dicho. Y entonces dijo: "Hemos recogido ofrendas para ayudarnos a empezar".

Imagino que no. Él hizo una pausa por un segundo y después digo disculpándose: "Probablemente debería haber esperado y haber hablado contigo de ello".

Yo quería gritar: *"¡¿Pero en qué estás pensando!?"*. Pero en cambio le dije: "Bob" (pongamos que así se llamaba), "¿por qué no hablaste conmigo primero? *Me has dicho que siempre quisiste empezar una iglesia, pero nunca mencionaste que ya estabas empezando a poner en marcha tu sueño.* Nunca. Ni una sola vez".

Silencio.

Después pregunté: "¿Alguna vez he dicho o hecho algo que te haya hecho pensar que reaccionaría de forma negativa o que no te apoyaría?".

Él se encogió de hombros: "No. Nunca".

Yo le rogué, diciéndole: "Por favor, no lo hagas así. ¡Por favor! Si lo haces, habrá relaciones que se romperán para nunca más arreglarse. Algunas personas quedarán tan dolidas que nunca volverán a asistir a una iglesia. Piensa en las personas. Hay una forma mejor".

Pero en su mente, Dios le había hablado.

Esa noche hablé con un amigo que es pastor de una iglesia grande. Él me afirmó y me dio algún buen consejo. Dijo: "Todos hemos pasado antes por esto y probablemente volveremos a pasar por ello. Estará bien. Ahora no te lo parece, pero todo estará bien".

Recordé escuchar al pastor Bill Hybels decir que parecía que cada cuatro o cinco años una iglesia saludable y creciente tiene un grave problema en su equipo. *"¿De veras?"*, pensé yo. *"Genial"*.

Después, sentado con mi esposa mirando fijamente a la pared en el salón a oscuras, finalmente admití: "No creo que pueda seguir con esto. Es demasiado duro".

Pensé: *"Quizá puedo conseguir mi antiguo empleo como vendedor de software o ese puesto de conductor de limusina. Quizá, pero probablemente no"*.

En la situación con nuestro miembro del equipo, cada problema emocional que he tenido jamás (o pensaba que podía tener), salió a la superficie, acelerando mis inseguridades como los perros cuando les abres la puerta del maletero para que corran. Un poco de desesperación, un poco de vergüenza, sentimientos de traición (añadamos un poco de fobia a los gérmenes), y te lo imaginas. Mi lista de razones por las que él no era la persona correcta para este puesto sobrepasaba a la de Gedeón.

Durante las siguientes semanas hubo personas que se fueron de Oasis: familia tras familia y amigo tras amigo. Se rompieron relaciones que probablemente nunca se restaurarán. Algunas personas se fueron de la iglesia para no volver a ninguna otra jamás.

Las preguntas eran incesantes. "¿Alguna vez esta herida dejará de sangrar?". "¿Podré volver a confiar alguna vez en las personas?". "¿Podría contactar con Michael Franzese, exjefe de la Mafia, que ahora es cristiano, para que entre en nuestro consejo directivo?".

Cuando me reunía con personas que se iban, una conversación tras otra comenzaba con estas palabras: "Realmente me encanta Oasis y todo lo que la iglesia ha hecho por mi familia y por mí. No sé dónde estaría mi vida hoy de no haber sido por este ministerio". Y terminaba con: "Pero me voy de la iglesia".

Aquellas semanas fueron casi tan gratas como caminar por un campo de minas. Al margen del dolor, yo seguía asistiendo cada domingo. Orábamos y adorábamos. Amábamos a las personas. Enseñábamos la Palabra y llevábamos a personas a Jesús. No terminé rindiéndome ni resucitando a nadie de los muertos (no obstante, sigo trabajando en ello).

Sucedió un milagro. Las personas seguían llegando. Descubrí que Jesús es quien edifica su iglesia. Yo aún sigo intentando ayudarle un poco. Con cada transición, especialmente las dolorosas, Él demuestra ser fiel para hacernos mejores y más fuertes de lo que éramos antes. Durante treinta años he pastoreado una gran iglesia. Y cada cuatro o cinco años algunas personas nos dan la oportunidad de amarles como no lo habíamos hecho.

En estas circunstancias, he aprendido algunas lecciones muy importantes:

- Primero, debemos seguir amando a las personas. No podemos permitirnos liderar con amargura. A veces el dolor más grande produce nuestras mayores lecciones.

- Segundo, las personas harán lo que quieren hacer. No hay nada que podamos hacer salvo seguir haciendo lo correcto y confiar en Dios.

En la transición, y a menudo en el dolor, algunos líderes pierden la fe o su sentido de identidad. Su historia se derrumba; sus sueños desaparecen. Otros deciden enfrentar el dolor y fortalecerse.

Me alegro de que Dios me haya llamado al liderazgo como pastor. Pero he tenido que decidir continuar, seguir confiando, enfrentar el dolor y de algún modo fortalecerme. No cambiaría por nada la oportunidad que he recibido.

Dios me recuerda: "manténganse firmes e inconmovibles, progresando siempre en la obra del Señor, conscientes de que su trabajo en el Señor no es en vano" (1 Corintios 15:58).

Obispo Walter Thomas, Iglesia New Psalmist Baptist Church, Baltimore (Maryland)

En 1991 nuestra iglesia había crecido hasta no caber ya en el edificio donde nos habíamos congregado durante los últimos trece años. Era un lugar histórico construido en 1844. Según crecía nuestra congregación, fuimos añadiendo reuniones y expandiéndonos lo máximo posible. Estábamos reventando las costuras. Estaba muy claro que era el momento de mudarnos a otro lugar.

En ese entonces, habíamos comprado un terreno a unos quince minutos en la misma carretera. Nuestra escuela ya estaba construida y reuniéndose allí. Les dije a los líderes de nuestra iglesia y a la congregación que era el momento de construir en el nuevo terreno. Programé reuniones con un director de proyectos. Revisamos los planes del arquitecto para los nuevos edificios, incluyendo un centro de adoración, clases, espacio para oficinas, un gimnasio y todas las demás cosas que queríamos. Puse con alegría al corriente a las personas del progreso que estábamos teniendo. ¡Estaba emocionado!

Entonces, nuestros principales líderes y yo tuvimos una reunión para que el director del proyecto nos diera el costo del nuevo edificio. Cuando las palabras salieron de su boca, me quedé atónito. Dijo: "Obispo, el costo de las nuevas instalaciones será de 16 millones de dólares".

En la historia previa de nuestra iglesia, lo máximo que habíamos gastado en cualquier nueva mejora de nuestro campus fue 215 000 dólares. Inmediatamente les dije a todos en la sala: "Esta reunión se da por terminada". Mientras salían, un aluvión de emociones recorrió mi ser. Estaba devastado... descorazonado. Me sentía avergonzado de haber hecho una promesa que no podría cumplir. Me consideraba un fracaso… un profundo y necio fracaso. Había animado a las personas a tener esperanza, y ahora esas esperanzas iban a ser sacudidas. ¿Cómo le iba a decir a nuestra gente que no podíamos hacer lo que les había prometido?

Solo he tenido tres dolores de cabeza en toda mi vida. Este fue uno de esos momentos. Mi cabeza me latía y me dolía el corazón. No podíamos seguir donde estábamos, pero no podíamos permitirnos las nuevas instalaciones. Me vi a mí mismo como si fuera Moisés guiando al pueblo de Israel en su momento de crisis: estaban atascados con el mar Rojo delante de ellos y el ejército del faraón detrás. Necesitaban la liberación de Dios. Ahora nosotros también.

Le rogué al Señor sabiduría. De repente, tuve un momento de lucidez: no necesitábamos todo el dinero desde el principio. Solo necesitábamos el flujo de entradas para sostener la deuda. El nivel del flujo de entradas dictaría la cantidad que podríamos pedir prestada, la cual determinaría el tamaño de las nuevas instalaciones.

Me reuní con nuestros expertos financieros en la iglesia. Juntos, repasamos todas las proyecciones razonables de ingresos de nuestra congregación, y decidimos que el límite del presupuesto para las nuevas instalaciones sería de siete millones y medio de dólares. Ese era el tamaño de instalaciones que nos podíamos permitir y que construiríamos; eso y ni un metro más.

Para construir unas instalaciones de ese tamaño, necesitábamos aproximadamente un tercio de esa cantidad al principio como anticipo, que eran dos millones y medio de dólares. Necesitábamos esa cantidad en dos años cuando nos concedieran el préstamo y comenzara la construcción. Tuve otra reunión con nuestro contador. Ya teníamos algo de dinero ahorrado, pero necesitábamos otros 750 000 dólares cada año durante dos años, lo cual es aproximadamente unos 15 000 dólares por semana. Le dije a nuestro contador: "Cada semana durante los próximos dos años, vamos a transferir 15 000 dólares de nuestro fondo general a nuestra cuenta de ahorros".

En verdad tardamos tres años en conseguir nuestro objetivo, pero lo logramos. Cuando conseguimos el préstamo y comenzó la construcción, seguíamos ahorrando dinero cada semana y poniéndolo en la cuenta de ahorros. Esto nos daba 60 000 dólares al mes de ahorro. La hipoteca de las nuevas instalaciones era de 39 000 dólares, y los servicios nos daban una media de 10 000 dólares al mes. Esto nos permitió añadir 11 000 dólares a nuestra cuenta de ahorros cada mes, o unos 130 000 dólares al año.

Hace unos años atrás, nos dimos cuenta de que el edificio se nos había quedado pequeño, y que teníamos que volver a edificar. Esta vez usamos los mismos principios y procesos que habíamos implementado hacía más de veinte años atrás. La nueva hipoteca era unas seis veces mayor, pero el proceso se mantuvo igual. Pusimos dinero en nuestra cuenta de ahorros cada semana, pagamos la hipoteca y los servicios, y seguimos aumentando nuestros ahorros.

En 1991 me devastó la noticia de que nuestra meta estaba mucho más lejos de donde podíamos llegar, pero Dios nos dio una solución. Dejamos de preocuparnos por la cantidad total, y nos enfocamos en el nivel de nuestro flujo de ingresos. No se trata del costo total, sino solo del movimiento de efectivo.

Mi consejo para un pastor que esté ante cualquier tipo de crisis es que se conceda un día para gemir, quejarse y apenarse de sí mismo. Solo un día… después levántate, pide a Dios dirección, y lleva a tu gente hacia donde Él los guíe. Los líderes no pueden darse el lujo de derrumbarse durante más de un día. Después tienen que buscar soluciones. No tenemos el lujo de que la ansiedad y el desánimo nos paralicen. Tenemos la obligación de confiar en Dios para recibir una solución factible y un plan de acción. Comienza asumiendo positivamente que Dios *siempre* tiene un plan. Quizá no lo hayas descubierto aún, pero Él tiene uno para ti.

Otro consejo es evitar prometer a tu gente más de lo que les puedas dar. En iglesias con una política congregacional, los miembros quieren saber toda la información posible en cada etapa del proceso de planificación, pero asegúrate de dar solo los hechos según se van desarrollando. Puede que te emociones y tengas una visión maravillosa, pero no dejes que tu ánimo sobrepase la dura realidad de los números y las fechas. Conoce el presupuesto antes de anunciar algo sobre el futuro de un proyecto de construcción. Cuando se establecen los límites financieros, no pintes por fuera de las líneas. Te evitarás situaciones vergonzosas y ahorrarás a tu gente confusión y estrés.

Cuando Patrick se convirtió en el pastor principal de una iglesia en Chicago, tenía muchas ideas, visiones y sueños para la iglesia. De hecho, una de las razones por las que el comité de búsqueda estaba tan impresionado con él, era porque sus planes para la iglesia eran tanto visionarios como prácticos. Él sabía dónde quería llevarlos, y tenía planes concretos para desarrollar líderes, hacer esfuerzos evangelísticos, y todo tipo de programas diversos.

Durante los siguientes seis meses, todas las piezas encajaron en su lugar. Su pequeño equipo de liderazgo y los miembros laicos del equipo de liderazgo de la iglesia estaban más que receptivos con Patrick, ¡estaban emocionados! La iglesia creció de 250 a unos 350. Las cosas tenían buen aspecto. Patrick comenzó a planificar una iglesia de 500. Mientras pensaba y oraba, se dio cuenta de que algunos del equipo y voluntarios clave que podían manejar una iglesia de 250 personas estaban presionados bajo la carga de dirigir una iglesia de 350. Se dio cuenta de que no tenían capacidad para 500.

Durante los tres meses siguientes, Patrick comenzó a implementar un plan gradual para reemplazar o volver a entrenar y reasignar a muchas de las personas que se habían emocionado tanto con su llegada. Anticipó algún retroceso de unas cuantas personas, pero no había anticipado la tormenta de resentimiento y acusaciones que parecía venir de todos lados. En pocas semanas, había pasado de ser un líder respetado y amigo a ser un tirano arrogante y desagradecido.

De hecho, Patrick aprendió enseguida que la resistencia estaba dirigida solo por unos cuantos: un miembro del equipo y dos personas que dirigían departamentos como voluntarios. Estaban enojados y hablaban con todo aquel que les prestara un oído. Patrick se sentía atacado por la espalda. Había intentado encontrar un lugar para todos, pero tenía que tomar algunas decisiones difíciles sobre el liderazgo si quería que la iglesia creciera. Al principio, Patrick intentó reunirse con cada una de las personas enojadas, pero en lugar de resolución, su intento de explicar su visión y sus nuevos papeles era como echar gasolina en un fuego.

Patrick llegó a la conclusión de que el sufrimiento, tanto el de ellos como el suyo, simplemente no valía la pena. Dio un paso atrás. Se disculpó por empujar demasiado rápido demasiado pronto y les pidió que se quedaran en sus actuales posiciones. Durante los siguientes cinco años, la iglesia fluctuó entre 250 y 350 personas. Durante todo ese tiempo hubo un trasfondo de desconfianza entre Patrick y quienes lo habían desafiado. Sus actitudes no eran evidentes todo el tiempo, o para muchas personas, pero Patrick lo sabía. Se fue de la iglesia porque se dio cuenta de que había perdido su autoridad para liderar. Cuando miró por el espejo retrovisor, concluyó que sabía lo que había que hacer, pero tuvo demasiado miedo. No estaba dispuesto a manejar el dolor del cambio.

> Los líderes tienen que ser la matrona del dolor en el nacimiento de cosas nuevas. Tienen que sostener la mano y ayudar al cuerpo a lidiar con el dolor de forma productiva.
> —Bill Easum

Pagar el precio

Prácticamente todos los líderes en cada campo de empresa o ministerio suponen que el crecimiento aliviará el estrés, pero el crecimiento realmente aumenta el estrés. Esta idea errónea añade una gran medida de confusión a los considerables dolores del liderazgo.

En conversaciones en conferencias, algunos líderes de iglesias hacen suposiciones colosales, y colosalmente erróneas, sobre los pastores de mega iglesias. Sacuden su cabeza y dicen: "¡Esos tipos lo tienen fácil! Tienen todos los recursos del mundo. Quizá algún día yo también llegaré ahí". Yo también sacudo mi cabeza, pero por una razón distinta. Conozco a muchos pastores de iglesias enormes, y me hablan sobre el caos increíble que supone liderar una gran organización.

EL DOLOR DEL LIDERAZGO

Una y otra vez, hablo con pastores que aún no han entendido este principio fundamental del liderazgo organizacional: si quieres crecer, tienes que aprender las lecciones del dolor y del sufrimiento. Muchos pastores desanimados me dicen: "Quiero que mi iglesia crezca. Oro para que la bendición de Dios aumente, pero los problemas se siguen multiplicando". Esos pastores se sorprenden por los obstáculos, la oposición y las luchas que aparecen. Casi puedo oír sus oraciones: "Dios, ¿qué sucedió? ¿No vas a responder a mis oraciones y arreglar este lío?".

Intento asegurarles que Dios, sin duda, está respondiendo sus oraciones. Les está dando la experiencia del dolor (oposición, conflicto y resistencia) para que amplíen su capacidad de tener más compasión y sabiduría de la que nunca antes han tenido. Las dificultades son el programa de estudios de Dios para los que quieren mejorar.

En un artículo para *Church Leaders*, James MacDonald admite que, de joven, a menudo se desanimaba porque los líderes de su instituto bíblico, seminario e iglesia parecían no tener ni idea de algunos problemas obvios. Se preguntaba si el problema que tenían sería la ceguera o la timidez. En cualquiera de los casos, su pasividad estaba afectando negativamente la causa de Cristo. Finalmente, concluyó que no podían ver los problemas en absoluto.

Ahora, sin embargo, ha cambiado de opinión. Con una experiencia organizacional considerable, entiende que había (y hay) un problema muy distinto que hace que los líderes se queden inmóviles ante las necesidades genuinas. No se trata de la ceguera. Ellos ven los problemas: un pobre desempeño de las personas clave en posiciones de liderazgo, actitudes tóxicas que esparcen disensión, sistemas y estructuras anticuados, liderazgo paralizado que bloquea eficazmente la innovación y la creatividad. MacDonald concluye: "ELLOS VEN TODO ESTO, pero no están dispuestos a pagar el precio para abordarlo".

El precio es la sangre figurada del liderazgo: que cuestionen tu sano juicio o integridad, la incertidumbre de asumir riesgos importantes, el dolor de las conversaciones difíciles y reemplazar a personas (muchas de ellas amigos) que ya no encajan en el rango más amplio de responsabilidades, y el esfuerzo de ser positivo en público mientras tratas con miles de dolores privados que produce el cambio.

Dirigir una organización creciente, cambiante y dinámica requiere un valor, sabiduría y tenacidad tremendos. Los líderes que vio MacDonald cuando era joven no estaban dispuestos a pagar el precio para adquirir esos rasgos. Para ellos y muchos otros, el precio simplemente era demasiado elevado. MacDonald concluyó: "Entiendo su decisión; pero no la respeto".[1]

Planificar el dolor

En las pasadas décadas, muchos consultores han observado algunos puntos particulares (si de algún modo arbitrarios) en el crecimiento de una iglesia, que exigen nuevos puntos de vista y habilidades para abrirse camino hacia la siguiente barrera para el crecimiento. En *How to Break Growth Barriers* (Cómo romper barreras para el crecimiento), Carl George identifica estos niveles en 200, 400, 600 y 800.[2] El pastor y consultor Nelson Searcy, fija los niveles específicos en una escala más amplia: 65, 125, 250, 500 y 1000.[3]

Algunos pastores tienen una visión para el crecimiento, pero pocas pautas sobre cómo llegar hasta ahí. Creen que mejores sermones, mejor ministerio de niños, o mejores dulces, unidos a una ferviente oración, harán que las personas acudan a sus iglesias. Yo defiendo la oración, los mejores sermones, los buenos programas y los buenos dulces, pero los pastores realmente necesitan una *visión anticipatoria*. En otras palabras, necesitan anticipar lo que necesitarán para llegar allí donde Dios quiere que vayan. Mientras sueñan, oran y planifican para tener todos los recursos en orden, estarán creando un efecto dominó de cambio en su organización. Si no están listos para ello, y si no están dispuestos a pagar el precio, se quedarán estancados en su actual estatus personal y organizacional. El crecimiento siempre conlleva dolor. En el crecimiento organizacional, los líderes realmente provocan dolor, pero con un buen motivo. Es la única forma de crecer.

En cada barrera para el crecimiento, los pastores tienen que profundizar sus ideas y afilar sus habilidades. Cuando dejan de crecer, su iglesia dejará de crecer. Las áreas que a menudo (sino siempre) necesitan atención son las personas, estructuras, desarrollo de liderazgo, espacio, estar enfocado hacia fuera, y el crecimiento personal.

> A menos que estés preparado para renunciar a algo valioso, nunca serás capaz de cambiar de verdad, porque siempre estarás controlando las cosas que no puedes dejar.
> —Andy Law, *Creative Company*

Personas

Empezaremos primero por el área más difícil. Quizá hayas contratado a tu mejor amigo como pastor asistente, a tu esposa como directora del ministerio de las mujeres, a tu tía para tocar el piano, y al mejor amigo de tu hijo como pastor de jóvenes. O puede que te hayas hecho amigo de cualquiera que haya estado en uno de esos puestos, pero ahora te da cuenta de que su capacidad es limitada. Tú intentas pacientemente ampliar las habilidades y la visión de la persona de tu equipo, y quizá ves un poco de progreso, o quizá piensas que ves más progreso del que realmente hay. Lentamente, refunfuñando, concluyes que hay personas clave en tu equipo que no pueden llevarte ni a ti ni a tu iglesia al siguiente nivel. Los que están sosteniendo tu escalera no son las personas indicadas.

En primer lugar, tienes que tomar lentamente las decisiones que involucran a personas. Sé amable y compasivo, pero siempre contrata teniendo en cuenta el siguiente nivel de crecimiento. Si tu iglesia tiene 400 personas, contrata un pastor de jóvenes que pueda manejarse bien en una iglesia de 600 u 800. Sí, esas personas son difíciles de encontrar, pero te ahorrarás muchos quebraderos de cabeza contratando para el futuro en vez de tener que reemplazar más adelante a alguien que ha estado en una posición durante unos años pero no tiene las ruedas adecuadas para llevar a la iglesia hasta el siguiente nivel de crecimiento.

Nadie tiene todos los dones, así que no estás buscando a superhéroes. Quizá escoges a alguien que es un líder visionario. Asegúrate de que la persona tenga un equipo lleno de quienes hacen equipo y administradores. Quizá escoges a alguien que es muy bueno para formar un buen equipo. Asegúrate de mantener la visión fresca para que entiendan que sus relaciones están marcando la diferencia en una escala mayor. Ya captas la idea. Si todos en tu equipo principal de liderazgo tienen los mismos dones, se estancarán. Valora la diversidad y da la bienvenida a perspectivas distintas, pero asegúrate de reclutar, contratar y entrenar personas por lo menos para un nivel más alto del que tiene tu iglesia actualmente.

Con algunas excepciones, casi todos los cambios de personal son una experiencia traumática para el líder, el miembro del equipo y el resto de la plantilla. Aunque contrates bien, experimentarás agitación porque otras iglesias verán la calidad de tus líderes emergentes y los contratarán. Eso es un halago, no una amenaza.

Estructuras

En iglesias pequeñas puedes tener reuniones de equipo en el asiento delantero de un Fiat. A medida que la iglesia crece y se van añadiendo miembros al equipo, tienes que ser más intencional con respecto a todas las formas de comunicación, delegación, autoridad y reporte. Desarrollar estructuras que encajen con una organización más grande requiere una mezcla de arte y ciencia. Se tienen que trazar líneas claras de responsabilidad, y los miembros del equipo tienen que coordinar sus esfuerzos con otros para evitar un efecto silo, el cual se produce en una organización cuando los departamentos no comparten información, a menudo teniendo como resultado la sospecha y la ineficacia. A medida que la iglesia crece, la comunicación con el equipo de liderazgo y los voluntarios clave tiene que mejorar continuamente.

He hablado con muchos líderes que estaban perplejos de que sus personas clave no lo entendieran: ellos compartían su visión y estrategia, pero los miembros de su equipo no actuaban en consecuencia. Pero el problema puede que no esté solo en un lado. A veces los miembros clave de su plantilla y voluntarios estaban frustrados porque no tenían la información suficiente de su líder ministerial. En cada nivel de crecimiento mayor se necesitan nuevas y más eficaces estructuras de comunicación. El cuadro organizacional podría ser similar al último, pero hay que prestar más atención a asegurarse de que todos entiendan su función. Cada nueva adición al equipo añade una red de interconexiones cada vez más grande, lo cual hace que la comunicación y la coordinación sean cada vez más complicadas.

Desarrollo de liderazgo

Un pastor entendió la idea. Preguntó: "¿*Cuántos* líderes y *qué tipo* de líderes necesitará nuestra iglesia para pasar de trescientos a quinientos en los próximos dos años?".

El tamaño de tu equipo de liderazgo es como una capa de arena sobre una mesa. La calidad de líderes determina cuánta arena se queda en la mesa y cuánta se cae de ella. No importa si tienes muchos líderes, si no saben cómo liderar.

He dado consultoría a varios pastores que estaban frustrados por la ineficacia de sus estrategias de desarrollo de liderazgo. En muchos casos, eran pastores emprendedores que supusieron erróneamente que otras personas eran como ellos: lo único que necesitaban era un poco de dirección para averiguar algo por su propia cuenta. Eso raras veces ocurre en realidad. Sí, nos encanta cuando alguien entusiasta, creativo y ambicioso asume una tarea y desarrolla un ministerio eficaz con poca aportación de nuestra parte, pero la mayoría de las personas necesitan más ayuda. Mucha más.

> Conformarse no es divertido. Es un hábito maligno, una cuesta resbaladiza que te lleva a la mediocridad. El arte del liderazgo es entender en qué cosas no se puede transigir.
> —Seth Goddin, *Tribus*

Las conferencias de liderazgo y la delegación son cosas importantes, pero muchas personas necesitan el toque personal de ánimo y afirmación si quieren mejorar en su función, especialmente una función de voluntariado. En nuestra cultura, sin embargo, esto es difícil porque se producen muchas conexiones entre personas en las redes sociales. Creo que se ha perdido algo crucial si ese es el medio principal de comunicación para un equipo, pero muchas personas están tan ocupadas que no tienen tiempo, y quizá ellos piensen que es raro cuando les pedimos que se reúnan con nosotros para tomar un café.

Tu organización crecerá solo tan rápido como tú puedas desarrollar líderes buenos y competentes que ensanchen tu base para conectar significativamente con más personas. Son las relaciones lo que hace que estas conexiones permanezcan. Esto pone más presión sobre ti a la hora de contratar personas que puedan ser líderes de líderes, así como entrenadores de líderes. Otro aspecto de la complejidad del desarrollo de liderazgo es que la vasta mayoría de las personas en tu estructura son voluntarios, lo cual significa que su motivación es principalmente altruista. No tienes la ventaja de un cheque para que hagan lo que quieras que hagan. Esto significa que tienes que ser más *apasionado* como visionario y más *compasivo* como pastor a la hora de desarrollar líderes para una iglesia creciente. Y según se extiende tu base, puedes estar seguro de que algunas personas no estarán contentas contigo.

El dolor asociado con el desarrollo de liderazgo es el esfuerzo de obligarte a aprender nuevas estrategias y cambiar la comodidad del presente por la eficacia del mañana. Es mucho más fácil vivir con el *statu quo* conocido, que estirarse para adquirir nuevas habilidades, especialmente si las nuevas estrategias hacen que otros también se sientan incómodos.

Espacio de reunión

La barrera más obvia para el crecimiento son las instalaciones en las que se reúne tu congregación. A las personas no les importa estar de pie, pegadas hombro con hombro en un concierto, pero no les gusta estar tan cerca para adorar. La regla general es que una sala está llena si está al 70 o el 80 por ciento de su capacidad.

Muchas iglesias resuelven el problema del espacio limitado añadiendo reuniones, pero cada reunión multiplica las complejidades de la administración y carga al personal, ya no digamos el esfuerzo que supone añadir reuniones para las personas que hablan en cada una de ellas.

Varias firmas dan un buen consejo sobre la capacidad de asientos que una iglesia debería tener en cuenta cuando se amplía o construye un nuevo auditorio. El punto aquí no es dar instrucciones detalladas sobre la arquitectura sino destacar que la visión de crecer produce inevitablemente el estrés de decisiones muy importantes, como la carga de recaudar los fondos, la coordinación de los planes de la transición y el conflicto de las ideas distintas. Una visión de crecimiento multiplica e intensifica de manera importante el dolor del líder.

Enfoque hacia fuera

Las iglesias crecientes siguen esforzándose para ir más allá de la comodidad de los miembros y asistentes regulares para alcanzar a la comunidad en ministerios de evangelismo y ayuda. Estos esfuerzos requieren que el líder sea culturalmente relevante e inspirador, así como ser un administrador astuto. Es, por supuesto, mucho menos desafiante enfocarse en los miles de problemas que ya existen en la iglesia, y hay muchos para absorber el tiempo y la energía del líder. Pero un pastor que pasa su tiempo agradando a sus congregantes y resolviendo problemas existentes, pronto tendrá una iglesia que se estancará y comenzará su declive.

Jesús, nos dicen los Evangelios, vio que las personas estaban "agobiadas y desamparadas, como ovejas sin pastor" (Mateo 9:36), así que envió a sus seguidores a cuidar de ellas. Vivimos en el país más próspero del mundo, pero no tenemos que mirar lejos de nuestra propia comunidad para ver personas agobiadas y desamparadas. Algunos viven en pobreza, pero incluso más sufren una bancarrota de corazón por los estragos de la adicción, el divorcio, el abuso o el abandono. Mamás solteras y ancianos solitarios necesitan una sonrisa y una mano amiga. Las personas notan cuando el pueblo de Dios se interesa. Más personas acuden a Cristo porque sienten nuestro amor que porque están impresionados con nuestras instalaciones, nuestros programas o nuestros sermones.

Nelson Searcy identifica un rasgo de referencia para un enfoque hacia fuera: "En mi experiencia, las iglesias saludables y crecientes tendrán un porcentaje de 5:100 de visitantes por primera vez respecto a los asistentes regulares. Si tienes un promedio de 200 personas por semana, deberías tener un promedio de 10 visitantes por primera vez por semana. Observa este porcentaje con cuidado, y toma su descenso como una señal de alarma".[4]

> No todo lo que enfrentamos se puede cambiar. Pero nada se puede cambiar hasta que no se enfrenta.
>
> —James Baldwin

Crecimiento personal

Las horas son largas, los líderes necesitan una atención constante y ánimo, y los problemas son complicados. Esa frase es cierta en cada nivel de crecimiento en una iglesia. Algunos pastores exhaustos me dicen: "Cuando nuestra iglesia llegue a (pon tú el número), tendré más recursos y no me drenará tanto personalmente". Están soñando.

Cuando el pozo se seca, necesitamos cavar más hondo. Como líder, tu recurso más valioso es tu propio corazón. El mayor riesgo es estar tan cansado, tan desanimado o tan enojado que tu alma comienza a tiritar. Entonces estás funcionando con el depósito vacío y corriendo a ciegas. Cuando no estamos rellenando nuestro corazón con inspiración, ánimo e ideas, nos cuesta mucho llegar, incluso, a nuestro siguiente sermón o reunión. Y si *nos cuesta* seguir, podemos estar seguros de que a las personas en nuestras reuniones también les está costando, al intentar escucharnos. Cuando nos mantenemos secos durante mucho tiempo, el desierto por lo general se extiende hasta nuestro equipo, voluntarios clave y finalmente a toda la iglesia.

En los otros dolores de parto descritos en este capítulo, los líderes inician el cambio y el consiguiente descontento. Pero en el desarrollo personal, el dolor viene de la inactividad. La organización solo puede estar sana espiritualmente, emocionalmente y relacionalmente, si el corazón del líder está siendo nutrido y fortalecido. En las dos últimas décadas, Eugene Peterson ha animado a pastores a regresar a las prácticas de larga tradición de las disciplinas espirituales, el arte de la consejería espiritual, y el poder de desarrollar intimidad en toda la comunidad. En *The Jesus Way* (El camino de Jesús), él nos recuerda que la vitalidad espiritual comienza con un enfoque renovado en Cristo mismo:

> Seguir a Jesús implica que entramos en una forma de vida en la que Aquel que nos llama nos da carácter y forma y dirección. Seguir a Jesús significa entrar en ritmos y maneras de hacer cosas que a menudo no se dicen pero que siempre derivan de Jesús, formadas por la influencia de Jesús. Seguir a Jesús significa que no podemos separar lo que Jesús nos dice de lo que Jesús hace y la forma en la que lo está haciendo. Seguir a Jesús tiene que ver tanto −o incluso más− con los pies, como lo es con los oídos y los ojos.[5]

Cuando he recomendado planes de desarrollo personal a pastores, algunos han sacudido su cabeza quejándose: "Sí, sí. Tú no lo entiendes. Sencillamente no tengo tiempo". Sí, pagarán un precio si escarban tiempo para rellenar de forma regular su alma, pero pagarán un precio aún mayor si no lo hacen.

Locura

Mi amigo Scott Wilson es el pastor principal de The Oaks Fellowship cerca de Dallas. Hace unos años se dio cuenta de que su iglesia había estado chocándose contra un techo numérico una y otra vez. Al margen del nuevo programa que probaran, qué innovaciones introdujeran o qué personas contrataran, no podían atravesar esa barrera. Cada esfuerzo producía un nuevo crecimiento, pero nunca se mantenía. El breve aumento era seguido por un regreso a los niveles previos. Scott finalmente tuvo una revelación. Se dio cuenta de que había estado intentando arreglar el problema equivocado. La locura, como dice el chisme, es hacer lo mismo una y otra vez y esperar tener resultados diferentes. Scott estaba decidido a ser cuerdo y hacer algo distinto. Lanzó un programa exhaustivo para empoderar a su equipo y líderes laicos clave para ser más apasionados, cultos y eficaces.[6]

En un artículo para *Christianity Today*, Branimir Schubert destacó: "Hay dos errores fundamentales que cometen las organizaciones al confrontar los asuntos: ignorar el dolor, y hacerle un mal diagnóstico… Si las organizaciones no pueden reconocer su dolor organizacional, el resultado será un éxodo firme de personas clave (si tienen la opción de irse), o se manifestará en una fuerza laboral que está despegada, desilusionada y que no funciona a su mejor nivel. Ignorar el dolor no hará que el dolor se vaya. En lugar de eso, se extenderá".[7]

Muchas organizaciones cristianas son reticentes a admitir los problemas porque quieren poner una cara que diga: "Somos cristianos. Caminamos con Dios. No tenemos ningún problema… ¡con nada!". Por debajo de la feliz cara pública está el temor de que sus donantes no les den el cheque o las personas se vayan a otra iglesia que parezca que no le pasa nada.

El otro problema, un mal diagnóstico, dedica tiempo, energía y otros recursos a problemas menores (o no existentes) en vez de orientarlos a los problemas reales que enfrenta la iglesia. Es como tener cáncer, pero el doctor mira la radiografía y dice:"Tienes un rasguño". Puede que realmente tengas un rasguño. Eso no te matará, pero el cáncer no tratado sí.

> Sin cambio no hay innovación, creatividad o incentivo para mejorar. Los que inician el cambio tendrán una mejor oportunidad de manejar el cambio que es inevitable.
> —William Pollard

Algunos líderes ven cada problema mediante unos lentes que piensan que pueden manejar. Si son excelentes administradores, ven cada dificultad como un rompecabezas organizacional que hay que resolver. Si son buenos consejeros, buscan formas en las que la familia de origen de alguien moldeó una mala conducta en una tarea sencilla que le habían delegado. Si el líder es teológicamente astuto, puede que asuma que el problema está causado por una doctrina que no entendieron correctamente las partes implicadas. Por supuesto, algunos problemas son principalmente administrativos, tienen sus raíces asentadas en asuntos psicológicos o en doctrinas no aplicadas, pero es un error suponer que todos los problemas tienen una sola raíz. Otro problema de mal diagnóstico es ser catastrófico, es decir, convertir cada pequeña disputa, malentendido o fallo en un enfático desastre apocalíptico. Cuando los líderes hacen montañas de granos de arena, las personas quieren huir por las montañas al margen de cuán grande o pequeño realmente pueda ser el problema.

Dolor antes del ascenso

Cuando traces el rumbo de tu iglesia hacia el crecimiento, comienza con una idea clara: tus esfuerzos para crecer van a crear muchos, muchos problemas. Espéralos, anticípalos y dales la bienvenida como si fueran los instructores de Dios.

Todos los héroes de Hebreos 11 sufrieron grandes desafíos antes de ser recompensados. Es un principio de vida que el *dolor viene antes del ascenso*. Las experiencias de David ilustran este punto de varias formas:

+ tuvo que luchar y matar a un león y un oso para prepararse y hacer frente a Goliat.
+ tuvo que matar a Goliat para que Saúl lo invitara al palacio.
+ tuvo que esquivar la lanza de Saúl y correr por su vida antes de convertirse en rey.
+ tuvo que luchar en varias guerras para unir el reino.

Las personas y las organizaciones crecen con el fertilizante del dolor. Quizá no nos gusta. Quizá lo resistimos, pero es un principio del reino. Para vivir, algo tiene que morir. Para dar a luz, una madre tiene que soportar el sufrimiento del proceso de dar a luz. Antes de la resurrección estuvo el dolor de la cruz. Y Jesús dijo: "Si alguien quiere ser mi discípulo, tiene que negarse a sí mismo, tomar su cruz y seguirme. Porque el que quiera salvar su vida, la perderá; pero el que pierda su vida por mi causa, la encontrará" (Mateo 16:24-25). Antes de que Dios nos ascienda, nos hace pasar por el dolor para purificar nuestro corazón, profundizar nuestra dependencia de Él e impartir sabiduría espiritual.

Joseph Mattera es un líder eclesial nacional e internacional. Él ve este patrón en su vida y escribe:

¡Yo no creo que Dios me haya ascendido cuando yo he pensado que estaba listo! ¡Gracias a Dios que ha esperado hasta que Él sabía que yo estaba listo para más responsabilidad! Dios amó tanto a David, ¡que *no quiso que fuera rey hasta que no desapareciera de su vida cualquier atisbo de autoridad carnal!* Mi experiencia ha sido que, antes de que Dios me ascienda al siguiente nivel, yo ya estoy caminando en ese nivel más alto de unción y autoridad, pero sin la posición y el título. Primero recibo la unción, pero después llega una *serie de pruebas difíciles* con la intención de acabar con la carne en mí, ¡para que no explote de orgullo cuando llegue al siguiente nivel! La transición tiene que ocurrir internamente para que se pueda manifestar externamente.[6]

Como hemos visto en estos capítulos, algunos de nuestros dolores son autoinfligidos por el cúmulo de estrés no liberado. Algunos son el resultado de desafíos externos, y sufrimos dolores y dificultades porque estamos intentando crecer y cumplir el propósito de Dios para nuestras iglesias. La meta, entonces, es a veces evitar el dolor, a veces aliviarlo, a veces crear el dolor del crecimiento, pero siempre aprender las lecciones que Dios tiene para nosotros en medio de nuestro dolor.

Aprende esto

Suponemos erróneamente que el crecimiento aliviará el estrés, pero en verdad lo aumenta.

Haz esto

Identifica, al menos, tres formas en las que tu visión para el crecimiento te ha creado problemas y dolores de cabeza adicionales.

Piensa en esto

1. ¿Cuáles son algunas razones por las que muchos pastores (y otros líderes) no están dispuestos a pagar el precio del crecimiento y el cambio?

2. ¿Cuál es tu tamaño actual? ¿Cómo podrías identificar y describir tu siguiente barrera de crecimiento?

3. Describe cómo tu visión para romper la siguiente barrera de crecimiento ha creado problemas en estas áreas:
   - Personas
   - Estructuras
   - Desarrollo de liderazgo
   - Espacio
   - Enfoque hacia fuera
   - Desarrollo de personal

4. Piensa en líderes que conozcas, o quizá en tu propia experiencia, y describe el daño que ha hecho ignorar o hacer un mal diagnóstico de los problemas en su (o tu) organización.

5. ¿Realmente crees que el dolor viene antes del ascenso? Explica tu respuesta.

Y recuerda: *solo crecerás hasta el umbral de tu dolor.*

5

LO QUE TE EMOCIONA

Lo que hace que una vida sea importante es el impacto que tiene sobre otras vidas.
—Jackie Robinson

Maury Davis, Pastor principal de la iglesia Cornerstone, Nashville, Tennessee

El 23 de mayo de 1975 me encontraba sentado en la cárcel del condado de Dallas esperando ser enviado a una unidad de máxima seguridad en el Departamento de Correccionales de Texas para los veinte años siguientes.

La vida había sido dolorosa para mí. Mi padre era un alcohólico que nos dejó a mi madre, a mi hermano y a mí a una edad temprana. ¡Cuántos viernes por la noche me veía sentado en las escaleras de casa, con mi pequeña maleta hecha, esperando a que papá llegara a recogernos para el fin de semana, solo para que me dijeran que ya tenía que deshacer mi maleta y volver a entrar a casa! Papá no podía pasar de largo del bar más cercano para ir a verme. Mi mamá se casó con un hombre que era extremadamente demandante. Hasta que me fui de casa a los quince años… Me daba miedo lo que podría sucederme cuando él regresara a casa cada día. Al vivir en temor, exploré y experimenté el alivio mental que producían las drogas. Cuando cumplí los dieciocho, estaba enganchado. Un día, en medio de un delito, cometí un asesinato.

Después del juicio, estaba sentado en la celda, salvado por Dios, y declarado culpable por los hombres; la realidad era cruda y real. Me habían sentenciado a veinte años, pero el Dios que envió a su Hijo por mí me había dado el milagro de mi vida. Esa noche escribí la siguiente carta a mi familia:

"¡Hola! Espero que estén todos tan contentos con esta sentencia como lo estoy yo. Me siento muy afortunado, y Dios estaba en el corazón del jurado. Estoy listo para ir a la cárcel y comenzar mi sentencia. El alguacil dijo que podría recibir la libertad condicional en 3 años, o 3 años y poco, pero siento que la naturaleza de mi crimen hará que eso sea muy difícil de conseguir.

Probablemente estaré aquí [en la cárcel del condado] unas tres semanas más antes de que me lleven [a la prisión federal]. No estaré localizable en unas tres semanas, pero no se preocupen por eso porque estaré bien.

Por primera vez en toda mi vida sé que voy a estar bien. Voy a volver a la escuela en la cárcel y a estudiar psicología. Después voy a tomar cursos por correspondencia y a sacar un título ministerial. Cuando salga, me ocuparé en algo, y con fortuna podré ayudar a otros. Una cosa que me gustaría es que todos estén tranquilos cuando salga. Me preocupaba que la cárcel me hiciera ser una persona más fría, y ahora sé que eso no sucederá. Voy a intentar trabajar en la oficina del capellán, pero no sé si podré. Eso es algo que tendremos que esperar y ver. Voy a sacar todo el tiempo que pueda para intentar ser un administrador de Clase A. Eso podría tomarme uno o dos años.

Todos ustedes fueron muy fuertes en el juicio. Eso hizo que las cosas fueran más fáciles para mí. ¡Gracias!

Lo que me hace feliz es que podré ir a casa antes de que mis hermanos crezcan del todo. Eso es algo por lo que realmente estoy agradecido…mi familia.

Alabo a Dios por su decisión, porque fue compasiva, pero les pido que oren mucho por mí. Oremos todos para que Dios nos use como ejemplo para otros y nos permita mostrar nuestro amor y ayudarlos…".

Escribí esa carta hace 39 años tras recibir la sentencia, milagrosamente misericordiosa, que dejó perplejos a la oficina del Fiscal del Distrito y al juez. Mi viaje con Cristo comenzó con un milagro de gracia sublime. Mientras escribía esa carta, la nueva fe que había encontrado estaba a tope, mis expectativas eran espectaculares, y mi ingenuidad era mucho mayor de lo que me daba cuenta.

Durante casi nueve años en prisión crecí en las cosas de Dios, pero también experimenté la emoción humana más devastadora: la soledad. Había días en que parecía que nadie se interesaba. Sabía en mi cabeza que había personas que me querían, pero ellos estaban fuera y yo dentro. Ellos eran libres y yo estaba encarcelado. Durante esas horas oscuras de gran dolor, Dios comenzó a enseñarme algunas verdades. Me permitió entender que el "desierto" al que Cristo fue llevado era un lugar de poder, y el desierto no es nada peor que un "lugar solitario". La persecución de otros presos nunca cesaba y, sin embargo, algo dentro me decía: "No tires la toalla con Dios". A veces sentía que no podía soportar un día más, pero su gracia siempre fue suficiente cuando mis emociones eran débiles.

Salí de la cárcel en 1983, y el viaje adquirió una nueva dulzura: ¡LIBERTAD y FAMILIA! Volví al trabajo como cuidador en una iglesia grande en Irving (Texas). El pastor, J. Don George, me tomó bajo sus alas para ser mi mentor y desarrollarme.

De nuevo descubrí que solo porque Dios es bueno no significa que el mundo, o incluso el trabajo de la iglesia, sean pura diversión y juegos. Estaban aquellos que no creían que mi conversión fue real. Tuve que soportar a los detractores que murmuraban y esperaban a que sus dudas preconcebidas sobre mí se convirtieran en realidad. Dios me dio a Gail como esposa, y después comenzó a restaurar los años que el pecado había destruido permitiéndole que concibiera y diera a luz a TRILLIZOS. Sin embargo, el gozo del nacimiento fue mitigado por el pulmón sin desarrollar de nuestro hijo y por la atención médica de vida o muerte que recibió la primera semana de su vida. Sentado junto a una incubadora, orando por un milagro, de nuevo me hizo recordar que la vida no es fácil. ¡En este mundo habrá tribulaciones! De nuevo, Dios me mostró su mano poderosa, y todos los bebés llegaron a casa totalmente sanos para la Navidad.

Con los años, Gail y yo viajamos con los niños como evangelistas. En 1991 fuimos a Nashville (Tennessee) para abrir obra, cuando nos pidieron que ayudásemos a salvar una iglesia pequeña y en problemas en Madison. Durante veinte años, la iglesia creció en todas las categorías posibles: números, viajes misioneros, salvaciones, bautismos en agua, influencia en la comunidad; en todos los aspectos Él añadía el aumento. Sin embargo, por el camino, personas a las que amaba se fueron por diferentes motivos, y el dolor de pastorear estaba siempre ahí. Me di cuenta de que cuando oras por las personas, los amas y de muchas formas vives tu vida para ellos, el rechazo te hará sentir que estás de nuevo en el desierto.

Dios añadió un hijo a nuestra familia durante ese tiempo. Fue una bendición, pero no sin trauma. Cuando tenía once meses, me senté junto a él tras una cirugía. De nuevo, sentí la parálisis.

He descubierto que Dios es bueno y que la vida es dura. Puedes contar tus bendiciones o tus problemas. Aquello en lo que te enfoques determinará la condición de tu corazón.

Después de veinte años de crecimiento, hice una mala contratación e incorporé como miembro del equipo a alguien que era un sembrador de discordia, rebeldía y división. Por alguna razón, no vi sus fallos de carácter y sus planes personales para llevarse personas con él a expensas de la iglesia. El equipo se dividió, y la iglesia que en un tiempo floreció, ahora comenzaba a sufrir. Por primera vez en mi ministerio, cuestioné mi tarea. Depresión, ansiedad y un espíritu de confusión surgieron en mí y, sin embargo, una vez más Dios acudió a mi encuentro. Cuando fui a la cárcel, Él envió a un pastor para sacarme de la oscuridad y llevarme a la luz de Dios. En la última espiral de destrucción, Dios envió a otro hombre llamado Dr. Sam Chand para ayudarme a enfocar mi mirada, a sanar mi corazón, y a volver a encarrilar esta increíble iglesia. Tardó casi tres años, pero hoy hemos avanzado, y la iglesia está saludable y creciendo. Estoy lleno de gozo de nuevo, con una visión clara, y el futuro continúa siendo brillante.

Esta mañana dejé lo que mis hijos de forma afectiva llaman "El recinto" y conté mis bendiciones. Esa pequeña granja es la casa de ensueño que Gail y yo siempre quisimos. Mi hijo mayor y su familia se acaban de mudar para vivir en la granja que hay justo a nuestro lado, tenemos aceras adjuntas. Regresaron de Phoenix hace dos días. Ver a mi nieta de dieciocho meses bailar bajo la lluvia por primera vez con su papá será un recuerdo precioso.

La vida está compuesta de duros golpes y de increíbles bendiciones. El dolor es inevitable, ¡pero he aprendido que no es eterno!

Andre Olivier, Pastor de la iglesia Rivers Church, Johannesburgo (Sudáfrica)

Se puede decir con certeza que el dolor es inevitable. Sin embargo, también se puede decir con certeza que la desgracia es opcional. Todas las personas experimentan dolor y decepción, sin importar cuán comprometidas estén con Dios y sin importar cuán intachable sea su carácter.

Yo he enfrentado algunas situaciones muy dolorosas, pero he decidido que la desgracia y el dolor no moldearán mi vida ni oscurecerán mi corazón. Nuestra familia ha perdido un nieto que se ahogó con tres años; y hemos visto cómo asesinaban a uno de los miembros de nuestro equipo en un robo a mano armada en las instalaciones de nuestra iglesia. También hemos experimentado el rechazo y la incomprensión al pastorear iglesias divididas por el rencor y la amargura. Hemos amado a personas que luego mintieron sobre nosotros, hablaron a nuestras espaldas e intentaron planear nuestra salida del ministerio.

La vida está llena de dolor. Cuanto antes aprendamos a regresar a la gracia de Dios, mejor será nuestra felicidad diaria, gozo y equilibrio. La gracia de Dios es suficiente, y no debemos convertirnos en víctimas de nuestro dolor, o de lo contrario se establecerá la tristeza. No podemos detener lo que nos sucede, pero, sin duda, podemos detener lo que ocurre *en* nosotros.

Hubo un evento que fue particularmente difícil. Una fría noche de invierno, Wilma y yo estábamos en una reunión de líderes; nuestra hija Simone, que tenía unos catorce años, estaba en casa de alguien. Como a las 10:30 esa noche, Wilma se fue a casa sola. Yo me quedé para hablar con algunas personas y después recogí a Simone y nos dirigimos a casa. Al llegar a casa me encontré la puerta abierta y la alarma desactivada, algo que no era normal. Al entrar a casa con Simone, había una luz muy tenue. No entendía por qué Wilma había dejado las luces apagadas y la puerta abierta. Estaba punto de llamarla para preguntarle por qué no había cerrado la puerta, cuando entré en el dormitorio y la vi atada a la cama con cinco hombres armados de pie a su alrededor. ¡Fue una pesadilla!

Rápidamente agarré a Simone y salí disparado por el pasillo. Corrí hasta la puerta, pero uno de los hombres tomó a mi hija y le apuntó con una pistola. Otro se acercó a mí con una pistola y la puso en mi cuello. Me quedé helado. Nos llevaron al dormitorio, nos ataron fuerte y comenzaron a amenazarnos con matarnos si no les decíamos dónde estaba la caja fuerte y les dábamos el dinero. No teníamos ni caja fuerte ni dinero. Intenté explicarles que no guardábamos dinero en casa, pero ellos no cedían. Registraron toda la casa y venían repetidamente al dormitorio, moviendo la pistola en mi cara, demandando dinero y amenazándonos a todos.

Tras una hora de conmoción, terror y mucha oración, volvieron a entrar en el dormitorio, levantaron a Simone de la cama y se la llevaron a otra habitación. Me di cuenta de que iban a violarla, así que seguimos orando y confiando en que Dios la protegería. En Sudáfrica, una mujer es violada cada tres minutos. La idea de tener que ver o escuchar esa situación me llevó a un estado de shock que nunca antes había experimentado. De repente, milagrosamente cambiaron de idea, se dieron la vuelta y la llevaron de nuevo al dormitorio.

Esta amenaza se produjo varias veces durante el transcurso de la noche. Nos mantuvimos calmados, oramos y confiamos en que Dios nos liberaría mientras llenaban mi vehículo de nuestras joyas, ropa, artículos del hogar y electrodomésticos. Después me llevaron al baño y cerraron la puerta con cerrojo. Pensé que seguramente matarían o violarían a las muchachas, y yo no podía detenerlos. El miedo comenzó a surgir en mí, así que seguí orando sin cesar. Entonces metieron a mi hija en un segundo baño y cubrieron a Wilma con un montón de ropa. Después salieron y se montaron en mi auto para irse. Les costaba conducir mi auto porque no encontraban el freno de mano. Pasaron un rato intentando irse. Durante ese tiempo me escapé y avisé al vecino. Él realizó unos cuantos disparos al aire y los malhechores salieron corriendo. A esas alturas ya era más de medianoche. Llamamos a la policía. Los oficiales llegaron para investigar, y algunos amigos vinieron a consolarnos. Todos se fueron en torno a las 2:00 de la mañana, y nos quedamos despiertos, incapaces de conciliar el sueño.

Recuperamos la mayoría de nuestras cosas, pero perdimos algunas joyas de mucho valor económico y sentimental que Wilma había heredado. Finalmente estábamos a salvo, pero bastante traumatizados y asustados. En nuestro país, muchas personas son quemadas con planchas calientes, disparadas o violadas en robos en las casas. Durante los meses siguientes tuvimos guardias de seguridad las veinticuatro horas antes de mudarnos a una zona más segura y cercada.

La experiencia nos afectó profundamente a cada uno de nosotros durante varios meses. Miras por encima del hombro, y no confías en nadie. Tratas a todos con sospechas, y tu vida adquiere un nuevo tinte, el cual puede dar color a todas tus relaciones. Las amenazas en nuestro país son muy reales. Muchos líderes cristianos han abandonado sus llamados por temor a su seguridad, pero nosotros decidimos que proseguiríamos, ¡y confiaríamos en que Dios nos daría una gracia nueva!

Ahora hemos superado esa experiencia y somos más sabios y más fuertes. Ya no vivimos con temor, sino con sabiduría y cautela para no convertirnos en víctimas de otra invasión del hogar. Hemos confiado en Dios, hemos perdonado a los ladrones por sus acciones, y hemos decidido vivir una larga vida con confianza, sin permitir que esta experiencia encoja nuestra vida y nuestro mundo. Estamos caminando en la confianza y gracia de Dios, y relacionándonos bien con todo tipo de personas sin sospechar en exceso.

Esta experiencia dolorosa y traumática nos ha permitido establecer empatía con otros que han sufrido un trauma por un crimen, y nos ha ayudado en los propósitos de Dios para nuestra vida. Las personas han visto cómo Dios nos sostuvo y nos renovó mediante su Palabra y su Espíritu, y han sido fortalecidos para confiar en Dios en sus crisis. Fue un evento impactante y doloroso, pero no ha destruido nuestra fe en Dios o nuestra esperanza en el futuro de nuestro país. Estamos construyendo una gran iglesia, invirtiendo en una propiedad y abriendo más campus a pesar del crimen y la violencia en nuestra nación.

El dolor es inevitable, ¡pero la desgracia es opcional! No permitas que tu dolor te defina o te limite. Deja que te haga más sabio. Conviértete en una persona que ha aprendido a levantarse en la vida.

A pesar de la experiencia, Wilma, Simone y yo estamos comprometidos con edificar a las personas a pesar del dolor que las personas nos puedan infligir. Hemos dejado atrás el dolor para avanzar a nuestro futuro, y no permitiremos que ninguna experiencia dolorosa nos limite o nos mantenga bajo un techo.

En una conferencia nacional, un líder denominacional que había sido pastor durante más de veinticinco años, se reunió con dos decenas de pastores jóvenes y plantadores de iglesias y sus esposas. Al comienzo, hizo una pregunta sencilla: "¿Cuáles son las expectativas que asumen que tiene su función?".

Las respuestas no tardaron mucho en llegar:

"Un gran líder de equipo… para que todos los del equipo estén realizados".

"CEO experto, manejar cada oportunidad y los problemas perfectamente".

"Terapeuta, consejero matrimonial… y, ah… sí, enfermera de hospicio".

"Un maestro excepcional".

"Sí, Tim Keller, Joel Osteen y T. D. Jakes ¡combinados en uno!".

LO QUE TE EMOCIONA

Algunas personas se rieron, pero no porque fuera divertido. Se rieron porque lo entendieron. Entonces llegaron más respuestas:

"Recaudador de fondos magnífico".

"Un contador. Todo el dinero se tiene que contabilizar hasta el último céntimo".

"Tener dotes evangelísticas, con decenas de personas que acepten a Cristo cada semana".

"Con cosas frescas, significativas y únicas que decir en cada funeral y boda".

"Liderar todas las reuniones, contratar al equipo correcto, resolver todos los conflictos, estar al día de las tendencias culturales, encontrar citas increíbles e historias para los sermones, siempre disponible para ayudar a los necesitados, llorar con los que se duelen".

Después las esposas comenzaron a verbalizar las expectativas que sentían:

"Mi esposo está de guardia veinticuatro horas al día, siete días por semana. Pero las personas esperan que sea el hombre de familia consumado, el mejor esposo del mundo, y que nuestros hijos sean los niños mejores y más educados de la ciudad. Déjenme decirlo, ¡no lo son!".

"Y las personas esperan que nuestro matrimonio sea perfecto. Créanme, ¡no lo es!".

"Y no lo olviden, esperan que veamos el rostro y oigamos la voz de Jesús cada mañana a las 5:00…si tenemos tiempo para los devocionales".

En este instante, una risa nerviosa se mezcló con algunos sollozos. Después, uno de los pastores jóvenes ofreció esta idea: "Venimos a conferencias como esta, y oímos de pastores a quienes se les da una plataforma porque son los mejores en una cosa que hacen excepcionalmente bien: evangelismo, discipulado, establecer iglesias, tener varias sedes, recaudar fondos, asimilación, alcance a la comunidad, y todo tipo de cosas diversas. La implicación, al menos así es como yo me siento después de una conferencia como esta, es que si quiero ser un buen pastor, tengo que hacer todo lo que todos estos expertos están haciendo. Pero no puedo. Créanme, lo he intentado. Casi me está matando".

La discusión entre el grupo duró como una hora. El líder apenas dijo una palabra. Solo les dejó hablar, llorar y abrir sus corazones. Cuando terminó, las personas se sintieron escuchadas, entendidas, y se dieron cuenta de que no estaban solas. Sus expectativas habían sido muy irreales. Ahora tenían permiso de ser más honestos con ellos mismos y sus esposas, y finalmente podían ajustar sus esperanzas y temores a un nivel más normal. Fue, según el relato de muchos de ellos, un momento destacado de claridad en las vidas de las parejas de la sala.

> Un hombre debería llevar dos piedras en el bolsillo. Una debería llevar inscrito: "Solo soy polvo y cenizas". Y en la otra: "El mundo se creó por mí". Y debería usar cada piedra cuando sea necesario.   —A. Rabbi

Reajustar

El idealismo es algo maravilloso, hasta que se convierte en una carga demoledora. La mayoría de los pastores se apunta a liderar porque quieren que sus vidas cuenten para la gloria de Dios. Los líderes en la empresa se imaginan creando productos nuevos y revolucionarios o cambiando la forma en que se comunican las personas. Los líderes en cada campo tienen grandes sueños de tener un impacto sobre muchas vidas, pero si no tienen cuidado, las expectativas irreales, acompañadas de las grandes decepciones y conflictos, pueden hacerles sentir *menos que*. Todos nosotros, y me refiero a *todos* nosotros, desde los más exitosos a los que acaban de comenzar, tenemos que ser conscientes de las bendiciones y limitaciones de los dones que Dios nos ha dado para liderar nuestras iglesias. Solamente Jesús tenía todos los dones. Aquí tienes una noticia de última hora: ¡tú y yo no somos Jesús!

Tu felicidad es inversamente proporcional a los "deberías" de tu vida.

Las expectativas exageradas conducen inevitablemente a la desilusión: una forma común de dolor del liderazgo. Entonces, podemos elevar de manera significativa el umbral de nuestro dolor, teniendo una visión más realista de nosotros mismos, de los talentos que Dios nos ha dado y de nuestra necesidad de otros para llenar los huecos. Puede que queramos ver a un supe cristiano con capa cuando nos miramos en el espejo cada día, pero esta ilusión finalmente arruinará todo lo bonito de nuestra vida.

Los líderes de iglesias y consultores tienen muchas formas distintas de identificar categorías de líderes. Una popular describe los oficios de profeta, sacerdote y rey. Algunos pastores son principalmente profetas: Dios los usa para proclamar su Palabra y transformar a personas mediante el poder de la palabra hablada. Otro son sacerdotes: representan al pueblo ante Dios y representan a Dios ante el pueblo. Son compasivos, muy buenos oidores, y pacientes consejeros. Pero otros tienen dones de rey: gobiernan sobre sus iglesias con sabiduría y destreza organizacional. Cuando los pastores pueden identificar el principal talento que Dios les ha dado, pueden aportar muchos recursos para mejorar en esa área y pueden encontrar a otros para operar eficazmente en los otros papeles. Un análisis preciso de sus dones y limitaciones no les amenaza; les humilla y les hace apreciar profundamente a quienes son fuertes donde ellos son débiles.

Pero yo prefiero usar algunos términos distintos para describir las fortalezas y limitaciones de cuatro tipos de liderazgo pastoral: emprendedor, pastor, maestro/predicador y administrador.

Emprendedores

Tengo el privilegio de trabajar con muchos visionarios extraordinarios. Estas personas miran al futuro y ven cosas que el resto no podríamos imaginar nunca. Trazan un curso para conseguir lo aparentemente imposible, y su capacidad para inspirar a otros atrae a las personas y les invita a que se involucren. Uno de los versículos preferidos para ellos es la cita de Pablo de la deslumbrante visión de futuro de Isaías: "Ningún ojo ha visto, ningún oído ha escuchado, ninguna mente humana ha concebido", a lo que Pablo añade, "lo que Dios ha preparado para quienes lo aman". Ahora bien, Dios nos ha revelado esto por medio de su Espíritu" (1 Corintios 2:9-10). Más al punto: Dios a menudo revela un futuro glorioso a emprendedores que rehúsan conformarse con nada menos que su cumplimiento.

Los emprendedores logran cosas mayores que nadie, pero a menudo a un costo considerable. Varias personas piensan que están locos. El fundador y CEO de Amazon, Jeff Bezos, dijo: "Los emprendedores deben estar dispuestos a ser incomprendidos durante largos periodos de tiempo".[1]

Pastores

Muchos pastores no tienen la visión de hacer crecer sus iglesias hasta convertirlas en mega iglesias, pero tienen un sentimiento claro de que Dios les ha llamado a cuidar de los que sufren, de alcanzar a los perdidos, de consolar a los que se duelen y proveer dirección para los que andan errantes. Cuando entran en una sala, sienten el nivel de amor o tensión. A menudo disciernen bien las complejidades de una relación bajo presión. Los pastores son pacificadores. Se ven a sí mismos en la explicación de Pablo de su relación con los cristianos tesalonicenses:

> Tampoco hemos buscado honores de nadie; ni de ustedes ni de otros. Aunque como apóstoles de Cristo hubiéramos podido ser exigentes con ustedes, los tratamos con delicadeza.
>
> Como una madre que amamanta y cuida a sus hijos, así nosotros, por el cariño que les tenemos, nos deleitamos en compartir con ustedes no solo el evangelio de Dios, sino también nuestra vida… Saben también que a cada uno de ustedes lo hemos tratado como trata un padre a sus propios hijos. Los hemos animado, consolado y exhortado a llevar una vida digna de Dios, que los llama a su reino y a su gloria (1 Tesalonicenses 2:6-8, 11-12).

Los pastores son valiosos junto al lecho de un miembro de la iglesia enfermo, pero puede que no den una clara dirección a su congregación para el futuro. Los emprendedores se frustran con ellos porque parece que no les importa el crecimiento, y los administradores se frustran con ellos porque los pastores están tan ocupados con las personas que dejan de lado muchos detalles, y algunos detalles son muy importantes.

Maestros/Predicadores

A las personas les encanta oír la Palabra de Dios de modo que les desafía, inspira y transforma. Algunos pastores tienen un don especial para estudiar y descubrir ideas que hay en las Escrituras, encontrar maravillosas ilustraciones y metáforas que hacen que los oyentes conecten los puntos, y proporcionar aplicaciones claras para que la verdad pueda marcar una diferencia en sus vidas. Este tipo de oratoria es ciertamente un don, pero está acompañado de un amor por la verdad y un compromiso de estudiar durante largas horas. Estos pastores no son emprendedores; divulgan el mensaje de Dios a los corazones y vidas de los que están oyendo.

En la última comunicación de Pablo con Timoteo, su pupilo, le dio esta instrucción:

> En presencia de Dios y de Cristo Jesús, que ha de venir en su reino y que juzgará a los vivos y a los muertos, te doy este solemne encargo: Predica la Palabra; persiste en hacerlo, sea o no sea oportuno; corrige, reprende y anima con mucha paciencia, sin dejar de enseñar (2 Timoteo 4:1-2).

Los pastores que tienen un don para enseñar y predicar, se apropian muy en serio de este mandato de Pablo.

A veces, la existencia de una iglesia puede llegar a basarse solamente en los talentos de un orador fenomenal. Cuando esto sucede, los bancos puede que se llenen cada semana, pero el equipo de liderazgo quizá no tiene una dirección clara, los programas se dirigen de forma mediocre, y un mundo de conflictos borbotea por debajo de la superficie. Mientras los canastos estén llenos de donativos, el desastre se puede evitar, al menos de semana en semana. Tarde o temprano, sin embargo, los aspectos descuidados de la vida de la iglesia causarán problemas que ya no se podrán evitar.

Administradores

Los pastores que son administradores no solo están dotados para contar lapiceros y mantener sus escritorios en orden. Tienen talento para crear planes estratégicos para la iglesia. Puede que no tengan la visión más grande del mundo, pero se aseguran de que cada persona involucrada en la iglesia tenga un entendimiento nítido de las responsabilidades, recursos, cronología y estructura de reporte. Crean sistemas detallados y factibles para que nadie tenga que preguntar: "¿Cuál es mi función?" o "¿Qué estamos intentando conseguir?". Los pastores con este don, a menudo tienen un énfasis principal, y emplean una cantidad de energía considerable para que tenga éxito. Por ejemplo, quizá crean un plan detallado para una estructura de liderazgo. El plan cubre todas las contingencias de la A a la Z, y con mucha frecuencia es muy exitoso.

Los pastores administrativamente dotados creen que "todo debe hacerse de una manera apropiada y con orden" (1 Corintios 14:40), pero incluso más: intentan emplear el servicio eficaz de cada líder para que todos contribuyan al éxito de la misión de la iglesia. Para ellos, las instrucciones de Pablo a los efesios son su mantra:

> Él mismo constituyó a unos, apóstoles; a otros, profetas; a otros, evangelistas; y a otros, pastores y maestros, a fin de capacitar al pueblo de Dios para la obra de servicio, para edificar el cuerpo de Cristo. De este modo, todos llegaremos a la unidad de la fe y del conocimiento del Hijo de Dios, a una humanidad perfecta que se conforme a la plena estatura de Cristo (Efesios 4:11-13).

A veces, los pastores con dones de administración vuelven locos a los emprendedores porque insisten en pasos claramente definidos antes de comenzar, y mucho tiempo para conseguir cada meta. Los pastores quizá suponen que el enfoque en las estructuras y sistemas no tiene en cuenta el corazón de las personas, especialmente el equipo de liderazgo. Ocasionalmente, los administradores están tan enfocados en crear el sistema perfecto, que no disparan para comenzar el siempre complicado proceso de crecimiento. A los administradores les encantan las bandejas de papeles, pero otros lo consideran una pérdida de tiempo, o peor, una falla de liderazgo al controlar de forma excesiva personas y eventos.

> Amar lo que haces y sentir que importa, ¿hay algo más divertido?
> —Katherine Graham

Sombras y secretos

Cuando los pastores intentan ser expertos en todo, pierden su sentido de la realidad y sentido de identidad. A medida que aumenta la presión y la frustración (desde todos los flancos) se multiplica, se sienten incluso menos seguros. Intentan mantener su idealismo y optimismo, pero los cimientos que los sostienen se están resquebrajando. Algunos líderes pierden de vista agradar a Dios y, en lugar de ello, viven para agradar a la siguiente persona que entra en su oficina.

Su compulsión por agradar me recuerda a un hombre que se sentó en un avión junto a una hermosa mujer. Tras una corta conversación, él le preguntó: "¿Qué buscas tú en un hombre?".

Ella respondió al instante: "Busco alguien que pueda pensar rápido y que sea veloz como un indio americano". Ella pensó por un segundo y después dijo: "También me gustan los hombres que ganen mucho dinero. Muchos judíos que he conocido son grandes empresarios". Tras un momento, añadió: "Pero también me gustan los vaqueros que conducen camionetas con un porta armas en la parte trasera". Hizo una pausa, y después se giró hacia hombre y le preguntó: "Por cierto, ¿cómo te llamas?".

Él la miró a los ojos y respondió: "Me llamo Toro-sentado Goldstein, pero mis amigos me llaman El Cowboy".

Quizá pensemos que esta historia es absurda, y lo es, pero algunos no estamos muy lejos del hombre de esta historia. En nuestra inseguridad, nos volvemos camaleones, cambiando de actitudes, perspectivas y valores para adaptarnos a la persona que tenemos delante. La meta de nuestra vida ha cambiado gradualmente de darle gloria a Dios a ganar la aprobación de otros. En su libro *Overcoming Your Shadow Mission* (La misión fantasma), John Ortberg contrasta al rey persa Jerjes y a Ester. La meta del rey era demostrar su grandeza. Afilar y sacar brillo a su reputación era su misión en la sombra. Por el contrario, Ester estuvo dispuesta a arriesgar su vida por una causa más elevada. Sin importar el precio, ella se dedicó al honor, la valentía y la verdad. Ortberg escribió:

> [La historia de Ester] nos dice que nuestra misión fantasma tiene un potencial destructivo enorme. La misión a la que nos dedicamos nos moldeará. Nuestros pensamientos y deseos no planeados e involuntarios saldrán de ello. Las nobles misiones harán brotar nobles pensamientos, pero las misiones oscuras producirán una vida interior de oscuridad oculta y descontento destructivo. Las misiones oscuras siempre destruyen al menos a una persona: aquel que vive para ellas.[2]

No se tarda mucho en crear una sombra. Podemos estar haciendo todas las cosas correctas, pero gradualmente cambiamos a motivos que tienen que ver más con el aplauso, la comodidad, el poder y el control que con la gloria de Dios. Ortberg explicó: "Nuestra misión oscura nos desvía solo cinco o diez grados de nuestro verdadero camino en la dirección hacia el egocentrismo, o la comodidad, o la arrogancia. Pero esos pocos grados, con el tiempo se convierten en la diferencia entre la luz y la oscuridad".[3]

Cuando vivimos en las sombras, guardamos secretos. No queremos que las personas conozcan nuestros temores escondidos y sueños egoístas, así que los ocultamos de todos. Puede que nos hagamos tan adeptos al engaño que enseguida no podamos admitir esas cosas ni ante nosotros mismos. Mark Love es un fabricante de muebles y antiguo ministro en Wimberley (Texas). En un artículo para *Church Leaders*, él identifica once secretos importantes en las vidas de los pastores; ciertamente no de cada pastor, pero de los suficientes como para ser dignos de destacar. Estos son los seis que me parecen más importantes:

1. "Nuestro mayor temor es la irrelevancia".

Muchos líderes ministeriales tienen miedo de que lo que hacen cada día, aquello a lo que han dedicado sus vidas, realmente no esté cambiando vidas. Las personas entran y salen de las reuniones y de los grupos pequeños, pero tienen los mismos problemas emocionales, los mismos conflictos relacionales y el mismo letargo espiritual hacia Dios. Estos líderes se preguntan si sus vidas realmente sirven de algo.

2. "Pensamos mucho en abandonar".

Muchos líderes se sienten desanimados porque no ven ningún resultado visible y tangible de sus esfuerzos, y se sienten celosos porque sus amigos ganan mucho dinero y disfrutan de mejores ventajas. En secreto se preguntan si han escogido la carrera correcta, y algunos de ellos emplean mucho tiempo soñando despiertos sobre un trabajo distinto.

3. "Envidiamos a las personas que pueden ser ellas mismas".

Te guste o no, las personas ponen a los líderes ministeriales en un pedestal, y unos pocos se deleitan en derribarlos. La posición alta a veces les hace sentir bien, pero se dan cuenta de que es peligrosa. Solo quieren bajarse del pedestal y ser, bueno, normales.

4. "A menudo estamos espiritualmente hambrientos".

Las personas en el ministerio dan, aman y sirven hasta que se encuentran rodando sin combustible. Trazan y dirigen las reuniones para que otros sientan la presencia de Dios, pero al dirigir, raras veces sienten la maravilla, belleza y poder de esas experiencias Mark Love comenta:

> Como un trabajador de la fábrica de chocolate a quien ya no le gusta el sabor del chocolate... lidiamos tanto con los asuntos espirituales, que a menudo ya no son tan importantes para nosotros... No podemos leer la Biblia sin pensar en ideas para un sermón. No podemos orar sin pensar en dirigir la oración. No podemos reunirnos con otras personas de la iglesia sin hablar de trabajo. Así que preferimos jugar al golf, o ver la televisión, o cualquier otra cosa.

5. "Somos pecadores, igual que tú".

Unos cuantos líderes albergan los secretos de los pecados del "hermano menor", tales como sexo ilícito, avaricia, pornografía y adicciones. Pero mucho más frecuente es que líderes en el ministerio cometan los pecados del "hermano mayor" de santurronería, resentimiento y arrogancia. El primer tipo obtiene más atención de los medios cuando esos pecados salen a la luz, pero Jesús tuvo duras palabras para los fariseos, el prototipo de los hermanos mayores. Los pastores no quieren que las personas sepan que cometen ni unos ni otros pecados. Ah, ocasionalmente pueden admitir que tienen una debilidad o falla, pero no quieren que nadie conozca sus genuinos pecados que entristecen a Dios (no estoy defendiendo un mensaje sobre las intimidades cada fin de semana, pero una autenticidad apropiada es algo refrescante, y poco frecuente).

6. "Estamos solos porque es difícil confiar".

Los líderes ministeriales están en el centro de las líneas de comunicación para la iglesia y la comunidad. Conocen los trapos sucios y han oído los secretos compartidos en forma de peticiones de oración. Y peor aún, han oído chismes sobre ellos mismos y su familia. Quizá asumieron el riesgo de confiar en alguien en el pasado, pero su vida privada fue expuesta de forma vergonzosa y lastimosa. Sea cual sea la causa, muchos líderes (y especialmente sus cónyuges) son muy reticentes a volver a exponerse.[4]

> Tú y yo vivimos en una era en la que solo una rara mino-
> ría de personas desea pasar sus vidas persiguiendo ob-
> jetivos mayores que ellos mismos. En nuestra era, para
> la mayoría de las personas, cuando mueran será como si
> nunca hubieran vivido.
>
> —Rusty Rustenbach, *Giving Yourself Away*

Amor, sinceridad y seguridad

En el mundo de los doce pasos, las personas saben que solo estás tan enfermo como tus secretos. Mientras intentemos esconder nuestras inseguridades, pecados y limitaciones, sufriremos muchos más dolores de liderazgo
de lo necesario. En cambio, tenemos que ser completamente sinceros con
nosotros mismos, con Dios, y al menos con otra persona más. Si no tienes
un amigo que sea totalmente fiable, encuentra un terapeuta. Ellos cobran
por entender *y* no decir nada.

No tienes que ser Superman. De hecho, *no puedes* ser Superman.
Conoce tu estilo de liderazgo: celebra el hecho de que el Dios soberano del
universo te ha dado fortalezas concretas y acepta tus limitaciones. Sé sincero con tu equipo de liderazgo sobre lo que te gusta, y resiste, y dales gracias
por llenar los grandes agujeros que dejas a tus espaldas. La arrogancia y el
resentimiento crean muchas heridas; la gratitud es un bálsamo maravilloso
para sanarlas. Profundiza en la gracia de Dios. Deja que su amor, perdón
y aceptación fluyan por tu alma, y busca la seguridad en su incomparable
gracia en vez de hacerlo en tu desempeño. Eso marca una diferencia, una
gran diferencia.

En primer lugar, nosotros somos recipientes. Vivimos en un mundo
transaccional, pero necesitamos entender bien el orden o toda nuestra vida
quedará confundida. Somos recipientes, no dadores. Acudimos a Dios con
manos vacías y corazones abiertos, y dependemos de que Él los llene. Solo
entonces, cuando rebosemos de su bondad y grandeza, podremos dar a otros
sin esperar nada a cambio. Si damos, amamos y servimos para ganar la aprobación o poder controlar a otros, realmente no estamos dando; solo estamos
manipulando a las personas a nuestro propio beneficio.

Por esta razón, algunos somos dadores compulsivos pero malos receptores. Cuando podemos dar y recibir con la misma gracia, podemos tener

relaciones reales con Dios, con nuestros cónyuges e hijos, con amigos y vecinos, y con las personas de nuestra iglesia. En *Bread for the Journey* (Pan para el viaje), Henri Nouwen dijo que dar es importante Cuando damos expresamos amor, mostramos apoyo y establecemos conexiones a nivel personal y emocional. Cuando damos ofrecemos nuestro tiempo, nuestras posesiones e incluso a nosotros mismos. Pero los líderes tienen que aprender a ser buenos receptores también. Cuando aceptamos algo que alguien nos ha ofrecido, lo validamos como ser humano, como un miembro valioso de la comunidad, y como iguales. Nouwen explica que la gratitud genuina es esencial para que el intercambio tenga un verdadero sentido. Mirar a las personas a los ojos y decir: "Gracias", valida su regalo, su corazón y su vida. Dar no es suficiente para formar una verdadera comunidad, y recibir no es suficiente. Se necesitan ambas cosas para formar el círculo de conexiones genuinas.[5]

Los líderes inseguros, amenazados y estresados, dan, pero no saben recibir. Los líderes seguros reciben con corazones humildes y agradecidos, y la gracia se multiplica en un alegre dar y compartir.

Sin excepciones

A lo largo de la Biblia y la historia de la iglesia, vemos un claro patrón en cómo Dios trabaja con las personas. Sin importar cuán dotados estuvieran, Dios los humilló antes de usarlos. A. W. Tozer creía que la experiencia del dolor es esencial para que cualquier líder se vuelva moldeable en las manos de Dios. En uno de sus libros más famosos escribió: "Es dudoso que Dios pueda bendecir mucho a un hombre si no le ha herido profundamente".[6] Los métodos de Dios pueden variar, pero Él siempre se las arregla para conseguir la atención concentrada de una persona para enseñarle las lecciones de confianza más fundamentales:

- Dios le dijo a Noé que construyera un barco enorme en tierra seca. El diluvio no llegó durante 120 años. Noé tuvo que confiar en Dios mientras todas las personas a su alrededor pensaban que estaba loco.
- Abraham recibió la promesa de ser el padre de una gran nación, pero su vida fue un estudio sobre la esterilidad durante veinticinco largos años.

- José soñó dos veces que su familia algún día se postraría ante él. Sus hermanos se enojaron por su arrogancia y el favoritismo de su padre. Lo vendieron a unos mercaderes, y se convirtió en un esclavo en Egipto. Allí también fue traicionado y olvidado en una mazmorra. Pero cuando llegó el momento oportuno, José estaba listo. Dios lo usó para rescatar a dos naciones: Egipto y su familia.
- Moisés creció rodeado de lujos en el palacio del faraón. Cuando se dio cuenta de que era hebreo, intentó defender a un esclavo matando a un egipcio. Pasó cuarenta años en el patio trasero de ningún lugar para entender que él no estaba al mando.
- Josué había visto a Dios hacer milagros dividiendo el río Jordán y haciendo que se cayeran las murallas de Jericó, pero el pecado de un hombre provocó una catástrofe militar. ¡Eso captó la atención de Josué!
- Elías vio a Dios hacer uno de los mayores milagros de la Biblia al enviar fuego para consumir el altar y el sacrificio en el monte Carmelo, pero se volvió tan temeroso de Jezabel que huyó para salvar su vida y se volvió muy depresivo. En las profundidades de su desesperación, Dios se le apareció.
- David era un rey ungido, pero le costó años de huir y pelear hasta finalmente poder reclamar su trono. Después, sus pecados de adulterio y asesinato exigieron la represión de un profeta y la asombrosa gracia de Dios para limpiarle.
- Daniel era un exiliado en Babilonia, pero fue elegido para la corte del rey. Los celos provocaron las represalias de algunos oficiales del rey, pero Daniel fue librado de las bocas de los leones.
- Pedro hizo una gran proclamación de lealtad a Jesús tan solo horas antes de negar que lo conocía. Tras la resurrección, Pedro abandonó la misión y regresó a su pesca. Pero Jesús le salió al encuentro, lo restauró y lo convirtió en el líder de la joven iglesia.
- Pablo menospreció a Jesús y a todos los cristianos. Con ferocidad y tenacidad se dispuso a destruir al pueblo de fe, pero Jesús le salió al encuentro y cambió su corazón. Sus pasiones fueron totalmente transformadas, ¡para esparcir las buenas nuevas del Señor Jesús!

¿Somos nosotros mejores que estas personas (e incontables más que podríamos mencionar)? ¿Obra Dios en nosotros de una forma distinta a como lo hizo en sus vidas? El dolor no es un accidente en el mundo de Dios. Incluso cuando es auto infligido mediante la duda y el pecado, Dios misericordiosamente entrelaza los hilos de esas experiencias para convertirlas en algo hermoso, si se lo permitimos.

Afirmamos seguir a Jesús, estar comprometidos con dejarle que nos conforme a su imagen. Pero ¿qué imagen de Jesús podría ser esa?

+ Las circunstancias de su nacimiento eran cuestionables. Sus padres eran el tema del chisme.

+ Se convirtió en un refugiado africano durante su primer año de vida.

+ Sus padres no lo entendía ni a Él ni su misión.

+ Tras comenzar su ministerio, su familia pensaba que estaba loco.

+ Fue criticado y condenado a manos de los que afirmaban representar a Dios.

+ Fue incomprendido y abandonado por sus amigos más cercanos.

+ Escogió soportar la tortura más dolorosa.

+ En su momento de dolor más supremo, el Padre lo abandonó.

Tarde o temprano, el Dios que nos ha transportado del reino de las tinieblas a su maravillosa luz nos saca de la luz y nos lleva a la noche oscura del alma. Es parte del camino de la cruz en cierta medida para cada creyente, pero especialmente para los que hemos sido llamados a guiar al pueblo de Dios. Encontramos una verdadera fortaleza espiritual cuando confiamos en Dios cuando somos débiles. De forma similar, nuestro liderazgo es mucho más atractivo y auténtico cuando hemos estado quebrantados y después lideramos con humildad en lugar de orgullo.

Cuando experimentamos una crisis repentina o una época prolongada de agonía, descubrimos lo que realmente nos emociona. Si abrimos nuestro corazón a experimentar más gracia que nunca, incluso aunque Dios pudiera parecernos que está a un millón de kilómetros de distancia, tarde o temprano lo encontraremos más dulce que nunca. Cuando el dolor encuentra un hueco *en* nosotros, la lección puede abrirse paso *a través* nuestro al convertirnos en canales de la compasión, amor y valor que hemos encontrado en nuestro dolor.

> Vivir por gracia significa reconocer toda la historia de mi vida, el lado claro y el oscuro. Al admitir mi lado oscuro, aprendo quién soy y lo que significa la gracia de Dios.
> —Brennan Manning, *Ragamuffin Gospel*

¿Has estado ahí? ¿Estás ahí ahora mismo? Prepárate; ya viene, y siempre para acercarte y moldearte un poco más a su imagen.

¿Qué te emociona? Quizá somos líderes en el mundo de los negocios, organizaciones sin fines de lucro o iglesias. Sea cual sea el lugar en el que servimos, cada uno de nosotros es una mezcla increíblemente compleja de fortalezas y deficiencias dadas por Dios, metas nobles y deseos egoístas, emoción y apatía, dar y entender, amar y temer. Si no somos conscientes de las poderosas fuerzas que actúan bajo la superficie de nuestra vida, cuando nos llegue el dolor nos sorprenderá con la guardia baja; seremos reactivos y defensivos en lugar de ser sabios y fuertes.

Aprende esto

Las expectativas exageradas conducen inevitablemente a la desilusión: una forma común de dolor del liderazgo.

Haz esto

¿Cuál es el estilo de liderazgo de los pastores que más admiras (emprendedor, pastor, maestro/predicador o administrador)? Identifica cómo su excelencia te ha inspirado y quizá desanimado porque no estás a la altura.

Identifica tus limitaciones, tu misión fantasma, tus secretos, y tu resistencia al quebranto.

Piensa en esto

1. Si hubieras estado en la sala con el líder y los pastores jóvenes y sus cónyuges, ¿cómo te habrías sentido cuando les hubieras oído expresar todas sus expectativas?

2. ¿Cómo definirías y describirías una misión fantasma?

3. ¿Cuál de las descripciones de estilos de liderazgo encaja mejor contigo (emprendedor, pastor, maestro/predicador o administrador)? ¿Cuáles son tus fortalezas? ¿Cuáles son tus limitaciones y frustraciones? ¿Y cómo frustras tú a otros?

4. ¿Cuál de los secretos descritos es el mayor problema en tu vida? ¿Quién es una persona segura con la que podrías hablar de este asunto? ¿Cómo te ayudaría hablar de ello?

5. ¿Estás de acuerdo o en desacuerdo con la declaración de Tozer: "Es dudoso que Dios pueda bendecir mucho a un hombre si no le ha herido profundamente"? Explícalo.

6. A la luz del sufrimiento de Jesús, ¿qué significa ser "transformados a su semejanza con más y más gloria" (2 Corintios 3:18)?

Y recuerda: *solo crecerás hasta el umbral de tu dolor.*

6
ANÁLISIS DE LA RAÍZ

La adversidad es el polvo de diamante con el que el Cielo pule sus joyas.
—Thomas Carlyle

Michael Pitts, Obispo, Iglesia Cornerstone, Toledo, Ohio

Al principio de mi ministerio tuve un mentor maravilloso, el Dr. Lester Sumrall. Aprendí mucho de él, y él vertió su sabiduría y conocimiento en un pastor joven y ansioso. Cuando falleció, busqué otro mentor. Encontré un hombre que fue líder de Azusa Fellowship. Tenía una gran visión, y creía en mi esposa Kathi y en mí. Bajo su liderazgo, crecí y nuestra iglesia creció. Me invitó a hablar a audiencias más grandes que a las que yo había hablado jamás. Estaba agradecido por nuestra relación y su liderazgo en mi vida.Tras pocos años de haber comenzado nuestra amistad, él comenzó a hablarme de una posición teológica, una forma de universalismo, que era, por supuesto, bastante controvertida. Al principio, las discusiones eran animadas… y privadas. Pero enseguida comenzó a enseñar su postura desde el púlpito. Eso fue alarmante, pero se puso peor. Comenzó a sonarme como si fuera un mártir. Anunciaba: "Estoy preparado para que el cuerpo de Cristo no reciba este mensaje durante el trascurso de mi vida". Parecía que sentía que las personas le estaban abandonando, cuando a mí me parecía que aunque lo querían, sentían que él estaba abandonando verdades fundamentales. ¡Su mensaje no se alineaba con la Biblia! Afirmaba que estaba liderando un nuevo movimiento reformador, y que iba a cambiar el rostro del cristianismo.

Yo tenía el máximo respeto por la brillantez intelectual de este hombre, su trasfondo académico y su experiencia ministerial, pero me di cuenta de que alguien podía ser mucho más inteligente que yo y aun así estar equivocado. Comencé varias conversaciones para intentar razonar con él y señalarle los pasajes que refutaban su postura, pero lo único que hizo él fue endurecer la suya.

Yo no estaba solo al sentirme alarmado. Varios líderes nacionales e internacionales se contactaron con él y le rogaron que se alejara de esa postura. Su antigua denominación redactó un documento declarándolo hereje, pero él de nuevo no quiso retractarse.

Seguimos hablando, y se mantuvo muy misericordioso conmigo, aunque sabía que yo no estaba de acuerdo con él. Decidí cambiar mis tácticas. En vez de discutir puntos de teología, recité de un tirón una lista de líderes que le habían rogado que regresara a la ortodoxia teológica. Probablemente había muchos más de los que yo conocía, pero los que estaban en mi lista eran formidables. Dije: "Cada líder respetable que conozco te ha pedido que reconsideres tu postura, pero no has escuchado a ninguno de ellos. Tengo una pregunta: ¿Hay alguna persona viva en el planeta hoy con la que, si él o ella te desafía, reconsiderarías tu postura?".

Él no esperó mucho para decir: "No, no conozco a nadie cuya opinión me pudiera hacer cambiar".

Durante esta controversia yo había visto muchas luces en ámbar. Ahora estaba viendo una gran luz roja. Respondí: "¿Cómo puedo estar bajo la autoridad de un hombre que rehúsa estar bajo la autoridad de alguien?".

Aquello no era solamente un debate teológico o académico para mí. Este hombre había sido un buen amigo, se había volcado en mi vida, y yo había confiado en él. Sin embargo, cuando me di cuenta de que estaba firme en su postura y no estaba abierto al consejo de otros líderes, supe que se debía producir una separación. El dolor de la separación fue intenso. Kathi sabía cuánto había significado este hombre para mí. Cuando se dio cuenta de lo lejos que se había desviado, lloró porque entendía la pérdida que sería para mí, para él, y para el cuerpo de Cristo.

Por ese entonces, varias personas de nuestra iglesia también estaban siguiendo la controversia, así que decidí dar una breve explicación escrita. Les dije que él había dado varios giros doctrinales importantes en su teología, y que se había salido de la autoridad de todos. Por lo tanto, al ser responsable del bienestar de otros, él y yo no podíamos seguir caminando juntos. Uno de los valores en los que siempre he creído y por el que he intentado vivir es el honor, así que era importante para mí que mis palabras reflejaran eso sin ninguna pizca de superioridad o rencor. Reiteré que él siempre fue muy amable y compasivo con mi familia, y conmigo. Siempre aprecié su generosidad de espíritu y su disponibilidad para promover a otros. Le pedí a las personas que lo vieran como un hermano y que orasen por él; aunque yo lo veía como alguien que estaba en un error, mi amor por él permaneció.

Puse esta breve explicación en la página web de nuestra iglesia. Esto fue en los comienzos del Internet, y no era un gran experto en los medios. No tenía ni idea de que el periódico local y una gran revista mirarían nuestra página web y publicarían historias sobre la controversia.

El debate, claro está, no se había terminado. Fue necesario que yo tomase una posición clara, pero mi objeción me ponía en una posición delicada con mi amigo y con todos los que aún lo seguían. Muchas amistades de mucho tiempo y valoradas se tensaron.

De hecho, me martillearon por ambos lados. Quienes lo llamaban hereje estaban decepcionados conmigo por no criticarlo, y quienes estaban de acuerdo con él me criticaban por oponerme a él. Entendía su dolor. Yo también estaba dolido. Uno de los valores que más aprecio es la lealtad. Separarme de un buen amigo y mentor era muy doloroso para mí. Fue una decisión muy difícil que tuve que tomar, pero seguía siendo doloroso.

Ahora me encontraba en una posición con la que no estaba de acuerdo teológicamente, que era que no tenía una supervisión. Sabía que necesitaba cambiar, pero el dolor y la decepción, como suele ocurrir, me hicieron alejarme y solo quería meterme en un agujero para esconderme. No sentía tener la energía para sembrar el tiempo y la confianza que sabía que serían necesarios para volver a ser vulnerable con alguien; pero también sabía que necesitaba tener cobertura, y eso me exigiría tomar el riesgo de volver a sufrir otra decepción.

Muchas personas eran conscientes de mi devastación por la pérdida de mi mentor, pero el obispo T. D. Jakes llamó para interesarse por mí. Recuerdo que me dijo: "Si necesitas algo, por favor cuenta conmigo".

Estoy seguro de que muchos otros habrían oído sus palabras como una enorme puerta abierta y una invitación a una nueva y maravillosa relación. Pero yo estaba oyendo a través del filtro de mi dolor y, aunque se lo agradecí, nuestra conversación terminó sin mi reciprocidad.

Como un año después, estaba volando de regreso de África con otro pastor. Al embarcar al avión me preguntó: "¿Conoces al obispo Jakes? Creo que los dos harían buenas migas".

Yo respondí: "Sí, he hablado a veces con él, pero la última fue hace mucho tiempo".

Pasó como un minuto, y entonces me entregó su teléfono. Me dijo: "Acabo de enviarle un mensaje. Me ha dicho que te dé este número".

No malgasté la puerta que se abría por segunda vez para esta relación. Desde ese día se ha convertido en mi mentor y amigo.

Aunque la etapa previa había sido dolorosa, aprendí algunas lecciones muy valiosas. Primero, aprendí que siempre hay una forma correcta de hacer algo. Incluso en las situaciones de estrés, una persona no debería abandonar los valores y la ética que defiende. Parece que con demasiada frecuencia las personas usan faltas de otros para descartar sus propios valores cristianos, y los cristianos de antaño solían decirlo así: "Dios no aprueba las malas maneras". Segundo, consolidé mi creencia en tener una autoridad piadosa. No me la impusieron, sino que es algo que yo busqué por una creencia fundamental de que todos necesitan a alguien a quien rendir cuentas, alguien que tenga el derecho de hacer las preguntas difíciles, desafiar nuestro pensamiento, y alguien cuya presencia modifique tu conducta. Muchas personas solo buscan cobertura cuando están en problemas, y se ven intentando lidiar con problemas de mucho tiempo con amigos de hace poco tiempo. Estar descubierto no es solo desaconsejable; es peligroso.

Es importante que los líderes realicen un autoexamen riguroso para ver lo que les emociona, pero también tienen que evaluar sus organizaciones. Este análisis más amplio, mirando tras una lente de ángulo ancho, a menudo da nuevas percepciones sobre el dolor que experimentan.

Warren había sido el pastor principal de la iglesia más grande de la ciudad durante más de treinta años. Era un elemento fijo en la comunidad, respetado y querido. Su pastor asistente y su pastor de jóvenes habían estado con él por años. Eran un equipo sólido. Llegaba su jubilación, y Warren se reunió con el director del equipo ejecutivo para hablar sobre la sucesión. Una persona era la opción obvia. Dan era un amigo íntimo del pastor de jóvenes y de varios otros en la iglesia. Estaba sirviendo como ayudante en una iglesia en un estado vecino. Si alguien parecía preparado para liderar la iglesia, ese era Dan. El pastor de jóvenes estaba emocionado con que Dan pudiera ser el adecuado.

Parecía que iba a ser pan comido. El proceso de contratación se aceleró porque muchas de las referencias de Dan eran del equipo de Warren o de líderes de su iglesia. Dan aceptó el llamado, y todos parecían anticipar un futuro brillante.

Warren se jubiló oficialmente tres semanas después de la llegada de Dan. Solo unos días después, la brillante reputación de Dan comenzó a dar señales de deslustre. No se comunicaba con el equipo, sus sermones eran planos, y parecía estar más interesado en el golf que en la iglesia. Durante unas semanas las murmuraciones en la oficina se sumaron a las reafirmaciones. "Tan solo se está estableciendo. Hay que darle tiempo. Estoy seguro de que todo saldrá bien".

Pero las cosas solamente empeoraron. Durante los meses siguientes, las grietas de sospecha del grosor de un cabello se convirtieron en amplios cañones de desconfianza. Se empezaron a formar bandos. El pastor de jóvenes, y antes el mejor amigo de Dan, intentó varias veces tener conversaciones abiertas con él, como las que tenían tan a menudo en otros tiempos más felices, pero los de ahora no eran tiempos felices en absoluto. El pastor asistente defendía a Dan a toda costa, y estaba furioso de que el pastor de jóvenes estuviera confrontando al nuevo líder que Dios había señalado.

Cada reunión de equipo, cada reunión de domingo y cada evento de la iglesia ahora llevaba una pesada carga de duda y resentimiento. Las personas empezaron a formar bandos, y cada bando culpaba al otro. Después de solo seis meses tras la llegada de Dan, la amargura desembocó en una desagradable división de iglesia. Los que se fueron, incluido el pastor de jóvenes, el director del consejo y al menos otras treinta familias (como un tercio de la iglesia), fueron tachados de insatisfechos e incluso de endemoniados. Prácticamente todas las personas en ambos lados se preguntaban: "¿Pero... qué ha ocurrido? ¿No se podía haber resuelto esto antes de llegar a este punto?".

> Lo peor que le puede ocurrir a cualquiera de nosotros es tener un camino que ha sido demasiado llano. Una de las mayores bendiciones que el Señor nos dio fue una cruz.
> —Charles H. Spurgeon

Las preguntas inherentes

Cuando las personas sufren de algún modo, está en la naturaleza humana preguntar: "¿Por qué ocurrió esto?". "¿Por qué me sucedió a mí?". Estas preguntas son parte de nuestro ADN. La meta, entonces, es hacer una búsqueda y una valoración intrépida para asignar la debida responsabilidad. El problema es que la mayoría de las personas carecen al menos de uno —o quizá ambos— de dos elementos esenciales: ideas y valentía. En su lugar, tienden a volverse o bien esponjas de culpa o lanzadores de culpa para adherir rápidamente la culpa y resolver el conflicto lo antes posible.

En tiempos de conflicto, algunas personas aceptan rápidamente la responsabilidad de un problema, incluso aunque no hayan hecho nada (o mucho) para causarlo o prolongarlo. En su inseguridad, no pueden soportar vivir con tensión. Su respuesta es afirmar que ellos son los culpables. Son esponjas que absorben la culpa.

Por otro lado, los lanzadores de culpa están más que contentos con llegar a la misma conclusión. Se defienden de manera impulsiva sea como sea y apuntan a cualquier diana, especialmente a aquellos que voluntariamente y neciamente aceptan toda la culpa.

Esta danza patológica se produce en oficinas de negocios, equipos de iglesias y matrimonios. De hecho, cuanto más se produce, más difícil es cambiar el patrón de acusación y asentimiento. El patrón se puede volver relativamente cómodo porque es totalmente predecible, pero nunca conduce a amor, entendimiento, valentía y crecimiento.

El *análisis de la raíz* es un método de identificación y resolución de las causas subyacentes de los problemas, fracasos y conflictos. No intenta solamente manejar los síntomas de un problema, aunque los síntomas podrían ser graves. En cambio, quienes usan este método invierten tiempo y energía en desenmascarar la raíz oculta pero poderosa, lo cual, cuando se trata, resuelve el problema y sus consecuencias sustancialmente.

En las empresas, el no preguntar y responder las preguntas difíciles, para abordar la raíz, puede significar la diferencia entre la vida y la muerte. En 2014, la CEO de General Motors, Mary Barra, admitió ante un subcomité congresual y al público que la empresa había fallado en retirar automóviles fabricados con un defecto en el interruptor de encendido, un problema que condujo al menos a trece muertes y muchos más heridos. Una investigación descubrió que los ejecutivos de GM habían sido conocedores del problema durante años y podían haber arreglado los interruptores por un costo de menos de un dólar por automóvil. Uno de los investigadores resumió los hallazgos para el subcomité:

> Hubo un fallo a la hora de rendir cuentas, una falta de urgencia y un fallo en el personal de la empresa encargados de verificar la seguridad de los vehículos de la empresa para entender cómo los propios vehículos de GM fueron diseñados. Descubrimos fallos por toda la empresa, incluyendo errores individuales, mala dirección, estructuras de comité bizantinas, falta de entrenamiento y políticas inadecuadas.[1]

En el momento de la investigación, Barra acababa de recibir recientemente el principal papel en la empresa, pero ella no se retractó a la hora de hacer un brutal (y preciso) análisis de los problemas que tenía el gigante del automóvil. Ella explicó: "Sé que algunos de ustedes se preguntan por mi compromiso a resolver los profundos problemas culturales subyacentes. La respuesta es que no descansaré hasta que estos problemas se resuelvan. No tengo miedo a la verdad".[2] Durante más de una década, los diseñadores de GM, ingenieros y ejecutivos conocían los problemas existentes, pero en sus análisis y soluciones valoraron su reputación (y sus pensiones) más que la integridad. Esperaban que el problema desapareciera. Cuando eso no sucedió, esperaban que nadie se atrevería a señalarlos. Al final, su análisis erróneo costó vidas y terminó con la carrera de un diseñador.

Para los pastores de iglesias y líderes en cualquier tipo de organización, los resultados de no identificar las raíces no conducen a accidentes y muertes, pero a menudo producen miles de consecuencias que matan el alma:

+ **Se sienten confundidos.** Lo están intentando con todas sus fuerzas, pero obtienen letargo y resistencia en vez de una aceptación entusiasta por parte de aquellos a quienes dirigen.
+ **Se sienten desilusionados.** Miran a su alrededor a otras iglesias que están creciendo y a otros pastores a quienes les piden hablar en conferencias, y sienten que son unos fracasados.

- **La falta de recursos les frustra.** Se preocupan por las finanzas, las suyas y las de la iglesia, y parece que no tienen tiempo, espacio o líderes suficientes para conseguir hacer las cosas.
- **Sus familias se están derrumbando.** Los pastores están profundamente dedicados a la causa de Cristo, y están dispuestos a sufrir por ella, pero sus familias a menudo se sienten desatendidas y resentidas.
- **Padecen cansancio crónico.** Les encanta cortar el césped, trabajar en un proyecto de amueblamiento o hacer alguna otra cosa que les deje ver que algún proyecto se termina. No importa cuántas horas inviertan, siempre hay más visitas a hospitales, llamadas de teléfono, ilustraciones de sermones y oraciones que demandan su atención.
- **Están solos.** Parece que nadie les entiende realmente, ni siquiera su cónyuge. Todos quieren más del pastor de lo que él puede dar. Se siente solo y vacío.
- **Su mente y su corazón van a la deriva.** Comienzan a pensar lo impensable, después se imaginan lo inimaginable y después actúan sobre esas cosas, variando desde retirarse del ministerio hasta conseguir un trabajo fuera de la iglesia o fracasar moralmente.

Como respuesta a estas amenazas muy reales, la mayoría de los líderes ministeriales intentan desesperadamente manejar el dolor, minimizar el daño y vivir para luchar contra otro día. Pero raras veces identifican de manera precisa las causas subyacentes de sus dificultades.

Etapas de crecimiento y dolor

No todos los dolores son personales. A veces el dolor es el resultado directo de la etapa de desarrollo de la organización. He dado consultoría a líderes de iglesias y empresas durante muchos años, y he notado etapas predecibles mientras dan pasos para implementar su visión de crecimiento. En cada una de estas etapas, los líderes y las organizaciones sufren dolores concretos.[3] Permíteme bosquejar las cinco etapas que he observado, y describir el dolor en cada una de ellas:

1. **La etapa emprendedora**: Al principio, una nueva visión capta el corazón y la mente del líder. Todo parece posible, y un futuro brillante se presenta muy prometedor. Sin embargo, todas las ideas son conceptuales; nada concreto se ha establecido aún. El líder intenta expresar la belleza y poder de la nueva visión, pero su equipo quizá lo mira como si estuviera hablando en un lenguaje desconocido porque, en cierto sentido, lo está haciendo. Las personas señalan la falta de recursos, y lanzan una decena de supuestos que se podrían dar. El líder siente el dolor de ser incomprendido y quizá incluso sentir la oposición de aquellos con los que está contando para hacer avanzar los planes. Algunos líderes me han dicho que, durante esta etapa, a veces se despiertan en mitad de la noche con un sudor frío de temor aunque en verdad están emocionados con las posibilidades de cumplir un nuevo sueño. Los emprendedores siempre asumen osados riesgos, pero muchos de sus colaboradores están reticentes a comprometerse por completo con ese curso de acción. Estos líderes a menudo enfrentan importantes costos. Puede que tengan que invertir más que nunca tiempo, dinero, personas y su reputación. A la luz de los riesgos, tienen que calcular si realmente vale la pena.

2. **La etapa emergente**: A medida que se implementan los nuevos planes, el líder y la organización están claramente en tierra de nadie: entre la certeza del pasado y las esperanzas del futuro. En vez de resolver todas las preguntas de la etapa previa, los primeros pasos de la implementación hacen salir a la luz más luchas de las que habían anticipado. Todos esperaban que el crecimiento se produjera de inmediato, pero obstáculos imprevistos y resistencia se interponen en el camino. Esto provoca confusión, y las personas reaccionan cuestionando la credibilidad del líder. ¿Por qué —se preguntan— ha empezado algo si no tenía todas las respuestas? Un artículo de la revista *Forbes* reporta que ocho de cada diez empresas fracasan en los primeros dieciocho meses.[4] Una de las principales razones de estos fracasos es la ineptitud de los líderes para responder a las preguntas en la etapa emergente, para que la plantilla y los clientes confíen en ellos y en el producto. Para

iglesias establecidas con una nueva visión, en esta etapa los diablos ven al líder vulnerable en un momento en el que está preparado para admitir el fracaso. Al mismo tiempo, los líderes en la etapa emergente pueden sentirse bien con la dirección en la que va la organización, pero no tienen cómo demostrarlo.

3. **La etapa establecida**: En las empresas, iglesias y otras organizaciones que tienen sistemas que funcionan, líderes que promueven el cambio a menudo sienten que están empujando una masa enorme de gelatina. La inercia organizacional es muy difícil de vencer, incluso para el líder más apasionado. Los miembros del consejo a menudo están firmemente comprometidos con los sistemas existentes. Los equipos de liderazgo han conseguido ascensos y bonificaciones, sobresaliendo en el cumplimiento de viejas metas. Detrás del telón, los técnicos han invertido incontables horas en establecer y afinar los actuales sistemas operativos. Los estándares de la industria, las regulaciones gubernamentales o reglas de la denominación y otras políticas estandarizadas se deben tener en cuenta. En cada momento y en cada nivel, el líder enfrenta una intransigente reticencia al cambio. Además, cuando la organización era joven y creciente, el líder podía contratar y despedir al equipo de personal, pero ahora cada cambio de personal requiere la aprobación y experiencia de un departamento de recursos humanos. Las compañías y las iglesias pequeñas pueden hacer giros relativamente rápidos, pero las grandes organizaciones, como los portaaviones, necesitan mucho más tiempo y espacio para cambiar de dirección.

4. **La etapa de erosión**: He hablado con muchos líderes que despertaron para darse cuenta de que sus organizaciones habían dejado de crecer y ahora estaban menguando. Pero cuando miraron con detenimiento, entendieron que el ácido de la erosión se había adentrado varios años atrás. El impulso de años anteriores de crecimiento los había llevado hacia delante por un tiempo, pero ya no es así. La visión ya no cautiva a nadie. La pasión se ha convertido en letargo. El ánimo ha dado lugar a la culpa y el resentimiento. Su empresa o iglesia se estableció y dirigió bien, pero el líder comenzó a hacer demasiadas suposiciones. Después ocurrió algo que les hizo pre-

guntarse: "¿Qué está ocurriendo realmente aquí?". A veces los líderes saben instintivamente que algo está terriblemente mal en sus organizaciones, pero hasta que no cavan más hondo y hacen algunas preguntas difíciles, no pueden averiguarlo. En este momento de despertar, los líderes a menudo descubren sus suposiciones con respecto a algunas de sus personas clave. Habían confiado en miembros de equipos que eran responsables de tareas importantes, pero estas cosas se han descuidado, y los miembros de la plantilla quizá han minado al líder. A veces se necesita un evento catastrófico, como darse cuenta de una malversación, o que un miembro de la plantilla se vuelve pícaro y se lleva a una parte de la congregación para empezar una iglesia nueva enfrente, para que el líder se dé cuenta de la profundidad del declive.

5. **La etapa innovadora:** Los líderes no se pueden permitir mantenerse quietos y ver cómo la organización continúa creciendo. Eso no sucederá. Para mantenerse en contacto con las personas deben mantenerse afilados y seguir reinventando siempre el producto y sus servicios. Compañías como Apple y Amazon salen con productos nuevos, innovadores e inspiradores de forma regular. No hace mucho, Samsung sacó un teléfono nuevo. Su *marketing* no hablaba de los elementos de las conexiones telefónicas, sino del hecho de que su nuevo aparato hacía mejores fotografías. Estudiaron a su audiencia y les dieron algo que ellos querían. BlackBerry falló a la hora de innovar, y desapareció del mercado. Para los líderes que están en la etapa innovadora, el desafío es adelantarse a la curva para que su organización no comience a erosionarse. Los líderes tienen miedo a quedarse atrás.

El dolor que estás sufriendo, ¿se corresponde con alguna de estas etapas? Ciertamente, nuestras experiencias dolorosas pueden ser el resultado de un estrés interno sin aliviar o de desafíos externos, pero el dolor que soportamos en las etapas de crecimiento, a menudo es una mezcla de estos sufrimientos. ¡No los subestimes! Sé objetivo, identifica los dolores infligidos en la etapa de tu empresa, iglesia u organización sin fines de lucro, y da los pasos que tengas que dar.

> El sufrimiento quita el cerrojo de la puerta del corazón de tal forma que la Palabra entra más fácilmente.
>
> —Richard Baxter

Humano y divino

Cuando enfrentamos dificultades, a menudo cometemos dos errores categóricos: buscamos respuestas rápidas y obvias, y culpamos a Dios por no protegernos o proveernos de la manera que esperábamos. Tenemos que mirar más de cerca y descubrir un análisis más preciso y más reconfortante para el alma.

Puede que seamos capaces de identificar los problemas superficiales con bastante rapidez: resistencia de un miembro del equipo, una carga de trabajo demasiado pesada, la ira de un cónyuge, falta de fondos, y demás. Pero en una capa más interna hay una importante *percepción de estos problemas*: nos sentimos fuera de control, y creemos que tenemos que estar en control para ser felices y exitosos. La percepción de que estamos fuera de control multiplica nuestra ansiedad. Entonces, en vez de tratar el problema superficial, batallamos con el peligro mayor, más profundo y más amenazante de creer que somos débiles, indignos y, peor aún, ¡que las personas puedan descubrir que somos débiles e indignos!

Para los líderes, reconocer las limitaciones de su capacidad para controlar personas y eventos reduce la ansiedad y proporciona un alivio bien recibido. Para muchos líderes, sin embargo, controlar a otros no es una opción casual, sino una obsesión. La *ilusión del control* es una tendencia observada de las personas de estimar en exceso su capacidad para controlar individuos, grupos y eventos. Creen que tienen la capacidad de determinar las respuestas, actitudes y resultados de otros. La psicóloga Sandra Sanger observó a sus clientes y a sí misma:

> El asunto del control está extendido en mi consulta como terapeuta. Los clientes desearían poder controlar a otros, detestan los sentimientos de descontrol, temen que otros les controlen. Y seamos sinceros: hay veces en las que mi propia ilusión de control dirige fantasías de ejercer más influencia en la vida de mis clientes de lo que es realmente posible. Ojalá pudiera mover la varita mágica que, lo digan o no, muchos clientes parecen anhelar.[5]

De formas saludables, el deseo de control nos impulsa a ser meticulosos e intentar lo mejor, pero muchos superamos este nivel. Nuestra preocupación por la excelencia se transforma en demandas de conformidad. Cuando esto ocurre, cada decisión es una competición de voluntades, con un perdedor y un ganador. Las relaciones enseguida se tuercen porque nadie se siente valorado cuando se demanda conformidad.

Por supuesto, los pastores que son demasiado controladores no operan en un vacío. ¡Muchas iglesias sufren una epidemia de locos por el control! A nivel humano, una de las cosas más útiles y positivas que los líderes pueden hacer es reconocer las limitaciones de su capacidad para controlar a otros. La respuesta no es rendirse y abandonar, sino darse cuenta de que intentar forzar el cambio, la conformidad y una actitud agradable casi siempre resulta contraproducente. La preocupación no se debería convertir en un problema, el ánimo no debe convertirse en demandas, y las invitaciones a unirse al esfuerzo se pueden hacer sin manipular o causar culpabilidad. No me malentiendas. Los líderes pueden y deben pedir cuentas a las personas de las tareas que han accedido a realizar, pero esta perspectiva cambia todo lo referente a las interacciones: al comienzo, cuando se hace la oferta, durante la tarea cuando la persona lo está haciendo bien o regular, y al final en la evaluación. La ilusión del control hace que los líderes se vuelvan ansiosos y demandantes, y las personas a las que sirven con frecuencia se sienten utilizadas. Un entendimiento de los límites del control cambia la atmósfera, las expectativas y el lenguaje en ambos lados.

El punto del dolor

Como sabemos, hay otra dimensión en la vida, incluido nuestro dolor. A lo largo de la Biblia vemos a mujeres y hombres piadosos soportar dificultades y adversidades de todo tipo. En muchos casos se dieron cuenta mucho después de los propósitos divinos de su dolor, pero en algunos, como Job, nunca recibieron una respuesta para la pregunta del *porqué*. Y José fue la víctima de la traición de sus hermanos. Estaban celosos de su estatus como hijo favorito, y se molestaron por su asunción, debido a sus sueños, de que era superior a ellos. Lo vendieron a una caravana de mercaderes y dijeron a su padre que unos animales salvajes se lo habían comido. Su túnica ensangrentada sirvió como evidencia para su mentira. Como esclavo en Egipto, la esposa del amo de José intentó seducirlo. Cuando el joven rehusó, ella lo acusó de intentar violarla. José languideció en la cárcel durante muchos años.

Mediante una serie de eventos ordenados por Dios, el hombre traicionado, acusado, abandonado y aparentemente olvidado, fue llevado ante Faraón, el rey más poderoso de la tierra. De nuevo, Dios usó sueños en la vida de José. Esta vez, él explicó los sueños molestos de Faraón de la cosecha y la hambruna, y el gobernador se quedó impresionado. Nombró a José como su mano derecha sobre todo Egipto. Cuando el hambre llegó a la tierra pocos años después, los hermanos de José viajaron a Egipto para encontrar algo de grano para no morir de hambre. José les probó para ver si habían cambiado, y pasaron la prueba. Tras la muerte de su padre, los hermanos temieron por sus vidas. José explicó su percepción divina de todo lo que había sucedido y el papel pecaminoso de los hermanos en el plan de Dios: "No tengan miedo. ¿Puedo acaso tomar el lugar de Dios? Es verdad que ustedes pensaron hacerme mal, pero Dios transformó ese mal en bien para lograr lo que hoy estamos viendo: salvar la vida de muchas personas. Así que, ¡no tengan miedo! Yo cuidaré de ustedes y de sus hijos" (Génesis 50:19-21).

Cuando sufrimos, raras veces vemos la razón *durante* el dolor (a menos que el sufrimiento sea el resultado directo de un pecado, e incluso así puede que no conectemos los puntos de forma sencilla, rápida y correcta). Cuando estamos en el dolor, nuestra conclusión instintiva es como los discípulos en la barca en medio de una terrible tormenta mientras Jesús dormía. Por encima del ruido del viento y las olas, le gritaron: "¡Maestro! ¿No te importa que nos ahoguemos?" (Marcos 4:38).

Cuando somos tentados a concluir que Dios no cuida de nosotros, tenemos que mirar a la cruz. En ese momento, Dios derramó todo el mal, pecado y horror de la condición humana sobre su Hijo sin pecado. Nunca hubo ni habrá jamás una muestra mayor de amor. En la muerte voluntaria y sacrificial de Cristo por los pecadores, Él ha pronunciado la declaración suprema de su afecto por nosotros. Quizá no conozcamos las razones de nuestro dolor, pero podemos estar totalmente seguros de que una razón está descartada: no puede ser que a Dios no le importemos, porque ha demostrado su amor sin lugar a dudas.

En *Walking with God through Pain and Suffering* (Caminando con Dios en el dolor y el sufrimiento), el pastor Tim Keller escribió:

Según la teología cristiana, el sufrimiento no es inútil, ni en casos generales ni en los particulares. Porque Dios se ha propuesto derrotar el mal de forma tan exhaustiva en la cruz que todos los estragos del mal algún día serán deshechos, y nosotros, a pesar de participar en él de forma tan profunda, seremos salvos. Dios está logrando esto no a pesar del sufrimiento, la agonía y la pérdida, sino *por medio* de ello; es por medio del sufrimiento de Dios que el sufrimiento de la humanidad finalmente será vencido y deshecho. Aunque es imposible no preguntarse si Dios podría haber hecho todo esto de otra manera, sin permitir tanta miseria y dolor, la cruz nos asegura que, sean cuales sean los insondables consejos y propósitos detrás del curso de la historia, están motivados por el amor hacia nosotros y el compromiso absoluto con nuestro gozo y gloria.[6]

Desde la perspectiva divina podemos extraer varias conclusiones que nos ayudan a soportar el dolor:

+ Dios nunca nos abandona, incluso cuando no podemos sentir su presencia.
+ Nuestra fe y carácter se desarrollan de la forma más poderosa en tiempos de adversidad.
+ Dios a veces nos libra *del* dolor, pero la mayoría de las veces nos libra *por medio* de él.
+ Cuando confiamos en Dios en los tiempos difíciles, nuestras piedras de tropiezo se convierten en peldaños de crecimiento.
+ Cuando enfrentamos nuestros temores más profundos, nuestra fe crece porque descubrimos que Dios es fiel.
+ Cuando las dudas nublan nuestra mente, es tiempo de reenfocarnos en la gracia de Dios, su grandeza y sabiduría.
+ Puede que no nos guste el camino que Dios ha escogido para nosotros, pero tenemos que aceptar humildemente el dolor como parte de su plan.

ANÁLISIS DE LA RAÍZ

La perspectiva de Pablo

Al menos un líder espiritual no era un iluso en cuanto al hecho de que Dios usaría el dolor para moldear su carácter y proporcionar una plataforma para su ministerio. Después de que Saulo (después llamado Pablo) se encontrara con Cristo en el camino de Damasco, fue guiado a la ciudad donde se encontró con un hombre llamado Ananías. Ananías tenía buenas razones para tener miedo del hombre que había aterrorizado a los cristianos. Cuando expresó sus dudas sobre la guía de Dios para ir a Saulo e imponer manos sobre él, el Señor le dijo a este siervo reticente: "¡Ve! Porque ese hombre es mi instrumento escogido para dar a conocer mi nombre tanto a las naciones y a sus reyes como al pueblo de Israel. Yo le mostraré cuánto tendrá que padecer por mi nombre" (Hechos 9:15-16).

Durante años, Pablo viajó de ciudad en ciudad para llevar el evangelio de Cristo a todo aquel que le escuchara. Cuando los cristianos corintios preguntaron por las credenciales de Pablo como apóstol, él les recordó que su autoridad no se basaba en un currículum impoluto sino en el llamado divino de Dios y su disposición a soportar cualquier dolor que el llamado de Dios pudiera incluir. Pablo les dio una corta lista de sus experiencias a lo largo de sus viajes para hablar a los seguidores de Jesús:

He trabajado más arduamente, he sido encarcelado más veces, he recibido los azotes más severos, he estado en peligro de muerte repetidas veces. Cinco veces recibí de los judíos los treinta y nueve azotes. Tres veces me golpearon con varas, una vez me apedrearon, tres veces naufragué, y pasé un día y una noche como náufrago en alta mar. Mi vida ha sido un continuo ir y venir de un sitio a otro; en peligros de ríos, peligros de bandidos, peligros de parte de mis compatriotas, peligros a manos de los gentiles, peligros en la ciudad, peligros en el campo, peligros en el mar y peligros de parte de falsos hermanos. He pasado muchos trabajos y fatigas, y muchas veces me he quedado sin dormir; he sufrido hambre y sed, y muchas veces me he quedado en ayunas; he sufrido frío y desnudez. Y, como si fuera poco, cada día pesa sobre mí la preocupación por todas las iglesias (2 Corintios 11:23-28).

En la misma carta, Pablo relató otra experiencia de dolor. Esta vez, sin embargo, la fuente era distinta. Dios le había dado a Pablo una impactante visión del cielo. Había visto algo que solo los ángeles habían visto antes, y fue tentado a pensar que era un privilegiado. Para humillarlo, Dios permitió que Satanás le diera una "espina en el cuerpo". No sabemos exactamente lo que era, pero era tan doloroso que Pablo le había pedido tres veces a Dios que se lo quitara. El alivio no era el propósito de Dios, y le respondió a Pablo con un "no" y una explicación: "Te basta con mi gracia, pues mi poder se perfecciona en la debilidad". El razonamiento de Dios fue suficiente para Pablo. De hecho, esto le dio un sentimiento de gratitud renovado por el dolor que estaba sufriendo. Escribió: "Por lo tanto, gustosamente haré más bien alarde de mis debilidades, para que permanezca sobre mí el poder de Cristo. Por eso me regocijo en debilidades, insultos, privaciones, persecuciones y dificultades que sufro por Cristo; porque, cuando soy débil, entonces soy fuerte" (2 Corintios 12:9-10).

Permíteme parafrasear la perspectiva de Pablo:

+ Los momentos que más definen en la vida son, por lo general, las experiencias dolorosas.
+ Cuando experimentamos dolor, a menudo recurrimos a viejos hábitos de superación. Se necesita percepción, valentía y ayuda para crear nuevos hábitos.
+ Crecemos por diseño, no por defecto.
+ Tenemos que entender que los incidentes dolorosos son elevadores de potencia que nos pueden impulsar a una órbita más lejana.

Responder en fe

Cuando experimentamos sufrimientos y dificultades, al margen de cuál sea la fuente, tenemos que mirar por debajo de la superficie para identificar las raíces desde una perspectiva humana y divina. Un análisis preciso requiere valentía, quizá para admitir que estábamos intelectualmente equivocados, que habíamos fallado moralmente y que relacionalmente fuimos controladores. Sí, quizá seamos víctimas de las demandas, mentiras, abuso o abandono de otras personas, pero tenemos la responsabilidad de responder con integridad, sabiduría, perdón y amor. No podemos controlar lo que otras personas digan o hagan, pero podemos controlar lo que nosotros decimos y hacemos.

> Nuestras expectativas de convertirnos en ejemplos de piedad, grandes contemplativos, obtener etapas más altas de conciencia, todo sutilmente dirigido a llevarnos más allá de los problemas diarios de la vida ordinaria, no son la forma de llegar al reino. Más bien, el reino consiste en encontrar a Dios en nuestras decepciones, fracasos, problemas, e incluso en nuestra ineptitud para deshacernos de nuestros vicios. —Thomas Keating

Con mucha frecuencia una valoración precisa nos muestra que un sueño ha muerto o que personas en las que confiábamos nos decepcionan y no se interesan. Cuando sufrimos alguna pérdida de cualquier índole, necesitamos apenarnos. Los estadounidenses no son muy buenos apenándose, porque creemos que Dios nos ha prometido una vida feliz. No es así, pero sí nos ha prometido una vida significativa, una que conlleva dolor y la respuesta necesaria: aflicción. Mientras estamos apenados escogemos perdonar a los que nos han herido. Nuestra capacidad y disposición a perdonar es un resultado directo de la profundidad de nuestra experiencia del perdón de Cristo de nuestros pecados (ver Efesios 4:31-32 y Colosenses 3:13). Si nos cuesta perdonar, tenemos que profundizar más en la gracia de Dios que nos ha perdonado todos nuestros pecados.

Cuando soltamos el firme agarre del control y nos aferramos solamente a lo que somos responsables de manejar, nos damos cuenta de que no somos tan poderosos como pensábamos. Esto produce un nuevo nivel de humildad, y demanda nuevos niveles de confianza en Dios, que es soberano sobre todo. Él es Dios; nosotros no. En todo esto, nos damos cuenta de que Dios está usando los eventos más dolorosos y las relaciones más difíciles de nuestras vidas no para destruirnos, sino para crear algo hermoso. Pero es posible que nos lleve bastante tiempo aprender esta lección, así que tenemos que esperar hasta que recibamos las respuestas del Señor y que nuestra fortaleza aguante.

Mientras vamos siendo más sinceros y nos vamos sintiendo más seguros en la gracia de Dios, dejamos de controlar a quienes nos rodean. Puede que se sorprendan del cambio, y quizá se sientan incómodos por un tiempo porque se han acostumbrado a que les digamos cómo pensar, sentir y actuar. Pero ahora podemos tener relaciones ricas y auténticas basadas en sinceridad, confianza y amor. La objetividad abre la puerta a un cambio real en nosotros y en quienes nos rodean. Y no hay un cambio real sin ella.

Una de las formas más poderosas y duraderas de elevar nuestro umbral de dolor es analizar precisamente la fuente más profunda de nuestro dolor. Entonces, en vez de evitarlo o gestionarlo, puedes invitar a Dios a usarlo para enseñarte las lecciones más importantes de tu vida. Y serás un líder mucho mejor.

Aprende esto

Los momentos que más definen en la vida son por lo general las experiencias dolorosas.

Haz esto

Identifica los beneficios a corto plazo de ignorar el dolor, culpar a otros de ello e intentar controlar a las personas para tú sentirte más poderoso.
Describe las consecuencias a largo plazo de estas conductas.

Piensa en esto

1. ¿Cómo definirías y describirías el análisis de la raíz?
2. ¿Dónde has visto esponjas de culpa y lanzadores de culpa haciendo su baile? ¿Cómo opera eso por lo general? ¿Por qué las familias y los equipos se quedan atascados en este patrón?
3. ¿En qué etapa están tú y tu organización ahora mismo?
4. ¿Cuáles son algunas formas en las que la ilusión del control inflama ansiedad para los líderes y sus equipos? ¿Ves algunos de estos rasgos en ti y tu gente? Explícalo.

5. Aunque no conozcamos la razón por la que estamos experimentando dolor, ¿por qué es crucial saber que la razón no puede ser que Dios no se interesa?

6. ¿Cómo cambiaría tu vida si tú, por causa de Cristo, te regocijaras "en debilidades, insultos, privaciones, persecuciones y dificultades"?

7. ¿Cuál es el punto más significativo que implementarás de este capítulo? ¿Cómo cambiará tu perspectiva, tu actitud, tu respuesta al dolor y tus relaciones?

Y recuerda: *solo crecerás hasta el umbral de tu dolor.*

7

TIENES QUE AMARLO

Nunca entenderás el placer sin dolor.
—T. D. Jakes

Scott Wilson, Pastor principal en The Oaks Fellowship, Red Oaks, Texas

Los pecados "pequeños" no son tan pequeños. Son una dosis de veneno espiritual, una brecha en la defensa que permite que Satanás nos lance sus flechas, una grieta en una vasija de barro que hace que nuestra integridad y gozo se escapen. Dios, en su gran misericordia, ha estado vertiendo su luz en mis "pequeños" pecados. Ha sido excepcionalmente doloroso… y excepcionalmente necesario.

No hay nada en el mundo tan maravilloso como saber que todo está bien entre tú y el Padre, saber que eres perdonado y que estás limpio. No me refiero a saber que vas a ir al cielo cuando mueras, sino a saber que todo en tu pasado y presente está al descubierto. Has llevado todo a la luz. No estás escondiéndole nada a Dios ni a nadie.

El Padre nos invita a acudir a la luz, pero somos reticentes. Nos resistimos a ser expuestos porque tenemos miedo de que la culpa será algo demasiado grande para nosotros. Esta es la verdad: nunca acudiremos a la luz plenamente hasta que seamos convencidos de que el dolor de quedarnos en la oscuridad es peor que el temor de ser expuestos por la luz.

Dios me ha hecho plenamente consciente de la oscuridad en mí. Él me ama demasiado como para dejar que yo juguetee con medias verdades y falsedades. Él me ha llamado a atacar mis mentiras y mi orgullo con feroz humildad y verdad radical.

No mentí en mi devolución de impuestos, y no falseé mis títulos en mi currículum. Fue mucho más pequeño, y más importante que eso. Estaba en un restaurante con una pareja de otra ciudad. Uno de ellos me preguntó por el tamaño de nuestra congregación. Yo respondí: "Bueno, la semana pasada fuimos unos 2500, pero fuimos más de 5800 en Semana Santa. Y si cuento a todas las personas que dicen que asisten, somos 6000, o quizá incluso 6500".

Segundos después, el Espíritu vertió su luz de verdad sobre mis palabras y mi corazón. Había exagerado la verdad para quedar bien delante de aquellas personas. Una exageración es una mentira. No es un error; es una mentira. Mi motivación era una mezcla tóxica de temor y orgullo. Quería que nuestra iglesia, y yo, por supuesto, fuera un poco mejor a los ojos de otra persona, y rápidamente me di cuenta de que hacía eso con bastante frecuencia... con demasiada frecuencia.

La mentira reveló algo más que solo una falsedad. Mostró una falta de fe en la bondad y grandeza de Dios, y un sentimiento profundo de inseguridad en mí. Apenó al Padre saber que un hijo al que ama no confiaba en Él lo suficiente para decir la verdad sin adornarla.

Esa noche, el Padre siguió tratando conmigo. Le pregunté al Señor qué tenía que hacer para que Él vertiera su luz sobre los recovecos de mi oscuro corazón. Él dijo: "Ve, confiesa tu inseguridad y tus mentiras a las personas que estaban en la mesa esta noche. No solo confieses la confusión de los números. Confiesa el asunto del corazón".

Al día siguiente fui con la pareja y les conté todo. Fue humillante. No quería hacerlo, y me sentía podrido mientras les decía la verdad. Me sentí estúpido, pero el dolor de quedarme en la oscuridad era peor que la humillación de confesar mi oscuridad y acudir a la luz.

Como pastor, siempre había enseñado la importancia de la confesión y el arrepentimiento. Ahora estaba aprendiendo a practicar estas disciplinas esenciales del discipulado. Esto es lo que aprendí, lo que estoy aprendiendo, y seguiré aprendiendo durante el resto de mi vida.

Necesito ser rápido a la hora de confesar mis pecados. Tengo que dejar de esconderlos, racionalizarlos, minimizarlos y justificarlos. Tengo que encontrar a alguien y hablar la verdad en voz alta, como me dice que haga Santiago 5:16. No tengo que decírselo a todos, pero tengo que decírselo a alguien. La confesión abre mi corazón a la riada del amor, perdón, aceptación y poder sanador de Dios. Sin ello, estoy atascado en las arenas movedizas de la negación. Si quiero vivir en la luz, tengo que comprometerme radicalmente con la verdad.

Vivir en la oscuridad no solo impacta mi relación con el Padre; también impacta de forma negativa mis relaciones con todas las personas de mi vida. A menudo tengo que preguntar: "¿Tengo algún asunto sin resolver con alguien? ¿He perdonado a todos lo que me han ofendido?". Si no lo he hecho, tengo que llevar ese asunto a la luz.

Después tengo que preguntar al Señor si hay alguien a quien tenga que perdonar. Cuando se lo pregunto, a menudo Él me trae cosas a la mente en las que no había pensado por mucho tiempo. ¡Perdonar parece un asunto bastante importante para Él! Las "pequeñas" heridas son como los "pequeños" pecados. Se pueden infectar y producir el veneno de la amargura y la superioridad.

Y además, tengo que dar pasos para restaurar relaciones rotas o desgastadas cuando es posible y apropiado. A veces no es apropiado intentar llevar una restitución a una relación que fue abusiva, si la otra persona no está dispuesta o si la persona ha muerto, pero aun así podemos perdonarlos. Es muy importante ofrecer restitución para devolver el pago del daño que hemos hecho a nuestro cónyuge, hijos, padres, amigos, o a cualquier otra persona a la que hayamos ofendido.

He tenido reuniones muy importante, y muy difíciles, para la restauración. Fue difícil para mí iniciar estas conversaciones. En ellas, ambas partes tenían culpa hasta cierto punto, pero yo no acusé a la otra persona. En cambio, me responsabilicé de mis propios pecados y fallos. Les pedí que me perdonaran por lo que había hecho mal o por no hacer lo que debería haber hecho. Confesé las cosas ocultas que no les había dicho antes. Esas reuniones fueron sorprendentemente buenas. Después, me sentí limpio, más ligero y con más esperanza. Esos encuentros me asustaban, pero eran necesarios si quería caminar en la luz de Dios.

Para mí es fácil ponerme una máscara y fingir con las personas que me rodean. Hasta que Dios me mostró la profundidad de mi engaño, no tenía ni idea de lo mucho que vivía en mentiras. Tomé una nueva decisión de vivir en la verdad: en la verdad de Dios acerca de Él, acerca de mí, acerca de los demás, acerca de nuestra iglesia y acerca de cada aspecto de la vida. No más fingimiento. No más excusas. No más máscaras. Estoy comprometido a caminar en su luz, cueste lo que cueste.

Matt estaba listo para abandonar. Los esfuerzos de ser pastor finalmente habían acabado con él. Al pensar en sus quince años como pastor de una iglesia de tamaño medio en Virginia, no podía destacar ningún evento catastrófico, no se habían producido fracasos morales, ni rebeliones, ni divisiones de iglesia, ni furor por la dirección de la iglesia. Pero diez mil momentos de dar un poco más de lo que estaba recibiendo, finalmente llegaron a vaciar su tanque. De hecho, había estado operando con la reserva los últimos años, pero como buen soldado que era, había seguido avanzando.

Cuando Matt le contó a su mujer Rachel que estaba pensando dejar el ministerio, ella intentó actuar como si estuviera sorprendida, pero estaba contenta. Había visto cómo el espíritu de su esposo se disipaba muy lentamente a lo largo de todos aquellos años, como si hubiera estado sumergido en un ácido débil. Juntos comenzaron a pensar en ideas sobre el tipo de trabajo que podía realizar. ¿Cuántos puestos de ejecutivos en compañías de prestigio están marcados con estudios de seminario y años en el ministerio? Aun así, cualquier cosa sería mejor que otro año bañándose en ácido.

Durante varios meses antes de la decisión de dejar la iglesia, Matt y Rachel habían pensado asistir a un retiro de pastores. Cuando le dijo a ella que iba a llamar para cancelar su reserva, ella lo detuvo. "Vayamos. Esta será una de las últimas cosas que hagamos antes de decirle al equipo que te vas. Necesitamos un refrigerio… y te vendría muy bien un descanso".

Una semana después, en el retiro, los oradores eran cálidos y animosos, y las otras parejas parecían muy accesibles. Una mañana después del desayuno y antes de la primera reunión, Stephen, un pastor al que Matt había conocido el día anterior, se acercó a él y le dijo: "Hola, Matt, no quiero meterme en tus cosas ni ser raro ni nada parecido, pero si me lo permites, me gustaría decirte algo que siento en mi corazón".

Matt se preguntaba si ese tipo iba a compartir un pecado secreto y descargar con él su alma, pero asintió y dijo: "Claro". Salieron a un lugar tranquilo mientras el sol de la mañana aparecía entre los árboles. Se sentaron, y Stephen dijo: "Sé que esto te sonará realmente extraño, pero creo que el Señor me dio algo para que te dijera".

Matt al instante pensó, *Oh, Dios. ¡Eso no! De verdad que no quiero que ningún tipo loco tenga "una palabra de Dios" para mí. Ya tengo bastante locura en mi vida tal cual está.* Pero sonrió y dijo: "Genial. Adelante".

Stephen tragó saliva y dijo: "El Señor me dijo que te dijera que la autocompasión no es un buen fundamento para una vida de fe y esperanza".

Matt sintió que se sonrojaba. Estaba furioso de que un extraño fuera tan cruel, pero Stephen no había terminado. "También me dijo que te has partido el alma sirviéndolo a Él y a las personas de tu iglesia. Eres un buen líder... un pastor bueno y compasivo, pero te has escurrido y te has caído de la cornisa a un hoyo".

Stephen se detuvo un instante para ver si Matt se iba a ir o iba a golpearlo. Cuando vio que ninguna de las dos cosas sucedía, continuó: "Matt, Dios no ha terminado contigo. Aún tiene mucho más para que hagas en tu iglesia, así que no abandones. Sea lo que sea que estés pensando, no lo hagas. Pero para conseguirlo, tendrás que renunciar a la autocompasión. Deja de pensar en ti como si fueras la víctima, y construye una forma de pensar totalmente nueva en tu vida".

Tras una larga pausa en la que ninguno decía nada, Stephen se levantó, puso su mano sobre el hombro de Matt, y dijo: "Eso es todo lo que tengo, hermano. Ahora depende de ti".

La idea de un análisis preciso de nuestro dolor puede llegar de forma tan gradual como un amanecer o tan repentina como un relámpago. El momento de claridad, sin embargo, no es el final, sino tan solo el comienzo. Hemos pasado años pensando, hablando y actuando según las viejas percepciones del dolor. Ahora estamos encontrando un nuevo camino, y estamos comenzando a dar unos pasos por él. Tenemos que aprender a caminar en sabiduría. La sabiduría que tenemos que adquirir redefine cómo hemos pensado sobre el dolor: en vez de menospreciarlo, comenzamos a ver el valor inherente del mismo. De hecho, ¡aprenderemos a amarlo!

> Para el creyente, todo dolor tiene significado; toda adversidad es beneficiosa. No hay duda de que la adversidad es difícil. Por lo general nos atrapa por sorpresa y busca golpear donde somos más vulnerables. A nosotros, a menudo, nos parece algo totalmente sin sentido e irracional, pero para Dios ni una pizca de ello es sin sentido o irracional. Él tiene un propósito en cada dolor que llega o permite en nuestra vida. Podemos estar seguros de que, de algún modo, Él pretende que sea para nuestro beneficio y para su gloria.
> —Jerry Bridges, *Trusting God*

Reconfigurar

En algún punto, tenemos que reconfigurar radicalmente nuestro concepto de felicidad, expectativas realistas y los propósitos de Dios. El problema, por supuesto, es que esas cosas son tan sólidas como el cemento en nuestra mente, corazón y hábitos, así que Dios a menudo usa el martillo del dolor para llegar hasta nosotros. En esos momentos vulnerables, podemos endurecernos y resentirnos… o podemos volvernos blandos y receptivos.

A medida que nuestra perspectiva comienza a cambiar y el dolor se vuelve menos amenazante, gradualmente lo aceptamos como el mejor maestro. En algún punto, de hecho damos la bienvenida al dolor porque los efectos son muy positivos. Quienes han aceptado el dolor como una forma de vida, raras veces se sorprenden por el sufrimiento, raras veces las dificultades los dejan devastados, y raras veces reaccionan mal cuando las cosas no son como esperaban.

Dean Karnazes es un ultramaratonista. Corrió cincuenta maratones en cincuenta días consecutivos. Corrió 560 kilómetros en tres días, sin parar y sin dormir. Ha corrido el Maratón Badwater siete veces, que comienza en Death Valley y termina 217 kilómetros después a mitad de camino en la subida al monte Whitney. En una entrevista para la revista *Outside*, él compartió su visión de la cultura estadounidense:

> La cultura occidental tiene cosas un poco del revés ahora mismo. Pensamos que si tuviéramos toda la comodidad a nuestro alcance, seríamos felices. Equiparamos la comodidad con la felicidad. Y ahora estamos tan cómodos que somos miserables. No hay esfuerzo en nuestra vida. No hay sensación de aventura. Nos subimos a un automóvil, montamos en un elevador, todo es fácil. Lo que he descubierto es que nunca estoy tan vivo como cuando estoy empujando y con dolor, y estoy esforzándome por un gran logro, y en ese esfuerzo creo que hay magia.[1]

El experto en liderazgo Michael Hyatt meditó en la vida de Karnazes y extrajo tres conclusiones sobre por qué deberíamos aceptar la incomodidad:

1. **La comodidad está sobrevalorada.** No conduce a la felicidad. Nos hace perezosos, y olvidadizos. A menudo nos lleva al ensimismamiento, el aburrimiento y el descontento.
2. **La incomodidad puede ser un catalizador para el crecimiento.** Nos hace anhelar algo más. Nos fuerza a cambiar, estirarnos y adaptarnos.
3. **La incomodidad a menudo es una señal de que estamos progresando.** Habrás oído la expresión: "sin dolor, no hay crecimiento". ¡Es cierto! Cuando te obligas a crecer, experimentarás incomodidad.[2]

El maestro suplente

Los niños se acostumbran a sus maestros. Cuando estos maestros no están, especialmente durante un periodo de tiempo prolongado, los niños (mayormente los que están en la secundaria o cerca) a menudo piensan que el maestro suplente será una presa fácil para poder hacer todo tipo de locuras. A veces se asombran cuando el suplente es mejor maestro que su maestro regular, como Albert Einstein entrando a enseñar una clase de física o David McCullough sentándose para una lección de historia. El dolor es un maestro suplente sorprendente en nuestra vida. Nos hemos acostumbrado a la forma en que funcionan las cosas en nuestra estrategia de liderazgo, pensamientos, percepciones y práctica. El dolor es el nuevo maestro que queremos evitar o deshacernos de él lo más pronto posible, pero en realidad es el mejor instructor que podríamos tener nunca.

El dolor nos enseña cinco lecciones cruciales (entre muchas otras):

1. Somos más débiles, más egocéntricos y más frágiles de lo que jamás habíamos pensado

Mientras las cosas vayan bien, nos sentimos confiados y en control. Las dificultades y los conflictos, sin embargo, tienen su manera de sacar el lado oscuro a la superficie. De manera instintiva culpamos a otros, hablamos con dureza a personas inocentes, discutimos por las cosas más insignificantes, demandamos hacer las cosas a nuestra manera, nadamos en la autocompasión cuando no nos salimos con la nuestra, y albergamos amargura en lugar de perdonar a quienes nos han ofendido. Quizá nos sentimos totalmente justificados en estas actitudes y conductas, pero si lo permitimos, nuestra nueva comprensión de estas percepciones y actitudes engañosas se convertirá en el punto inicial de arrepentimiento, sabiduría y crecimiento.

2. En realidad, no tenemos ni idea de lo que Dios trama

Pensábamos que éramos bastante sabios. Suponíamos que estábamos en control. Ejercíamos autoridad sobre nuestro dominio, y nos iba bastante bien, hasta que todo cambió. Nuestra teología puede haber sido precisa a la hora de decir que Dios es el único ser omnisciente del universo, pero algunos supusimos que teníamos algo en nuestro interior que nos permitía saber lo que Dios sabe. ¡Ahora nos damos cuenta de que estamos muy lejos de eso! Dios, vestido de gloria infinita y lleno de una inacabable sabiduría, es el rey y gobernador de todo. Nosotros no tenemos ni idea de cómo puede entretejer los fallos, pecados y maldad del mundo para convertirlos en algo redentor y hermoso, pero promete que lo hará si confiamos en Él. La experiencia del dolor reduce nuestro orgullo intelectual uno o dos peldaños. De repente, nos damos cuenta de que quizá entendemos solo una millonésima parte de una billonésima parte de una trillonésima parte del plan magnífico y misterioso de Dios para los siglos. En ese punto, tenemos que decidir si confiar en Él o no.

3. Nos volvemos más agradecidos

Cuando nuestro sentimiento de privilegio se desvanece, vemos todos los dones y bendiciones de Dios a través de unos ojos nuevos. En vez de dar por hecho el amor, la salvación, la salud, el tiempo y las amistades, y enfocar nuestro corazón en las cosas que Dios no ha hecho por nosotros, reevaluamos lo que es realmente importante. Quizá nos damos cuenta de que hemos hecho del éxito de nuestro ministerio, o del aplauso o poder que viene de él, un ídolo que hemos valorado más que a Dios. Con corazones debidamente apenados, confesamos nuestro pecado, aceptamos la maravilla de su perdón y le damos gracias por muchas cosas que nos ha provisto de manera compasiva. Incluso aunque el granero esté vacío, las despensas desnudas y los nativos sean hostiles, podemos dar "gracias con alegría al Padre. Él los ha facultado para participar de la herencia de los santos en el reino de la luz. Él nos libró del dominio de la oscuridad y nos trasladó al reino de su amado Hijo, en quien tenemos redención, el perdón de pecados" (Colosenses 1:12-14). Lo tenemos a Él y Él nos tiene a nosotros, y quizá, por primera vez, eso es suficiente.

4. Descubrimos que Dios es hermoso en vez de solo útil

Cuando estábamos enfocados en el éxito, quizá habíamos visto a Dios como el medio hacia el fin de tener un ministerio dinámico y creciente, en vez de verlo como el único que merece justamente adoración, amor y lealtad. Dirigíamos con excelencia, y estábamos dedicados a edificar el reino, pero quizá, y solo quizá, se trataba más de nuestros reinos que del suyo. Cuando Dios no intervenía para hacer que un programa funcionase, nos decepcionábamos. De algún modo nos sentíamos traicionados. ¿Acaso no habíamos hecho lo suficiente? ¿Acaso no nos debía Dios… solo un poco?

Tarde o temprano, Dios pone los frenos para que veamos lo que realmente hay en nuestro corazón. Si estamos demasiado devastados por el fracaso, es muy probable que estuviéramos usando el ministerio como un medio para pulir nuestra reputación en vez de apuntar a su gloria. Dios sabe cómo poner su dedo sobre nuestra posesión más valiosa, y sino pregúntale a Abraham sobre el día que pasó en el monte con Isaac, para probarnos a fin de ver qué es lo más importante para nosotros. En el dolor y tiempos de prueba tenemos oportunidades maravillosas para que Dios purifique nuestro corazón, cambie nuestras motivaciones, y para deleitarnos más que nunca en la belleza de su gracia y su grandeza.

5. Nos volvemos más tiernos, más comprensivos y más compasivos

La compasión no sale de un vacío. Es un rasgo de carácter que tiene que ser inculcado en nosotros mediante nuestra experiencia de la bondad de Dios cuando estamos sufriendo. Al experimentar el consuelo de Dios, podemos después consolar a otros. Quizá hemos visitado enfermos en el hospital antes, pero ahora nos dolemos con ellos y por ellos. Quizá hemos predicado en funerales, pero ahora compartimos el dolor de la familia. Tal vez hemos dado buena consejería a una pareja que estaba considerando el divorcio, pero ahora lloramos con ellos.

El apóstol Pablo fue lo máximo en cuanto a ser un tipo duro, un hombre entre hombres, un líder entre líderes que nunca abandonaba. Pero fue abierto para que su corazón se enterneciera mediante la experiencia de la ternura de Dios durante un tiempo de sufrimiento. Él explicó esta transformación en los versículos de inicio de una carta a los corintios: "Toda la alabanza sea para Dios, el Padre de nuestro Señor Jesucristo. Dios es nuestro Padre misericordioso y la fuente de todo consuelo. Él nos consuela en todas nuestras dificultades para que nosotros podamos consolar a otros. Cuando otros pasen por dificultades, podremos ofrecerles el mismo consuelo que Dios nos ha dado a nosotros. Pues, cuanto más sufrimos por Cristo, tanto más Dios nos colmará de su consuelo por medio de Cristo" (2 Corintios 1:3-5 NTV). Si Dios pudo ablandar el corazón de Pablo y hacerlo más compasivo, también puede ablandar el tuyo y el mío.

Como ya hemos dicho, el dolor nos endurece o nos ablanda. Jesús se hizo extraordinariamente blando cuando sufrió voluntariamente humillación, tortura, abandono y muerte para después poder derramar sobre nosotros amor, perdón y aceptación. Deja que el dolor te ablande. Experimenta el consuelo de Dios y después inunda a otros de ternura, comprensión y compasión.

Escoger una respuesta distinta

El cambio es difícil, pero a veces es absolutamente esencial. No más excusas, no más demoras. Es tiempo de hacer los ajustes que sean necesarios en nuestra planificación intencional y nuestras respuestas a personas y situaciones. El cambio superficial quizá no requiere mucho esfuerzo, pero cambiar nuestra forma de pensar y cómo respondemos instintivamente requiere disciplina, determinación y rendir cuentas. Las variables son interminables, así que no puedo dar una fórmula para el éxito en todas las áreas. Pero me gustaría hacer algunas sugerencias generales que se pueden adaptar a muchas circunstancias. Todas ellas requieren completa sinceridad y una disciplina tenaz para interiorizar principios y practicar nuevas habilidades.

Cuando nos sobrecargamos con estrés interno, puede que necesitemos algo más que una buena noche de sueño y un partido de fútbol para recuperarnos rápidamente. Como demostró el ejemplo de la rama del árbol del Dr. Swenson en el capítulo 3, quizá necesitamos tiempo y espacio para aliviar la presión, y así recuperar gradualmente un estado mental y del cuerpo relativamente normal. El descanso es esencial, pero también tenemos que establecer sistemas para limitar las presiones, y necesitamos habilidades para manejar el estrés con más eficacia. Estos son algunos principios importantes:

+ **Define los límites de tu control: Puedes controlar solo tus pensamientos, decisiones y prioridades.** No puedes controlar las conductas y actitudes de otras personas, la economía nacional, o la respuesta de las personas en tu iglesia o comunidad.

+ **Incluye en tu agenda descanso, tiempo en familia y diversión, y cúmplelo: Parte de lo que puedes controlar es tu agenda** (sí, ¡puedes! Si crees que no, regresa y empieza a leer de nuevo este libro).

+ **Asegúrate de hacer algunas cosas que verdaderamente disfrutes: Todos los trabajos incluyen algo de aburrimiento, pero no dejes que las presiones del trabajo te impidan hacer cosas que te aportan placer dentro o fuera de las obligaciones normales de tu trabajo.**

+ **Vigila las cosas que te estresan: culpa, perfeccionismo y preocupación: No está mal ser sincero con las faltas, querer mejorar, y preocuparse por las personas, pero el estrés a menudo es el resultado de excederse con estas cosas buenas.** Cuando un exceso de responsabilidad te parece algo totalmente bueno, correcto y normal, es el momento de hacer un cambio.

+ **Trata de forma agresiva lo que te produce el mayor dolor en tu vida: No seas pasivo y no aceptes las cosas como si tuvieran que ser así.** Tu familia y tu carrera, y quizá tu vida, están en juego. Identifica las cosas que te hacen estar despierto en la noche, que te provocan un sudor frío o te hacen tener miedo. No debería costarte mucho identificarlas. La parte difícil es crear un plan razonable y factible para abordarlas.

+ **Haz un protocolo de intervención para el estrés.** Probablemente no puedas resolver las causas más importantes de estrés en poco tiempo, así que identifica primero las más importantes. Trabaja en ellas mientras estás creando también nuevas habilidades y nuevas percepciones sobre lo que significa vivir una vida saludable.

Para caminar en sabiduría a la hora de manejar los desafíos externos, quizá necesites levantar la guardia para ser menos vulnerable a los ataques de las pocas personas malhumoradas que te atormentan.

En un artículo del *New York Times*, el profesor de Stanford, Robert Sutton, comentó: "Una persona desagradable puede hundir a todo un grupo. Eso puede suceder porque los miembros del grupo dedican más energía a lidiar con la manzana podrida y menos energía para la tarea entre manos. Además, la ira y la hostilidad son cosas contagiosas, así que todo el grupo se puede infectar".

Sutton habló con una mujer llamada Ruth que trabajaba en un entorno de oficina particularmente tóxico. Ella aprendió una lección de supervivencia cuando estaba haciendo rafting en los rápidos de California. Cuando se cayó de la balsa, luchar contra la corriente solo le creaba más ansiedad y le hacía sentir menos en control. Decidió aplicar ese principio en las relaciones en su oficina. Siempre que una reunión se volvía hostil, escogía evitar la lucha. De repente, Ruth ya no se veía como una víctima; en cambio, se sentía fuerte y en control. Sutton comentó: "En un lugar de trabajo saludable, involucrarse emocionalmente está bien, pero cuando no puedes escapar de un entorno irrespetuoso, practicar el fino arte de la indiferencia y el desapego puede ayudarte a soportar la arremetida. El desapego también te puede ayudar a sofocar la tentación de responder igualmente, y así evitar alimentar un círculo vicioso de hostilidad".[3]

> Para llegar hasta lo que no eres debes ir por el camino en el que no estás.
> —T. S. Elliot

Si pensamos que el desapego es apropiado solo para el mundo de la empresa y no para la iglesia, tenemos que pensar en cuántas veces Jesús se enfrentó a sus enemigos y después se retiró de ellos. Juan nos dice: "En cambio Jesús no les creía porque los conocía a todos; no necesitaba que nadie le informara nada acerca de los demás, pues él conocía el interior del ser humano" (Juan 2:24-25). Haríamos bien en seguir el ejemplo del Señor y ser tan astutos como serpientes y tan sencillos como palomas (ver Mateo 10:16). La retirada estratégica no es apatía; es sabiduría.

La distancia psicológica nos da espacio para responder en vez de reaccionar con temor, dolor o ira. En la comunicación con nuestra plantilla de personal, el equipo de liderazgo, voluntarios, nuestra familia y la persona en la caja del supermercado, tenemos que ajustar el gatillo sensible en nuestras reacciones para ser rápidos para oír, lentos para hablar y tardos para airarnos (ver Santiago 1:19).

Intenta entender lo que las personas están diciendo, y busca el mensaje detrás de las palabras. Con mucha frecuencia las palabras incendiarias de una persona son un indicativo de una esperanza o herida más honda. Dedica tiempo a buscar el contenido del corazón de una persona. Haz una segunda o tercera pregunta, ¡por lo menos una primera pregunta! Cuando las personas se sienten comprendidas, es mucho más probable que oigan tu punto de vista sobre las cosas.

Actualmente nos comunicamos mucho mediante correo electrónico y mensajes de texto, pero la intención del corazón a menudo no nos llega digitalmente. Un buen principio es subir al menos un escalón. Si tú normalmente envías un mensaje de texto corto, envía un correo electrónico más largo. Si regularmente mandas correos, haz una llamada de teléfono. Si por lo general llamas por teléfono, pide poder verse en persona. Las relaciones se forjan sobre la confianza, y la confianza no se puede construir cuando los corazones no conectan.

Siempre que sea posible, responsabilízate de tu parte en cualquier malentendido o disputa. Las dos palabras que son vitales para cimentar las relaciones no son "te amo" sino "estaba equivocado". La culpa es instintiva; la confesión y la restauración son algo hermoso, poderoso y purificador; y, tristemente, poco frecuente.

Cuando tú y tu iglesia experimenten dolores de crecimiento, aprendan a hacer las preguntas correctas. Con demasiada frecuencia nos enfocamos en el obstáculo inmediato para el crecimiento, pero puede que no veamos el cuadro general. Está bien preguntar: "¿Qué tenemos que arreglar aquí?". Pero pregunta también: "¿Cómo podemos crear una cultura vibrante, saludable, creativa, llena de fe y de celebración que saque lo mejor de cada una de las personas involucradas?". Esta pregunta es importante, ya sea que tu iglesia tenga veinte miembros o veinte mil.

Para identificar la salud de la cultura de una organización (o la falta de ella), recomiendo tener una conversación con final abierto para discutir las siguientes preguntas:

- ¿Quiénes son los héroes? ¿Qué les hace ser héroes? ¿Quién determina quiénes son aquí los héroes?
- Cuando alguien dice: "Cuéntame sobre tu organización", ¿qué historias se cuentan?

- ¿Cuánta participación siente que tiene el miembro del equipo promedio en la dirección y estrategia de la organización?
- ¿A quiénes escuchan los líderes más altos? ¿Cómo consiguen estas personas que los líderes les oigan?
- ¿Cuáles son los rituales importantes? ¿Qué mensaje expresan a quienes están en la organización y los que están fuera de ella?
- ¿A quiénes se recompensa y por qué logros? ¿Qué dicen esos reconocimientos sobre los valores de la cultura?
- ¿Cuál es el nivel de lealtad en la zona alta y en la zona baja del organigrama organizacional? ¿Qué factores construyen lealtad?
- ¿Cuál es el nivel de creatividad y entusiasmo en toda la organización?
- Cuando un observador objetivo pasa una hora viendo a las personas interactuando en las oficinas, ¿qué atmósfera capta esta persona?
- ¿Cómo se toman, se aplazan o se demoran las decisiones?
- ¿Quiénes son las personas poderosas sin posición? ¿Cómo ejercen su autoridad?
- ¿Dónde son más evidentes los problemas de control y las luchas de poder?[4]

Trabaja duro para construir o reconstruir la confianza. Con ella puedes cumplir el mayor de los sueños. Sin ella aplastarás el espíritu de las personas. Es mucho más fácil cambiar a los miembros del equipo y los programas que cambiar la cultura de una organización. Haz las preguntas correctas y sigue haciéndolas. En cada nivel de crecimiento, trabaja duro, comunícate bien, y ora como nunca para que Dios produzca una cultura saludable. Y recuerda: todo comienza por ti. Si tú no eres saludable, la cultura de tu organización no tiene probabilidad alguna de serlo.

Siempre expuesto

Los líderes, especialmente los pastores, siempre están en el ojo público. Cuando sufren, sus familias lo ven, sus equipos de trabajo lo ven, los miembros de su iglesia lo ven, y a menudo la comunidad está observando cómo manejan la adversidad. Recientemente, mi amigo Michael Pitts fue diagnosticado de cáncer de próstata y tuvieron que operarlo. Él era consciente de que estaba haciendo una demostración pública de cómo estaba manejando su dolor privado. Está en la televisión semanalmente, y me pidió que lo ayudara a saber cómo ser vulnerable de manera apropiada pero también continuar siendo una voz de esperanza.

Los líderes enseñan a otros a manejar el dolor en el momento exacto en que están aprendiendo ellos mismos esas lecciones. El dolor se siente y las lecciones se enseñan en tiempo real. Los salmos de lamentos nos dan dirección sobre cómo comunicar. Aproximadamente en la mitad de los salmos, los escritores dejan ver sus frustraciones, decepciones, dudas, temores y enojo, ¡a menudo hacia Dios! Pero en todos, menos en dos, finalmente llegan a ver una perspectiva nueva de la bondad y grandeza de Dios, y su fe es renovada. Y todas estas quejas están en el cancionero de Dios. Obviamente, Dios no se asombra ni se ofende por la cruda honestidad.

El dolor puede llegar por cualquier causa: un hijo arrestado, enfermedad, rebeldía en el equipo, problemas económicos, pecado personal, traición u oposición de amigos de confianza. En cada caso, tienes que descubrir qué es apropiado compartir y qué se tiene que mantener en privado, cuánta información es demasiado y cuánto es demasiado poco, cómo ser sincero sin llegar a ser neciamente vulnerable, y cómo infundir esperanza en las personas sin ser superficial.

A Jack Hayford le sucedió en The Church on the Way con su hábil yerno. Jack anticipaba una buena jubilación, pero su yerno tuvo un aneurisma y murió de repente. El acuerdo de Jack con la iglesia fue que volvería si le ocurría algo al nuevo pastor en un tiempo específico. En un único y trágico momento, todo cambió para Jack y su familia. Tuvo que pasar el duelo por la pérdida del esposo de su hija, consolar a la familia y a la iglesia, y después volver a desempeñar el papel de pastor principal, un papel que de repente era mucho más difícil por la terrible pérdida. Jack tuvo que recalibrar su vida y descubrir cómo comunicar dolor y estabilidad a su congregación.

La fe vacía no enseña nada útil. Mi consejo a los pastores y otros líderes que sufren dolor, es darse cuenta de que Dios te ha puesto en una posición para enseñar a las personas algunas de las lecciones más valiosas que aprenderán jamás observándote al ser apropiadamente vulnerable y sincero, confiando en la oscuridad y extendiéndote continuamente para alcanzar la mano y el corazón de Dios mientras luchas. Quizá no seas capaz de identificar la lección durante un largo periodo de tiempo, quizá nunca, pero puedes confiar en que un Dios soberano, sabio y amoroso está usando el dolor para moldearte y usarte de alguna manera. La sinceridad y una fe firme, especialmente en los momentos oscuros, forman un mensaje poderoso y enriquecedor para todos los que están en dolor.

He visto a líderes levantarse delante de personas durante tiempos de intenso estrés, pérdida y dificultades. Los he visto confesando fallos morales y explicando complicadas dificultades organizacionales. A veces lo comunicaron con mucha claridad, y otras veces deberían haber dedicado más tiempo a crear su mensaje. La sinceridad y humildad son esenciales. El corazón se revela alto y claro incluso aunque las palabras no sean elocuentes; pero nunca he visto a nadie recuperarse tras perder públicamente los papeles. Las expresiones de indignación con un miembro del equipo en una reunión destrozan la confianza. Denunciar a otros públicamente desde la plataforma vierte más dudas sobre el propio comunicador que sobre aquel a quien se culpa. Moisés dirigió fielmente al pueblo de Dios por el desierto durante décadas, pero cuando golpeó la roca con furia dos veces, todos vieron su ira, y su función de liderazgo efectivamente se terminó (Números 20:10-12).

Los líderes en las empresas y la iglesia deben tener mucho cuidado para evitar expresar ira en arenas públicas. En cambio, habla del dolor que hay debajo de esa ira. Las personas se pueden identificar con eso, y te respetarán más por enmarcarlo como dolor molesto o intenso. Adúéñate de tu responsabilidad por el problema y ten el valor y la humildad de decir "lo siento" sin culpar a otras personas por lo que a ti te corresponde. Los líderes humildes son líderes atractivos. Los líderes enojados y arrogantes puede que dominen con eficacia, pero no construyen una confianza duradera. Finalmente, sus reinos se derrumban ante ellos.

Para los líderes, la privacidad perfecta es un sueño imposible. Sufren en privado, pero también sufren inevitablemente en público. Necesitan sabiduría para saber cómo hacerlo.

Siempre progresando

Una de las verdades más duraderas y adorables de la Biblia es que Dios está más que dispuesto a usar a hombres y mujeres con defectos para llevar a cabo sus propósitos. Eso es algo bueno, ¡porque no hay disponible ninguno que no sea así! Con suerte, entendemos solo una fracción de la grandeza de Dios y de sus propósitos, pero Él se emociona cuando nos apuntamos a la aventura de toda una vida. El pastor Craig Groeschel anima a los pastores a aceptar sus faltas y a confiar en que Dios las usará. Él dijo: "¡Dios usa a idiotas inseguros, que asumen riesgos y que soportan el dolor!". Cuando los pastores se dan cuenta de sus inseguridades, confían en Dios en vez de confiar en su conocimiento, habilidades y capacidad para controlar acontecimientos. El reino de Dios tiene que ver totalmente con asumir riesgos. Los héroes de Hebreos 11 lo arriesgaron todo. Y el punto que Groeschel establece, y que resulta más pertinente para nuestro estudio de liderazgo, el cual yo también llamo *lidersangro*, es que el camino de la cruz siempre conlleva dolor. La cantidad de dolor que estamos dispuestos a soportar establece el límite de nuestra eficacia. Si lo evitamos o lo anestesiamos, no arriesgaremos nada, no sacrificaremos nada, no sentiremos nada y no conseguiremos nada.[5]

Para poner esto en contexto, tengo que decir algo excéntrico: los discípulos de Jesús eran idiotas. Eran inseguros y no tenían ni idea de nada la mayoría de las veces, pero después de Pentecostés, lo arriesgaron todo y soportaron la persecución porque sus vidas fueron inundadas con el amor y el poder de Dios. Lucas narró: "Los gobernantes, al ver la osadía con que hablaban Pedro y Juan, y al darse cuenta de que eran personas sin estudios ni preparación, quedaron asombrados y reconocieron que habían estado con Jesús" (Hechos 4:13).

El conocimiento se puede adquirir en un instante, pero la sabiduría viene solo con el tiempo, experiencia, reflexión, sinceridad y afirmación. En cada aspecto del sufrimiento, los problemas, las crisis y el dolor, aprende a caminar en sabiduría.

John Newton, un antiguo esclavo que se convirtió en pastor, escribió un canto describiendo su transición de unas falsas expectativas a un fuerte realismo:

> *Le pedí al Señor que pudiera crecer*
> *En fe, y amor, y gracia;*
> *Que supiera más de su salvación,*
> *Y buscar su rostro con más fervor.*
>
> *Fue él quien me enseñó entonces a orar,*
> *Y él, en quien confío, ¡ha contestado mi oración!*

Pero lo ha hecho de una forma
Que casi me lleva a la desesperación.

Esperaba que en alguna hora de favor,
En un instante él respondería mi petición;
Y mediante el poder de su restrictivo amor,
Sometería mis pecados, y me daría descanso.

En lugar de eso, me hizo sentir
Las maldades ocultas de mi corazón;
Y dejó que los enojados poderes del infierno
Asaltaran cada parte de mi alma.

Además, con su propia mano parecía
Pretender agravar mi aflicción;
Cruzó todos los designios justos que yo había tramado,
Reventó mis argumentos, y me humilló.

Señor, ¿a qué se debe esto?, clamé temblando,
¿perseguirás a este gusano hasta la muerte?
"Esta es la manera", respondió el Señor,
"en que yo respondo a la oración que pide gracia y fe".

"Estas pruebas interiores empleo,
del yo, el orgullo, para liberarte;
y romper los esquemas del gozo terrenal,
para que tú encuentres tu todo en mí".[6]

Aprende esto

En algún momento necesitamos reconfigurar radicalmente nuestro concepto de la felicidad, las expectativas realistas, y los propósitos de Dios. Tienes que aprender a apreciar las lecciones que aprendes del dolor.

Haz esto

Nombra una persona que haya aprendido lecciones importantes tras haber experimentado dolor (estrés interior, desafíos externos o dolores de crecimiento). Agarra el teléfono y llama a esa persona. Hazle al menos tres o cuatro preguntas y después escucha.

Piensa en esto

1. ¿Cómo le explicarías a un miembro de tu equipo, o amigo, cómo la incomodidad realmente es algo bueno para ti?
2. ¿Cuál de las cinco lecciones (por lo menos) que aprendemos del dolor es la más significativa para ti? Explícalo.
3. ¿Qué punto de la sección "Escoger una respuesta distinta" puedes aplicar ahora mismo? ¿Qué diferencia marcará?
4. ¿Cuáles son las preguntas correctas que tienes que hacer a tu equipo sobre la cultura de tu organización?
5. Para convertirte en uno de los 'idiotas inseguros usados por Dios, que asumen riesgos y soportan el dolor', tienes que aprender a ser sincero con tus fallos y a estar siempre cómodo con el hecho de estar en el proceso en vez de tenerlo todo arreglado. ¿Hasta qué punto estás ahí? ¿Cómo lo sabes?

Y recuerda: *solo crecerás hasta el umbral de tu dolor.*

8

EL PRIVILEGIO DEL LIDERAZGO

*Liderazgo es la elevación de la visión de un hombre hacia vistas
más altas, levantar el desempeño de un hombre hacia una norma
más elevada, construir la personalidad de un hombre
más allá de sus limitaciones.*
—PETER DRUCKER

Lisa Bevere, Messenger International, Colorado Springs, Colorado

Recientemente me encontraba viajando en un avión junto a un brillante caballero de unos ochenta años. Por muchas décadas fue consultor en organizaciones tan diversas como el Hospital Johns Hopkins y el Departamento de Defensa estadounidense. Incluso a su avanzada edad seguía siendo muy solicitado, y era orador en cumbres de liderazgo y mantenía asientos en prestigiosas juntas directivas. No pasó mucho tiempo antes de que me encontrara enredada en historias de una carrera larga y exitosa.

Le pregunté al hombre cuáles eran algunos de los elementos más esenciales del crecimiento y el éxito. Él respondió, sin ninguna duda, *la implicación de las mujeres.*

Explicó que si una empresa con la que realizaba consultoría no tenía mujeres en su junta directiva, o no tenía participantes femeninas en su seminario, le daba dos opciones. Los invitaba a escoger a algunas de sus mujeres más brillantes, y les daba consultoría gratuitamente. Si declinaban la oferta, él se negaba por completo a dar consultoría a la empresa.

Cuando le pregunté por qué era tan firme en este punto, me aseguró que las mujeres tienen un talento innato para cosas que a muchas organizaciones les falta, y sin embargo necesitan, para avanzar con confianza hacia el futuro, siendo tres de ellas intuición, comunicación y compasión. Demasiadas mujeres no participan en áreas de liderazgo que las necesitan desesperadamente.

Mis experiencias en el liderazgo eclesial han sido bastante contrarias a las experiencias de este hombre en el mundo empresarial. Recuerdo un incidente en el que mi esposo, John, me invitó a formar parte de una reunión con varios líderes de iglesias. Cuando llegué, descubrí que yo era la única mujer presente.

Aunque el grupo sabía que yo estaría allí, mi presencia se encontró con una hostilidad casi manifiesta por parte del anfitrión. Desde el inicio hizo todo lo posible para invalidar mi aportación con comentarios condescendientes, fuertes suspiros, y elevando las cejas.

Cualquier comunicación que tuviera que ver con nuestra organización era dirigida singularmente a John. John seguía fomentando mi participación, diciendo: "Me gustaría que Lisa comentara sobre esto". Pero si yo hablaba, era totalmente ignorada.

Una señal muy clara fue enviada a los presentes: *Lisa puede que esté en esta sala, pero no será reconocida.* John intentó incluirme, pero yo no volvería a formar parte de la mezcla.

Tras la reunión, otro líder intentó consolarme: "Bueno, es que él no procesa las cosas con mujeres".

¿Qué hay que decir a eso? ¿"Lo siento por ser mujer"?

John también estaba incómodo con lo sucedido, pero yo quería evitar un conflicto mayor. Cuando John planteó sus dudas, yo me hice eco del comentario del asociado: "Está bien. Es que él no procesa las cosas con mujeres... pero me alegra que tú sí lo hagas".

Allí decidí que John asistiría sin mí a todas las futuras reuniones. Yo era un obstáculo para el proceso. Pero aunque no estaba dispuesta a seguir con ese problema, la reunión había hecho sonar una alarma en mi espíritu.

Pasó el tiempo, y oí que otras mujeres que no sabían nada de mi encuentro comparten experiencias similares con ese líder. Comencé a preguntarme por qué él consideraba lo que Dios llamó una "buena" adición al mundo de los hombres (las mujeres) como un obstáculo. ¿Por qué sentía él que su aportación era innecesaria? ¡Fue Dios quien dijo que no era bueno que el hombre viviera la vida sin la voz de la mujer!

Siguió pasando el tiempo y, tristemente, la organización de ese líder se desmoronó. Se descubrió que él tenía muchos conflictos en su vida personal, lo que causaba que limitara la aportación de las mujeres en su mundo. Como yo no sabía eso, me retiré y anulé mi participación en un proyecto que habría sido enriquecido por mi voz. Aprendí algunas lecciones valiosas de ese incidente.

No es personal. Albert Einstein afirmó: "Ningún problema puede resolverse al mismo nivel en el que se encuentra". No se me ocurre nadie más que pudiera haber afirmado eso con más claridad o autoridad. Einstein era un físico brillante y un genio de la lógica, pero era más poderoso en su enfoque de las teorías. Él entendía que las apariencias naturales podían estar muy limitadas.

En mi conflicto con este líder, un intento por resolver el problema en el nivel donde lo encontré podría haber significado indignación ante la falta de respeto. Yo podría haber forzado mi participación y demandado un trato igualitario. Pero lo cierto es que... yo nunca fui realmente el problema.

Mi error fue hacer que el conflicto fuera personal y retirarme. Cuando personalizamos lo que necesita cambiar, hacemos que se trate de nosotros en lugar de tratarse de la necesidad de una solución duradera. Tomar las cosas personalmente nos roba la perspectiva que necesitamos para avanzar.

Las mujeres son necesarias en la mezcla del liderazgo. Sería más fácil para nosotras retirarnos, pero ¿qué estaríamos edificando para las mujeres que vienen detrás? Yo decidí aceptar el dolor temporal para abrir sendas para otras.

A menudo se celebra a los hombres que son fuertes o testarudos, mientras que no se hace lo mismo con mujeres con las mismas características. En lugar de ser consideradas seguras de sí mismas, son vistas como agresivas y controladoras. Esto raras veces es preciso, pero así es el mundo en este momento. Podemos enfurecernos contra ello, o podemos construir un mundo mejor elevándonos por encima del prejuicio y sobrepasando las expectativas.

Yo he desperdiciado demasiado tiempo y energía intentando dar sentido a lo que no lo tiene... y tú también lo has hecho. Debemos decidir que esos tiempos han terminado. Hijas, enfrentarán problemas y conflictos, y quizá sean tentadas a tomarlos de modo personal. Les imploro que luchen contra esa tentación. Yo aprendí que cada paso que di hacia atrás creó un embudo para otros.

Llamado al cambio: por años, nuestra organización se llamó John Bevere Ministries, y nuestra junta directiva estaba formada por cuatro hombres y yo. Entendí en mi corazón que nuestro nombre estaba vinculado a un individuo, no a nuestra función; limitaba nuestra capacidad para ampliarnos y no creaba ninguna senda para el legado espiritual. Propuse que cambiáramos el nombre por el de Messenger International, y cada año la junta desestimaba la sugerencia.

"¿Por qué no estás contenta con servir bajo el nombre de tu esposo?".

"¿Te avergüenza llevar el nombre de John?".

Cuando yo no estaba, miembros de la junta sugerían que John no estaba en control de su esposa.

Había dos dinámicas en juego. En una reunión de la junta, yo no me relacionaba con John como su esposa sino como un miembro de la junta que respondía a la organización. El problema llegaba con la segunda dinámica: los otros miembros decidieron que yo solo estaba en la junta por defecto, porque era la esposa de John.

Esto continuó por años. Cada año yo sacaba el tema; cada año ellos lo tumbaban. El nombre cambió solamente cuando un contador sin fines de lucro sugirió que sería mejor.

Al principio pensé: *¿De veras? ¿No va a atacar la junta el carácter de este hombre?* Pero entonces entendí... ¡había llegado el cambio! Yo no quería sabotear lo que había esperado ver por tanto tiempo al enojarme por cómo se produjo.

Eso sucedió hace casi diez años atrás. Nuestra junta ahora incluye a otras mujeres, y ya no surge ese tipo de problemas.

Avance: la demografía del liderazgo está cambiando en todos los frentes. Podemos ser parte de ese cambio o enojarnos porque no sucedió antes. No te quedes en el pasado; te necesitamos para que seas parte de avanzar las cosas.

Las siguientes, son algunas cosas que he aprendido por el camino difícil:

No te preocupes tanto por ser escuchado, que olvides escuchar a los demás. Las personas escuchan mejor cuando saben que han sido escuchadas.

No hagas difícil que los demás te escuchen. Plantea tu perspectiva con respeto.

No te vuelvas negativo y temeroso.

Sé objetivo, pero no bajes el nivel de tu intuición.

Si soportas el dolor de ser malentendido, mal representado y juzgado equivocadamente, ¡la década siguiente será mejor para todos!

Adaptado en parte de *Nurture: Give and Get What You Need to Flourish* (FaithWords, 2008).

Una buena parte de este libro señala las complejidades y dificultades que existen en el papel de liderar una organización. No estoy ahora minimizando esas presiones, desafíos y dolores, pero voy a sugerir que gestionar las causas del dolor del liderazgo (lo que yo llamo *lidersangro*) es solo parte de la solución. Solamente podemos elevar el umbral de nuestro dolor si *profundizamos la gratitud* en nuestro corazón. A veces tenemos que sobreponernos a algún pensamiento erróneo sobre nuestra conexión con Dios y las expectativas fallidas que provienen de ese pensamiento.

Un corazón con gratitud es la respuesta apropiada a nuestra percepción de generosidad y bondad que se nos muestra. En su libro *Finding God* (Encontrando a Dios), el psicólogo Larry Crabb observa que muchos de nosotros pensamos de Dios como "un camarero especialmente atento".[1] Cuando obtenemos de Él un buen servicio, le damos una buena propina de alabanza. Cuando no obtenemos lo que queremos, nos quejamos. ¿O confiamos en que el Señor soberano del universo podría saber más de lo que sabemos nosotros sobre cómo debería funcionar el mundo? ¿Hemos experimentado suficiente de su gracia y su grandeza para convencernos de tener una fe ambivalente, confiando en que Él usará tanto las bendiciones como los sufrimientos para producir sabiduría, fe, carácter y esperanza en nosotros? Dar gracias a Dios por su amor, poder y sabiduría, a pesar de cómo o dónde nos dirija Él, renueva nuestra esperanza, aligera nuestra carga, y pone acero en nuestra alma.

> La autoridad por la cual lidera el líder cristiano no es poder, sino amor; no es fuerza, sino ejemplo; no es coerción, sino persuasión razonada. Los líderes tienen poder, pero el poder es seguro solamente en las manos de quienes se humillan a sí mismos para servir.
> —John Stott

Fariseos modernos

Normalmente se lo hacemos pasar mal a los fariseos. Ellos se opusieron a Jesús en cada ocasión y tramaron matarlo. Pero si entendemos correctamente la cultura judía del primer siglo, vemos que eran buenos tipos.

Cuando los romanos ocuparon Palestina, los fariseos defendieron las tradiciones y las Escrituras. Cuando Jesús ofreció gracia a todos los pecadores, incluidos los marginados e inadaptados, a quienes los fariseos nunca invitaban a una cena, los líderes religiosos se escandalizaron. Mientras más hablaba Jesús del amor, de un corazón cambiado de modo sobrenatural y de ocuparse de los pobres, más lo detestaban los fariseos. Ellos llegaron a la conclusión de que Jesús amenazaba su sensación de control, lo cual es irónico, porque los romanos eran quienes realmente tenían el control. Los fariseos vivían bajo una ilusión.

Podrías reconocer mi insinuación y protestar con vehemencia: "¡Estoy seguro de que no soy un fariseo! ¡Yo enseño la gracia todo el tiempo!". Pero Jesús podría plantearnos algunas preguntas incómodas:

- "¿Mides tu valía por los números que tuviste la semana pasada?".
- "¿Eres adicto al trabajo, pero resientes cuánto se exige de ti?".
- "¿Estás más comprometido con tu ministerio, o conmigo?".
- "¿Se quebranta verdaderamente tu corazón por los pobres, los perdidos y quienes sufren?".
- "¿Oras más en público que en privado?".
- "¿Intentas ganarte el respeto de las personas, pero albergas secretos con tu cónyuge, tus amigos, o incluso contigo mismo?".
- "¿Te estás perdiendo demasiado de las vidas de tus hijos?".
- "¿Ya no te asombra que vine a la tierra, sufrí y morí para rescatarte?".

En una charla para pastores acerca de crear una cultura de consciencia de uno mismo, Craig Groeschel advirtió y admitió: "Algunos de ustedes harán lo que yo hice años atrás. Me convertí en pastor a tiempo completo y en seguidor de Cristo a tiempo parcial. Oraba cuando lo hacía públicamente. Estudiaba cuando me estaba preparando para un sermón. Mi autoestima estaba basada en los números de la semana anterior". Otra bandera roja para él fue su suposición de que tenía todas las respuestas. Entonces entendió: "Mientras más tiendo a creer que tengo razón, más probable es que podría estar equivocado". Para Groeschel, la solución es la respuesta fundamental y profunda que se encuentra en cada página de la Biblia: "Mientras más me humillo a mí mismo y escucho a Dios, más quebrantado estoy, mejor es mi relación con mi cónyuge, mejor es mi familia, y mejor es mi iglesia".[2]

El orgullo se muestra de dos maneras muy diferentes. *Superioridad* es la suposición de que sabemos mejor que Dios cómo debería funcionar la vida y estamos haciendo que suceda. La *inferioridad* está basada en la misma suposición inicial, pero con la conclusión contraria: nosotros no podemos hacer que funcione, de modo que somos unos fracasados colosales. Al instante sabemos que superioridad no es humildad, pero a veces confundimos la inferioridad con un corazón humilde. No lo es. Una persona verdaderamente humilde no se siente impulsada a derribarse a sí misma. Sabe que tiene profundos defectos; de hecho, es brutalmente sincera sobre sus pecados y limitaciones, pero también está convencida de que la gracia de Dios es más maravillosa que cualquier cosa que pueda imaginar. Es libre de la atadura de defenderse a sí misma o demostrar lo que vale. Está por encima de las tentaciones del elogio y de los estragos de la culpabilidad.

> La confianza no es un estado mental pasivo. Es un acto vigoroso del alma mediante el cual decidimos agarrar las promesas de Dios y aferrarnos a ellas a pesar de la adversidad que a veces busca abrumarnos.
> —Jerry Bridges, *Is God Really in Control?*

Pedro debería saberlo

Pocos líderes han caído tan estrepitosamente, o tan públicamente, como Pedro. Cuando Jesús les dijo a los discípulos que iba a ser arrestado, acusado falsamente, enjuiciado y ejecutado, Pedro anunció con valentía para que todos lo escucharan: "Por ti daré hasta la vida" (Juan 13:37). Solamente unas horas después, algunas personas que se calentaban las manos en una hoguera preguntaron a Pedro si había estado con Jesús, y tres veces él negó conocerlo. Cuando Jesús lo miró a los ojos poco después de aquello, Pedro quedó devastado. Lloró amargas lágrimas de vergüenza y tristeza.

Una de las conversaciones más conmovedoras en la Biblia se produjo poco tiempo después de la resurrección. Pedro y algunos otros habían salido a pescar. Temprano en la mañana no habían pescado ni un solo pez. Un hombre en la playa les dijo que volvieran a echar las redes, y atraparon una gran cantidad de grandes peces. Al instante, Pedro supo que era Jesús quien estaba en la playa; saltó de la barca y fue nadando hacia Él.

Jesús había preparado el desayuno para ellos. En su relato, Juan establece el punto de que Él cocinaba pescado sobre unas brasas. Cuando Pedro se acercó, el olor del fuego le recordó la noche del arresto, el momento de su mayor pecado, su vergüenza más profunda, y su traición a Aquel a quien había profesado una lealtad completa. Entonces Jesús le preguntó tres veces: "¿Me amas?". Las preguntas debieron atravesar el corazón de Pedro como si fueran un cuchillo desafilado. El olor a brasas y ahora las palabras lo forzaron a confrontar la oscuridad más profunda en su vida. Pero Jesús no estaba siendo cruel; estaba siendo riguroso, amable y misericordioso. Él sabía que la restauración solo podía producirse con una total sinceridad. Este momento doloroso y tierno fue el punto de inflexión en la vida de Pedro; después de todo, él ya no era solamente palabras. Cuando habló sobre la maravilla del perdón de Dios, hablaba desde la experiencia. Cuando habló sobre el privilegio de servir a Jesús, provenía de las profundidades de un corazón perdonado, restaurado y agradecido.

> ¿Qué hacen algunos líderes cuando obtienen una visión desafiante de parte de Dios? Abortan en secreto. Creo que Dios ha enviado millones de visiones a líderes en todo el mundo. Nadie sabe que todas esas visiones están siendo abortadas. —Bill Hybels

Las cartas de Pedro fueron escritas a personas que eran extranjeras, que habían sido dispersas por la persecución. ¿Qué necesitaban escuchar? ¿Qué necesitaban sus líderes para poder liderar durante un tiempo de dolor y confusión? Pedro dio a las personas una nueva sensación de identidad fundada sobre la gracia, y no sobre su desempeño o sus circunstancias agradables. Él escribió: "Pero ustedes son linaje escogido, real sacerdocio, nación santa, pueblo que pertenece a Dios, para que proclamen las obras maravillosas de aquel que los llamó de las tinieblas a su luz admirable. Ustedes antes ni siquiera eran pueblo, pero ahora son pueblo de Dios; antes no habían recibido misericordia, pero ahora ya la han recibido" (1 Pedro 2:9-10). Puede que ellos fueran marginados, que huyeron para salvar la vida y apenas podían proveer para sus familias, pero Dios tenía una perspectiva distinta de ellos: eran reyes y reinas, sacerdotes que representaban a Dios ante el hombre y al hombre ante Dios, y profetas que proclamaban la gracia de Dios al mundo.

¿Puedes imaginar cómo las palabras de Pedro hicieron sentirse y pensar a los exiliados acerca de su papel en el reino de Dios? Les recordó que todo se trata de la gracia, y que el dolor no puede disminuir su identidad y responsabilidad. A pesar de cuáles eran sus circunstancias, tenían el increíble privilegio de ser los hijos amados de Dios, hijos que se deleitaban en avanzar el nombre de la familia.

Cerca del final de la misma carta, Pedro se dirigió a los líderes de la iglesia exiliada. En primer lugar, les recordó que examinaran cuidadosamente sus motivos ocultos en el ministerio. Control, poder y avaricia son tentaciones para todo líder, pero sinceridad, arrepentimiento y servicio amoroso recibirán una recompensa: "Así, cuando aparezca el Pastor supremo, ustedes recibirán la inmarcesible corona de gloria" (1 Pedro 5:4).

Para los líderes siempre habrá una lucha contra los valores de nuestra cultura y nuestra naturaleza pecaminosa. No podemos permitirnos seguir la corriente. Tenemos que ser intencionales. Pedro nos recuerda:

> Así mismo, jóvenes, sométanse a los ancianos. Revístanse todos de humildad en su trato mutuo, porque «Dios se opone a los orgullosos, pero da gracia a los humildes».
>
> Humíllense, pues, bajo la poderosa mano de Dios, para que él los exalte a su debido tiempo. Depositen en él toda ansiedad, porque él cuida de ustedes. Practiquen el dominio propio y manténganse alerta. Su enemigo el diablo ronda como león rugiente, buscando a quién devorar. Resístanlo, manteniéndose firmes en la fe, sabiendo que sus hermanos en todo el mundo están soportando la misma clase de sufrimientos. (1 Pedro 5:5-9)

Pedro termina su enseñanza a estos líderes con otro recordatorio de que lo que vemos en este mundo no es todo lo que hay. Una fuerte esperanza para el futuro nos da fortaleza para enfrentar el dolor en el presente: "Y, después de que ustedes hayan sufrido un poco de tiempo, Dios mismo, el Dios de toda gracia que los llamó a su gloria eterna en Cristo, los restaurará y los hará fuertes, firmes y estables. A él sea el poder por los siglos de los siglos. Amén" (1 Pedro 5:10-11).

Si Pedro puede elevar el umbral de su dolor, también podemos hacerlo nosotros.

> Dentro de veinte años estarás más decepcionado por las cosas que no hiciste que por las que sí hiciste. De modo que suelta la soga. Aléjate del puerto seguro y navega. Agarra el viento en tus velas. Explora. Sueña. Descubre.
>
> —Mark Twain

Cuando sentimos el abrumador privilegio de ser hijos de Dios, y el maravilloso privilegio de ser llamados por Él a ocuparnos de aquellos por quienes Jesús murió, tenemos una perspectiva muy diferente del dolor, cualquiera que sea su causa. Agotamiento, sentirnos con derecho, y la autocompasión, erosionan nuestro umbral de dolor, pero un nuevo sentimiento del privilegio de la gracia lo eleva hasta el cielo. Y con eso, estamos seguros. Y con eso, podemos soportar.

Es una paradoja en un líder espiritual lleno de gracia que pueda ser un visionario valiente y sin embargo humilde y dispuesto a escuchar a cualquiera en todo momento; puede estar impulsado, pero su corazón está reposado; puede ser tiernamente compasivo y sin embargo brutalmente sincero cuando la ocasión lo requiere. No tiene nada que demostrar y nada que perder.

Has de estar seguro de esto: cuando sufres los dolores del liderazgo, Dios confía en ti para que capees la tormenta y lo representes a Él ante un mundo que observa. El equipo ejecutivo de tu iglesia te mira para que los lideres; confían en ti. Las personas en tu negocio u organización sin fines de lucro te miran; confían en ti. Tu familia te ve cuando no estás en tu mejor momento; confían en ti. Sin importar cuál sea la fuente de dificultades que soportes, Dios te ha situado en una posición para mostrar su bondad, sabiduría y poder en medio de tu sufrimiento.

> Descubrimos que para que los líderes hagan algo grande, su ambición tiene que ser de la grandeza del trabajo y de la empresa, y no de sí mismos.
>
> —Jim Collins, *Empresas que sobresalen*

Ester se convirtió en reina de un país extranjero. Cuando su primo mayor, Mardoqueo, se enteró de un complot para exterminar a los judíos, se dio cuenta de que Dios había situado estratégicamente a Ester en ese lugar *exacto* en ese momento *exacto*. Comprensiblemente, ella dudó en hablar al rey para intentar convencerlo de que cambiara de opinión. Estaba arriesgando su vida; pero Mardoqueo le hizo una advertencia de que no pasara por alto esa oportunidad: "No te imagines que por estar en la casa del rey serás la única que escape con vida de entre todos los judíos. Si ahora te quedas absolutamente callada, de otra parte vendrán el alivio y la liberación para los judíos, pero tú y la familia de tu padre perecerán. ¡Quién sabe si no has llegado al trono precisamente para un momento como este!" (Ester 4:13-14).

Cuando tenemos dolor, quizá no parezca un gran privilegio representar a Dios en ese momento y ese lugar, pero Dios mismo nos ha nombrado, empoderado, y situado "para un momento como este". Él confía en que soportaremos con gracia. El momento del dolor, entonces, es un punto de elevado honor que se gana mediante fidelidad, eficacia, reputación y carácter demostrado. Es un honor y un desafío ser el representante de Dios en un tiempo de sufrimiento. Las personas nos observan. Es una oportunidad increíble. No nos atrevamos a perderla.

Aprende esto

Es una paradoja en un líder espiritual lleno de gracia que pueda ser un visionario valiente y, sin embargo, humilde y dispuesto a escuchar a cualquiera en todo momento; puede estar impulsado, pero su corazón está reposado; puede ser tiernamente compasivo y sin embargo brutalmente sincero cuando la ocasión lo requiere. No tiene nada que demostrar y nada que perder.

Haz esto

Mira las preguntas enumeradas en este capítulo. Pon una marca al lado de las que hayas sentido o dicho en el último mes.

Piensa en esto

1.   ¿Cómo definirías y describirías "el privilegio del liderazgo?".

2. En una escala de 0 (no en lo mínimo) hasta 10 (todo el día cada día), evalúa tu nivel de gratitud genuina hacia Dios y los demás. ¿Qué dice eso sobre tu perspectiva? ¿Qué puede ayudarte a cavar más profundo en el amor, la bondad y la generosidad de Dios?

3. ¿Estás de acuerdo o en desacuerdo con que es fácil para los líderes ministeriales convertirse en fariseos? Explícalo. Si estás de acuerdo, ¿cómo sucede eso? (podría ayudar repasar las preguntas incómodas en este capítulo).

4. ¿Cuáles son algunas señales de que un pastor se ha convertido en "pastor a tiempo completo y seguidor de Cristo a tiempo parcial"? ¿Son ciertas en ti alguna de esas señales? Si es así, ¿qué harás al respecto?

5. ¿Cómo crees que el fracaso y la restauración de Pedro moldearon su sentimiento de gratitud y humildad? ¿Qué tipo de líder habría sido sin el encuentro doloroso pero limpiador con Jesús en la playa?

Y recuerda: *solo crecerás hasta el umbral de tu dolor.*

9

EL PODER DE LA TENACIDAD

En la línea arbórea donde las tormentas golpean con más furia, se encuentran los árboles más robustos.
—Hudson Taylor

Wayne Alcorn, Presidente nacional de Iglesias Cristianas de Australia, pastor principal de Hope Centre International, Brisbane, Australia

Aún recuerdo la llamada telefónica en septiembre de 2011. Yo acababa de finalizar de hablar en una conferencia de nuestros grupos de iglesias aquí en Australia. Al teléfono estaba mi hijo, Brendan. Parecía consternado al darme la noticia de que se había producido una lesión en el tendón de la corva de su pierna izquierda.

Aquello no podría haber llegado en un peor momento para él. Estaba jugando el primer partido de una nueva temporada de cricket, una que esperaba que fuera un ascenso importante de sus desempeños jugando a nivel de élite. Las personas que lean esta historia puede que tengan su propia opinión sobre el cricket. La mía es que es béisbol… ¡jugado adecuadamente!

Doce meses antes, Brendan había comenzado a jugar con un equipo nuevo en una importante zona metropolitana. Disfrutó de un éxito inmediato, atrayendo la atención de personas influyentes y experimentadas en el deporte, que creían que con la ayuda adecuada, Brendan tenía el potencial de alcanzar grandes cosas.

Desde sus primeros años, Brendan siempre había tenido una pelota de algún tipo o forma. Un día, un observador casual vio a Brendan lanzando una bola (es como un lanzamiento en el béisbol, para aquellos que no estén familiarizados con el cricket) de un modo distinto a como lo hacían todos los otros niños. Más adelante lo describió como un "girador ortodoxo con el brazo izquierdo". Esta habilidad única le dio oportunidades especiales en las ligas junior, y progresó en las ligas menores. Siguieron los honores, y con ellos la esperanza de que algún día sus sueños de la niñez, esos sueños que comparten muchos muchachos australianos, podrían llegar a cumplirse.

Entonces llegó la lesión. Los exámenes por parte de especialistas en medicina deportiva descubrieron que la causa de su desgarro del tendón eran vértebras gravemente inflamadas en la parte baja de su espalda. Aquello fue una noticia devastadora para un joven lanzador que se apoya en una espalda fuerte y flexible para lanzar la bola. De repente, los sueños que él había tenido desde la niñez parecían derrumbarse. La idea de jugar como profesional, de probar su mano en el Sistema Inglés de Cricket, en un instante pareció haber recibido un golpe mortal. Se hizo obvio que no habría nada de cricket para él en esa temporada. La amplitud de la lesión restringía el movimiento, y a corto plazo hacía imposible que pudiera correr.

A pesar de todas las sendas terapéuticas que siguió Brendan, experimentó muy poco alivio del dolor y la incomodidad. Buenas personas intentaron diferentes cosas para ayudar, pero con poco éxito. Entonces llegó la temida noticia de parte de los especialistas en medicina deportiva que decían que su carrera como jugador había terminado. Le aconsejaron que dejara el deporte que amaba por causa de su propio bienestar.

¿Dónde acuden los cristianos en momentos como este? Acuden al Señor, creyendo que Él es un Dios que sana hoy, tal como lo hacía en tiempos de la Biblia. Regularmente, Brendan se situaba en filas de oración al final de los servicios dominicales, pidiendo a Dios una sanidad de su cuerpo y la restauración de su sueño. Sin embargo, el hecho es que no todo el mundo es sanado. Hasta la fecha, él tampoco lo ha sido.

Todos tenemos una opción cuando nos enfrentamos al dolor personal. La opción de Brendan fue hacer todo lo posible para manejar la lesión a fin de poder recuperar un estilo de vida activo y de calidad, con la esperanza de poder jugar a algún nivel de deporte competitivo.

Entonces llegó una llamada telefónica que tuvo un efecto profundo en él. Un amigo de un amigo se había enterado de la lesión de Brendan y se ofreció a examinar los escáneres y rayos-X de la espalda de Brendan para determinar si podía ayudar en su recuperación. Este hombre es un maravilloso fisioterapeuta cristiano, que tenía una consulta muy exitosa y era el terapeuta personal de algunas estrellas deportivas de muy alto perfil. Los reportes médicos de Brendan fueron enviados a Sídney. El especialista llamó al día siguiente para decir que creía que la lesión podría tratarse. Concluyó la conversación afirmando con confianza: "Sé que puedo ayudarlo porque soy bueno en mi trabajo, y soy un hombre de fe". Comenzó con un nuevo viaje.

Durante el año siguiente, Brendan viajó de Brisbane a Sídney (un vuelo de una hora y media), entonces se subía a un tren hacia la consulta del especialista para realizar un régimen de tratamiento único. Inicialmente iba cada semana, y al final lo hacía cada quincena. Por fortuna, la escuela donde trabajaba colaboró mucho, cambiando su horario de clases para facilitar su tratamiento.

Brendan también participó en sesiones de gimnasia especializada varias veces por semana, y también realizaba los ejercicios y estiramientos diarios requeridos para fortalecer y movilizar zonas dañadas de su cuerpo. Todo aquello se hacía con bajas expectativas de poder alguna vez regresar al estándar de juego que antes había conocido. Tampoco había ninguna esperanza de poder cumplir su sueño de jugar en el Reino Unido.

Fue una sorpresa bastante grande para Brendan recibir la llamada diciendo que podía volver a jugar en la parte veterana el primer partido de la nueva temporada. Aquello significaba que estaría jugando a un nivel mucho más elevado, y mucho antes de lo que cualquiera esperaba.

Aquel primer partido después de la lesión fue una experiencia agridulce. Estaba la sensación de júbilo por haber podido regresar al campo; sin embargo, él era muy consciente de que ahora estaba jugando con un cuerpo lesionado, que no le permitía desempeñar plenamente al nivel que antes había disfrutado. A veces jugaba con dolor. Era el amor al juego lo que lo mantenía en el campo.

Ha habido varios reveses en la temporada. En ocasiones, la lesión ha llegado hasta el punto en el que no ha podido seguir jugando. Ha necesitado ayuda profesional regular para ayudarlo con el manejo del dolor. Nunca ha habido una temporada, sin embargo, en la que él no haya podido cumplir sus responsabilidades hacia su equipo.

En el momento de escribir estas palabras, acabo de regresar de Escocia donde Brendan está compitiendo en la liga escocesa como jugador profesional de cricket. Tuvimos el privilegio de asistir a un partido y verlo desempeñarse brillantemente como bateador y como lanzador. Fue una alegría oír a los oficiales locales aplaudir sus esfuerzos en el campo y su carácter como hombre.

Ciertamente, no son las alturas elevadas de jugar en uno de los campos de cricket más famosos del mundo; sin embargo, fue el cumplimiento del deseo de jugar al deporte que ama en un contexto internacional. Fue la recompensa de Brendan por la tenacidad y persistencia que mostró al manejar una lesión que hasta ahora no ha desaparecido. Él ha jugado en medio del dolor, y finalmente ha cosechado las recompensas.

Las estadísticas sobre la longevidad de los pastores no son alentadoras. Como vimos antes en un sondeo importante a pastores, el 80 por ciento abandonan el ministerio dentro de los cinco primeros años.[1] Jimmy Draper, expresidente de la Junta de Escuela Dominical de la Convención Bautista del Sur y expresidente de Lifeway Research Group, observó que por cada 20 personas que entran al ministerio, solamente una se jubila en él.[2] Eso supone solamente un 5 por ciento de índice de retención.

No conozco a ningún líder de iglesias, negocios u organizaciones sin fines de lucro, que no haya pensado en abandonar en algún momento. El liderazgo es un imán para el dolor, y a veces nuestra capacidad de aguante se ve gravemente desafiada. Podemos recibir ánimos mirando al mundo de los deportes.

> El camino al cielo es ascendente; debemos contentarnos con viajar cuesta arriba, aunque sea difícil y agotador, y contrario a la tendencia natural de nuestra carne.
> —Jonathan Edwards

Contacto

El hockey es para tipos duros. Grandes palos en la cara, golpes del cuerpo contra los laterales, duras caídas, peleas, perder dientes, y múltiples cortes y heridas. Y eso es un partido normal. Muchos seguidores sonríen cuando escuchan el comentario común y malvado: "Fui a una pelea y surgió un partido de hockey". Los cronistas deportivos Jeff Klein y Stu Hackel catalogaron el dolor que sufrieron los jugadores en los Sharks de San José durante los play-offs de 2011:

Joe Thornton, el capitán de los Sharks y mejor jugador, esquió en el último partido [del playoff] con un hombro gravemente desplazado que requería cirugía. Jugó todos los playoffs con un meñique roto, que repararon mediante cirugía el jueves. La punta del dedo estaba flotando, y eso forzó a Thornton a ajustar el agarre de su palo, agravando un problema de muñeca.

Dan Boyle, el principal defensa del equipo, jugó desde mitad de marzo con un esguince de ligamento colateral medio en una rodilla, una lesión que normalmente requiere seis semanas para curarse...

El delantero Ryane Clowe, un jugador clave, sufrió un desplazamiento de hombro en la segunda vuelta contra Detroit. Se perdió un partido, pero regresó... Necesitó ayuda para quitarse su camiseta, y necesitó que un entrenador le atara los esquís.

El alero Dany Heatley... jugó con una mano que se había roto durante la temporada... También soportó un esguince de tobillo.

Para estos jugadores y su entrenador, la esperanza de ganar la Copa Stanley les dio una voluntad de hierro para soportar el dolor. Su entrenador estaba contento con su esfuerzo, y el mánager general, Doug Wilson, no esperaba nada menos. Se puso filosófico acerca de jugar con las lesiones: "¿Vaciamos nuestro tanque y quedamos susceptibles a las lesiones porque no nos dimos a nosotros mismos ningún margen de error?". La lección —concluyó— era jugar incluso más duro desde el inicio de la nueva temporada. "Tenemos que estar preparados desde el día 1 el próximo año".[3]

Hay que superarlo

Los deportistas que participan en deportes de resistencia, como carreras de larga distancia, ciclismo y natación, entienden que la tenacidad en lo más profundo es tan importante como el talento en bruto. Mary Wittenberg, presidenta y directora general de los Road Runners de Nueva York, la organización que patrocina el maratón de la ciudad de Nueva York, identificó el secreto de los corredores de maratón exitosos: "Tenacidad mental, y la capacidad de gestionar e incluso prosperar en el dolor y a través de él, es un separador clave entre los mortales y los inmortales en las carreras". Ella describía a corredores que llegan a la línea de meta con la saliva corriendo por sus caras. "Tenemos toallas en la línea de meta de la maratón para limpiar la saliva en las caras de los corredores. Nuestro equipo creativo algunas veces tiene que retocarla en las fotos de las carreras que queremos utilizar para campañas publicitarias".[4]

Tom Fleming, dos veces ganador de la carrera y ahora entrenador, describía su mentalidad en las carreras. "Se me dio un cuerpo que podía entrenar cada día, y una mente, una mentalidad, que creía que si entrenaba cada día, y podía entrenar cada día, batiría a los demás. La mentalidad era que yo haría todo lo necesario para ganar. Estaba totalmente dispuesto a soportar el peor dolor. Estaba totalmente dispuesto a hacer todo lo necesario para ganar la carrera".[5]

Los médicos deportivos han analizado la tenacidad de los mejores corredores de maratones. El Dr. Jeroen Swart, que trabaja para el Instituto de Ciencias Deportivas de Sudáfrica, concluyó: "Algunos piensan que los deportistas de élite tienen las cosas fáciles", pero eso es una suposición equivocada. "Nunca se vuelve más fácil cuando tu tiempo mejora. Te duele lo mismo". Aceptar la realidad del dolor generalizado, explicaba él, conduce a expectativas más realistas y tiempos más rápidos: "Saber aceptar [la realidad del dolor] permite a las personas mejorar su desempeño".[6]

Durante puntos en las carreteras cuando el dolor es más intenso, algunos corredores tienden a disociar, intentan distraerse del dolor pensando en otra cosa. Esta estrategia parece funcionar durante un tiempo, pero tarde o temprano se chocan contra un muro mental que obstaculiza su eficacia. Como contraste, descubrió el Dr. Swart, los mejores deportistas de larga distancia se concentran aún más intensamente en su carrera, ciclismo o natación cuando experimentan un dolor atroz. Él concluía: "Nuestra hipótesis es que los deportistas de élite son capaces de motivarse a sí mismos continuamente y son capaces de atravesar la tormenta entre esforzarse demasiado, y no terminar, y desempeñar por debajo de su capacidad".[7]

Los mejores de esos atletas no evitan el dolor; los superan y lo dejan atrás.

Cerca de casa

El dolor que experimentamos puede estar causado principalmente por los golpes y heridas infligidos por otras personas, por nuestro deseo de llegar más alto y hacer más para el reino de Dios, o puede provenir de una fuente más cercana: nuestras familias.

El reverendo Jesse Jackson ha sido un león del movimiento por los derechos civiles. Trabajó muy de cerca con Martin Luther King Jr., habló con elocuencia a favor de la igualdad racial en los Estados Unidos, e hizo campaña para la nominación presidencial demócrata en 1984 y 1988. En años recientes, la lucha de Jackson se ha trasladado más cerca de casa. Su hijo, Jesse Jr., fue destituido de su escaño en el Congreso estadounidense como resultado de una investigación del exgobernador de Illinois, Rod Blagojevich. Los investigadores destaparon evidencias de que el joven Jackson pudo haber estado implicado en pagar a Blagojevich para que lo nombrara para ocupar el escaño en el Senado que dejó libre Barack Obama, después de las elecciones de 2008. Pero Jackson no fue acusado de nada en el caso Blagojevich; más adelante renunció a causa de problemas de salud mental y también por otras dos investigaciones federales. Finalmente fue hallado culpable de malversación de fondos de campaña y sentenciado a treinta meses de cárcel, y se le ordenó devolver 750 000 dólares que había gastado en objetos personales.[8]

Durante esta saga larga y difícil, el anciano Jackson se sintió profundamente turbado. "Mi corazón arde", relataba. "Como siempre les digo a mis hijos, los campeones tienen que jugar con dolor. No puedes salir del campo porque te duela".[9]

> Con perseverancia llegó el caracol al arca.
> —Charles H. Spurgeon

Para Seth Barnes y su esposa, Karen, el sufrimiento personal en su familia no era por la política. Cuando su hija Leah era una niña, sufrió una infección de oído crónica y muy dolorosa. La enfermedad afectó su capacidad de oír, de modo que le resultaba difícil conectar con familiares y amigos. Unos años después surgieron otros problemas: no se le había formado completamente el paladar, y también tenía dificultades para hablar al igual que discapacidades de aprendizaje. Entonces, cuando era adolescente, Leah comenzó a tener convulsiones. Seth escribió: "Nosotros, como padres, hemos llevado las cargas de las esperanzas hechas añicos, a la vez que intentamos suplir todas las necesidades especiales. Yo no tengo ninguna respuesta para ella cuando veo su corazón roto porque otras personas tienen amigos y ella no los tiene. Cuando me mira con ojos que dicen: 'papá, no es justo', no tengo ninguna respuesta para ella".

En muchos momentos en este viaje, Seth y Karen entendieron que tenían una decisión que tomar: cerrar los puños ante Dios e incubar un espíritu vengativo, o decidir confiar en Él, "sabiendo que de algún modo Él lo redimirá". En lugar de disociar (ignorar el dolor, participar en distracciones interminables, o culpar a todo y a todos), Seth y Karen concluyeron que no tenían ninguna otra opción sino confiar en Dios:

Nuestro Dios Creador es el autor de toda la vida. De algún modo, en medio del dolor, incluso con lágrimas, tenemos que confiar en Él. Él es el "Padre de las luces", quien –nos dice la Biblia– nos da dones buenos y perfectos. Al confiar en Él, lo hacemos creyendo que Él sí responde. Creemos que si esa respuesta no detiene nuestro dolor, al menos lo redime. Sí, no entendemos lo que hemos tenido que soportar. Aun así, estaremos al lado de Job y diremos: "aunque me mate, en Él confiaré". Seguiremos a Leah mientras ella sigue a Dios, sabiendo que su fe es, con frecuencia, más fuerte que la nuestra. Cuando algunas veces damos un paso a medias en nuestro caminar con Dios, ella normalmente puede confiar en Él con todo su corazón.

El Señor dio a Seth, Karen y Leah una imagen de amor, gozo y esperanza. Leah fue a un baile para jóvenes con necesidades especiales. Mientras bailaban con todas sus fuerzas, Seth vio algo hermoso: "Si mirabas atentamente, por un segundo juro que se podía ver a Jesús bailando, en medio de todos ellos".[10]

Negarnos a abandonar

Cuando estamos en medio del dolor observamos rápidamente la situación por defecto que hay en el corazón humano: huir, culpar, aliviar el dolor con la ocupación, o actuar como si no pasara nada. Para perseverar, necesitamos una visión del futuro que sea más grande que nuestro dolor. Quizá no la vemos claramente, y tal vez no nos guste el proceso de llegar hasta ahí, pero tenemos que estar convencidos en las profundidades de nuestro corazón de que soportar el dolor valdrá la pena algún día. Esta confianza nos permite elevar el umbral del dolor para así poder responder con valentía y esperanza.

> Salgan hoy, mediante la ayuda del Espíritu de Dios, prometiendo y declarando que en la vida, llegue pobreza, llegue riqueza, en la muerte, llegue dolor o llegue lo que llegue, somos y siempre seremos del Señor. Porque está escrito en nuestro corazón: "Lo amamos a Él porque Él nos amó primero".
> —Charles H. Spurgeon

El pastor, presentador y autor Bob Gass identifica cuatro características principales de las personas resistentes:

1. **Toman el control de sus vidas en lugar de emplear energía intentando culpar a los demás o esperando que otros los rescaten.** Quizá quieran abandonar, pero no lo hacen. En cambio, miran el pasado y piensan en cómo manejaron la adversidad antes, y miran al presente con una mirada clara como quienes resuelven problemas.

2. **Se rodean de las personas adecuadas.** Quizá nos hemos criado en una familia adicta, abusiva o en desamparo, pero podemos tomar decisiones en el presente de emplear tiempo con personas que viven en la verdad y tienen esperanza para el mañana.

3. **Permiten que su dolor estimule el crecimiento en lugar de derrumbarse en la autocompasión.** Incluso cuando una meta en la vida está totalmente bloqueada por la enfermedad o cualquier otra causa, las personas resistentes encuentran una puerta abierta cuando otros solamente ven la que está cerrada. Se invierten a sí mismos creativamente en una nueva aventura, que a menudo se enfoca en ayudar a otros que están experimentando dolor por sufrimientos parecidos, ya sean físicos, emocionales o relacionales, y marcan una diferencia.

4. **Insisten en cambiar lo que pueden y no preocuparse por el resto.** Para las personas resistentes, los encuentros con el dolor les permiten cribar sus responsabilidades y prioridades. De repente, muchas cosas que parecían importantes ya no están en lo más alto de la lista de

quehaceres. Pero otras cosas, como personas que aman y una causa que pueden defender, están ahora en lo más alto.[11]

El proceso necesario

Wayne Cordeiro escribió un libro revelador y desafiante, *Zarandeados: Cómo crecer a través de las pruebas, los desafíos y las desilusiones*. Insistía en que todos los cristianos, especialmente los líderes, atraviesan un proceso necesario de zarandeo. Lo identificó de este modo: "El proceso de zarandeo, llegando a ese momento en que ya no nos quedan fuerzas, es como Dios edifica nuestra fe. Es un proceso que forma nuevo carácter, derriba viejas perspectivas y pone verdad nueva en su lugar. Son descartados hábitos anteriores y se abandonan tendencias erróneas".[12]

El fracaso no es el fin del mundo para aquellos que están abiertos a la mano fuerte y tierna de Dios. Es el inicio de una nueva oleada de perspectiva, creatividad y eficacia, pero solamente si prestamos atención y aprendemos las lecciones que Dios tiene para nosotros. Cuando recibimos una visión de Dios nos emocionamos, y soñamos con los pasos que serán necesarios para cumplirla. Generalmente suponemos que Dios suplirá todo para alcanzar la meta que Él nos ha dado, pero a menudo no entendemos que Él necesita hacer una obra más profunda en nosotros para que podamos hacer lo que nos ha llamado a hacer. Y el modo en que Él obra profundamente en nosotros es mediante todo tipo de oposición, estrés, sufrimiento, pérdida y obstáculos. En otras palabras, Dios obra más poderosamente en nuestros fracasos y por medio de ellos. Cordeiro explicaba:

Lo cierto es que *fracasaremos*. Simplemente no tendremos lo necesario al comenzar. Quizá tengamos el llamado, el celo, la energía y el apoyo. Incluso podríamos tener la ubicación, la invitación, e incluso el dinero. Pero cuando comenzamos no tendremos lo necesario para terminar. "¿Qué es eso?", podrías preguntar. Lo que falta es ese núcleo central, la fuerza tensora de la fe que se revela solamente bajo presión. Es una cualidad de carácter que es probada no en el puerto sino en mar abierto. Y es esta prueba la que ratifica tu llamado... Es algo que puede adquirirse solamente mediante el fracaso, aprendiendo nuestros límites, y aprendiendo a confiar no en nosotros mismos sino en el Dios que nos ha llamado.[13]

Mientras veamos el fracaso, el estrés y las dificultades como intrusos, no permitiremos que nos enseñen, nos moldeen y nos fortalezcan. Cuando esperemos que Dios use el dolor en nuestra vida para zarandearnos, podarnos y edificarnos, tendremos la tenacidad necesaria para soportar los tiempos difíciles.

> Cómo piensas cuando pierdes determina cuánto tiempo pasará hasta que ganes.
> —G. K. Chesterton

Sin lamentos

Los grandes deportistas saben que tienen que invertir todo en su deporte. Cada decisión que toman sobre alimentación, sueño, entrenamiento y relaciones pasa por el tamiz de la toma de decisiones. Como líderes cristianos, el tamiz del ministerio a veces nos hace mirar más profundamente a lo que realmente valoramos. Quizá nos damos cuenta de que parte (quizá mucho) de lo que parecía muy importante es superfluo y tal vez sea perjudicial para lo que Dios quiere hacer realmente en nuestra vida. Dios a menudo usa las dificultades para aclarar nuestro propósito, purificar nuestras motivaciones, y darnos una sensación de dirección más clara.

A J. R. Briggs le pidieron que fuera el posible pastor sucesor de una iglesia grande cerca de Filadelfia. Durante su primer año predicó varias veces a la congregación de tres mil personas. Un domingo, mientras regresaba a su oficina entre los servicios, se acercó a él una pareja y le dijeron: "Sabemos que usted va a ser el próximo Andy Stanley".

De repente, ¡la barra de las expectativas fue elevada sobrepasando el tejado!

Unos meses después, el pastor se vio forzado a dimitir bajo la sombra de la sospecha. Como J. R. era el contratado del pastor, los líderes laicos de la iglesia sospecharon de él. Durante su tiempo en la iglesia se dio cuenta de que ser el pastor de una mega iglesia no era lo mejor de Dios para él. Pidió a los líderes de la iglesia que lo bendijeran mientras trazaba el rumbo para establecer una iglesia nueva, pero en lugar de una bendición, le ordenaron que no estableciera ninguna cerca de la ciudad. J. R. reflexionó sobre el momento en que dimitió y se fue: "Me fui del equipo de la iglesia dos años después de la fecha de mi contratación. Ese periodo de nuestras vidas podría resumirse con una sola palabra: pérdida. Caí derribado al piso luchando por la soledad y la desesperación. Sentí que mi alma era apaleada, lanzada al callejón trasero y abandonada allí para morir".

J. R. recaudó los fondos suficientes y encontró a personas interesadas lo suficiente para comenzar una iglesia nueva de unos cuarenta adultos. Algunas personas lo acusaron de malgastar sus talentos, y otras dijeron que era una mala mayordomía dejar una iglesia de tres mil miembros para ministrar solamente a cuarenta. Y la antigua iglesia no lo dejó tranquilo. Durante más de un año estuvo recibiendo correos amenazantes.

Establecer la nueva iglesia no alivió la insistente sensación de pérdida. J. R. recordaba: "Mi fracaso ministerial percibido había creado una cárcel virtual que me dejó viviendo en una celda estrecha. Estaba sufriendo claustrofobia espiritual".

J. R. entendió que su sendero conducía solamente a más oscuridad espiritual, emocional y relacional, de modo que encontró un consejero que le proporcionó perspectiva y esperanza. Él sabía que la respuesta normal a la amenaza es lucha o huida, pero se preguntaba si las Escrituras hablan a esas reacciones. ¿Había una tercera manera y más productiva de responder al fracaso? Gradualmente comenzaron a aparecer nuevas perspectivas; o, más probablemente, viejas verdades que habían parecido irrelevantes, ahora parecían vibrantes y nuevas. En lugar de huir de Dios y pelearse con las personas, J. R. comenzó a verse a sí mismo como un hijo del Rey amado, perdonado y aceptado:

> Cuando escojo este tercer camino, la rendición, el Padre me traslada de una postura de rechazo a aceptación, y de un lugar de vergüenza a otro de honor. A pesar de no haber estado a la altura de cierta norma (que invariablemente conduce a ser rechazado por otros), Dios no me rechazó. Le pertenezco a Él. Y a pesar de cómo me desempeño, Él me sigue amando.

Ten buen ánimo. No pienses en los fracasos del presente, sino en el éxito que pueda llegar mañana. Has establecido para ti una tarea difícil, pero tendrás éxito si perseveras; y encontrarás un gozo en vencer los obstáculos. Recuerda: ningún esfuerzo que hagamos para alcanzar algo hermoso queda perdido.

—Hellen Keller, *The Story of My Life*

El momento del fracaso, observaba Briggs, es un punto de inflexión: tiene la capacidad de transformar o destruir. Dios nos invita a un proceso de transformación, un salón de clases donde Él es el instructor sabio y amoroso. A medida que continúa aprendiendo esta lección, Briggs ha experimentado cada vez más la paradoja de la fe: se está haciendo más fuerte y más humilde, valiente pero en paz, sincero y a la vez compasivo. Aunque ahora está cómodo en su papel como el pastor de una iglesia pequeña, regresan ocasionalmente a los rincones oscuros de su mente preguntas sobre su valor como pastor de iglesia pequeña. Pero ahora tiene una respuesta: "Cuando mi corazón susurra esas preguntas, me recuerdo a mí mismo la verdad del evangelio: mi identidad y valía, como pastor y como persona, no están ligadas a lo que hago o al tamaño de mi congregación. No están ligadas a cuánta palanca o influencia piensan los demás que poseo. Solamente se basan en una cosa. Soy un hijo del Rey querido".[14]

Puedo identificarme con la experiencia de J. R. Antes de comenzar a aprender las lecciones de la tenacidad, *sobrestimaba* mucho lo que Dios quería hacer a corto plazo, y *subestimaba* mucho lo que Dios quería hacer a largo plazo. En la actualidad tengo una perspectiva más de largo plazo, que me da "paz como un río" cuando las pruebas "llegan a mi camino, cuando las tristezas como olas llegan". A pesar de los obvios dolores de cabeza y sufrimientos que están cerca de mí, estoy convencido de que Dios sigue siendo el Rey misericordioso.

Más distancia, más profundo

Como creyentes tenemos algo que los jugadores de hockey y los deportistas de larga distancia no tienen: certeza acerca del futuro. Ellos juegan aun con huesos rotos y articulaciones dislocadas con la esperanza de ganar un campeonato, y afianzan sus mentes en la línea de meta mientras soportan un dolor atroz; pero no pueden estar seguros de que ganarán la copa o llegarán en primer lugar. Nosotros tenemos la seguridad de que algún día Dios enderezará todas las cosas. El gran arco de la Escritura es creación, caída, redención y restauración. La promesa solemne de Dios es llevar todo de nuevo a un alineamiento perfecto: sin lágrimas, sin lamentos, sin pecado; solamente amor, gozo y propósito sin restricciones en el cielo nuevo y la tierra nueva del reino de Dios totalmente consumado.

> Hay dos dolores en la vida: el dolor de la disciplina, o el dolor del lamento. Nosotros escogemos.
> —Wayne Cordeiro

Nuestra perspectiva sobre el mañana afecta radicalmente cómo respondemos al presente. La miopía espiritual nos permite ver solo lo que está delante de nosotros, y a menudo somos alarmados; pero la esperanza nos da valentía para enfrentar cualquier calamidad o molesta dificultad. Dios nos ha dado una promesa magnífica para nuestro futuro en el cielo nuevo y la tierra nueva. De hecho, es tan maravillosa que nos abruma. El proceso comienza aquí y ahora.

¿Realmente creemos lo que decimos en los funerales, o es un consuelo hueco para personas que sufren? ¿Entendemos todo el peso de la promesa de Dios de que la resurrección de Cristo es las primicias de la transformación que algún día experimentaremos? Hasta el punto que lo creamos, podremos soportar los dolores que experimentamos hoy. Teresa de Ávila lo entendía. Ella explicaba que la certeza sobre el futuro afecta nuestra capacidad de manejar las pruebas del presente: "El primer momento en los brazos de Jesús, el primer momento en el cielo, hará que mil años de desgracia en la tierra parezcan una noche en un hotel malo".[15]

La perspectiva más larga de la eternidad nos ayuda a soportar, pero también lo hace una visión más profunda del ejemplo supremo de aguante. Cuando seamos tentados a rendirnos, el escritor a los hebreos nos dice que apartemos nuestra mirada de nuestra desgracia y miremos a Cristo: "Por tanto, también nosotros, que estamos rodeados de una multitud tan grande de testigos, despojémonos del lastre que nos estorba, en especial del pecado que nos asedia, y corramos con perseverancia la carrera que tenemos por delante. Fijemos la mirada en Jesús, el iniciador y perfeccionador de nuestra fe, quien, por el gozo que le esperaba, soportó la cruz, menospreciando la vergüenza que ella significaba, y ahora está sentado a la derecha del trono de Dios. Así, pues, consideren a aquel que perseveró frente a tanta oposición por parte de los pecadores, para que no se cansen ni pierdan el ánimo" (Hebreos 12:1-3).

> ¿No deberíamos suponer que muchas de nuestras pruebas más dolorosas se verán muy distintas dentro de un millón de años, cuando las recordemos en la nueva tierra? ¿Y si un día descubrimos que Dios no ha desperdiciado nada en nuestra vida en la tierra? ¿Y si vemos que cada agonía era parte de dar nacimiento a un gozo eterno?
> —Randy Alcorn, *90 Days of God's Goodness*

¿Enfrentamos oposición? Las autoridades civiles y religiosas se opusieron a Jesús en cada ocasión. ¿Encontramos maldad en todas sus formas? Satanás mismo lo tentó a Él. ¿Nos sentimos traicionados y abandonados? Las multitudes que gritaron "¡Hosanna!" poco después gritaron "¡Crucifícalo!". Y casi todos sus mejores amigos huyeron para salvar la vida en su momento de mayor necesidad. ¿Nos sentimos incomprendidos? El Señor de la gloria bajó del cielo para rescatar a personas pecadoras, y ellos lo mataron. ¿Nos sentimos vulnerables? Él fue desnudado, golpeado y colgado en una cruz en humillación pública. ¿Por qué hizo Él todo eso? Por amor precisamente hacia aquellos que se habían alejado de Él, que habían atravesado sus manos con clavos, y que se burlaban de Él mientras colgaba de la cruz. Personas como tú y como yo.

Cuando tengamos ganas de rendirnos, podemos pensar en Jesús. En el mayor acto de amor conocido jamás, cuando estaba muriendo injustamente por quienes lo despreciaban, podría haber descendido de la cruz y haberlos matado a todos; pero se quedó.

Aprende esto

Para perseverar, necesitamos una visión para el futuro que sea mayor que nuestro dolor.

Haz esto

Piensa en el dolor como un punto de inflexión para transformar o destruir. ¿Quiénes son algunas personas que conoces y que han sido transformadas (carácter probado, fe más profunda, esperanza asegurada) por sus experiencias con el dolor? ¿Quiénes son algunos que han sido destruidos? ¿Cuál es la diferencia en sus dolores y sus respuestas?

Piensa en esto

1. ¿Te sorprende que solamente una de cada veinte personas que entran en el ministerio se jubilan en él? Explícalo.
2. ¿Qué puedes aprender de la tenacidad de los deportistas, ya sea en deportes de contacto o de resistencia?
3. ¿Hay tipos de dificultad en particular que te causan más ansiedad que otros y te tientan a abandonar? ¿Cuáles han sido las crisis en tu vida y ministerio que causaron que quisieras irte? ¿Ves algún patrón?
4. ¿Cuál de las cuatro características de las personas resilientes está ya presente en tu vida? ¿Cuál o cuáles necesitan más trabajo? ¿Cómo desarrollarás esa característica?
5. ¿Cómo cambiaría tu respuesta a las dificultades si estuvieras convencido de que Dios las usa para zarandearte y transformarte?
6. ¿Cómo una visión más larga de la certeza de la restauración en el nuevo cielo y la nueva tierra, y la visión más profunda de la resistencia de Cristo te dan al menos un poco más de tenacidad?

Y recuerda: *solo crecerás hasta el umbral de tu dolor.*

10

COMPAÑEROS EN EL DOLOR

La amistad es un antídoto soberano contra todas las calamidades.
—Séneca

Joe y Gina Cameneti, pastores de Believers Church, Warren, Ohio

De Joe...

En la marca de los veinte años de la historia de nuestra iglesia, que fue hace once años atrás desde hoy, tomé algún tiempo para hacer inventario de nuestro crecimiento. Habíamos sido pioneros, y la iglesia creció hasta una asistencia de unas 1600 personas el fin de semana. Me di cuenta, sin embargo, que el 99 por ciento del crecimiento provenía de traslados de personas. Estábamos guiando a personas a Cristo con testimonio puerta a puerta, e incluso a algunas en nuestros servicios, pero no reteníamos a ninguna de ellas. Se me partió el corazón cuando miré las cifras. En ese punto no importaba que establecimos una iglesia grande en una zona demográfica pequeña. No estábamos alcanzando a quienes no asistían a la iglesia (no cristianos), y no estábamos enseñando a los cristianos a alcanzarlos. Me hice la difícil pregunta: "¿Por qué?". Tras varios años de investigación, entendí que el problema estaba en el modo en que realizábamos los servicios. Nuestros servicios en realidad estaban alejando a los nuevos cristianos y a los incrédulos.

Pensé en una manera de desarrollar seguidores de Cristo fuertes y relacionarnos con los incrédulos y los nuevos cristianos sin hacer concesiones en mis creencias cristianas carismáticas. Comenzamos a implementar algunos cambios en nuestro servicio para alcanzar a los incrédulos en nuestra comunidad: acortar la adoración a cuatro cantos, eliminar algunos elementos que resultaban extraños a los visitantes, y adaptar el sermón de cada semana para conectar a las personas con Dios en cada área de sus vidas, tanto a creyentes como a incrédulos.

Los cambios comenzaron a marcar una diferencia, ¡y Gina y yo estábamos emocionados por eso! Pero a la vez que hacía cambios en nuestros servicios, también hacía cambios en otros departamentos de la iglesia. Estaba haciendo lo que todo pastor tiene que hacer en la marca de los veinte o veinticinco años: dirigir el rumbo de cada departamento para que esté en sincronía con la visión principal de la iglesia. Debido a esos cambios, un miembro del equipo por mucho tiempo, se fue de manera negativa. Su partida, junto con los cambios en el servicio, comenzó un éxodo de 700 personas que duró unos cuatro años.

Dos años después de que comenzara el éxodo, pensé que habíamos tocado fondo. Parecía que todos los que iban a irse se habían ido. Entonces la situación empeoró. Otro miembro del equipo nos dijo que abandonaba el ministerio por motivos personales. Le organicé una fiesta, y recibí una ofrenda especial para él. Muy poco después de aquello, él apareció en una iglesia nueva en la ciudad. Y comenzó otro éxodo.

Aquellos días, semanas, meses y años fueron traumáticos para mí. Nunca había experimentado tales dolores de rechazo. No estoy culpando a las personas que se fueron; simplemente digo que dolió. Durante ese periodo a menudo me encontraba, en algún restaurante o tienda, con personas a las que conocía de la iglesia, pero yo no sabía si se habían ido o aún seguían con nosotros. Para mí fue un tiempo muy extraño y doloroso. Me sentí herido, avergonzado, confuso y solo. Parecía que más de veinte años de edificación de nuestra iglesia habían sido hechos añicos.

Mi confianza fue sacudida. Sentí que mi nombre, aunque yo no hice nada malo, estaba arruinado en la comunidad, de modo que planeé abandonar la iglesia. Gina y yo decidimos mudarnos a Chicago, la ciudad natal de ella, para comenzar de nuevo y establecer otra iglesia; pero Gina se sentía tan quemada emocionalmente que ya no quería seguir en el ministerio. Iba a estar yo solo. Comuniqué a la junta directiva de nuestra iglesia que teníamos planes de marcharnos, pero para mi sorpresa, ellos no querían que nos fuéramos. Entonces sí que estaba realmente confuso. Había supuesto que todos pensaban que nosotros éramos el problema.

Llamé a dos mentores para pedirles ayuda. Sam Chand y Tony Cooke viajaron a Warren, en días diferentes, pagando sus propios viajes para reunirse con nosotros. El Dr. Chand me dio un esquema de preguntas para ayudarme a descubrir si irnos era la voluntad de Dios. Aquello fue increíblemente útil. Tony también me dio muy buenos consejos y habló a nuestra junta para ayudarles a atravesar ese difícil periodo.

Yo seguí uno de los pasos del consejo del Dr. Chand y volé a Chicago para examinar el terreno. También me dio varios nombres de pastores exitosos en Chicago que estaban dispuestos a ayudarme. Entonces, varias semanas después, Gina y nuestras hijas fueron a Chicago de vacaciones. Mientras estábamos de vacaciones, yo seguí examinando la zona para ver dónde podríamos establecer una iglesia, y durante ese tiempo Dios dejó muy claro en mi corazón que Él quería que nos quedáramos donde estábamos. La mudanza quedó descartada.

La junta estaba emocionada por tenernos con ellos. Nos trataron con bondad y generosidad exquisitas, y nos dieron tiempo para sanar. Yo me reunía regularmente con un consejero cristiano que me acompañó por el valle del dolor, el enojo y la vergüenza... y hasta el otro lado del perdón, la esperanza y un gozo renovado. Esa experiencia fue un regalo del cielo para mí. Construí músculos espirituales que me emociona mucho tener y utilizar. Finalmente, los eventos dolorosos y confusos de los últimos años ya no me perseguían. Era libre para seguir a Dios, a Gina, y todo lo que Dios tenía para nosotros. Ya no estaba dispuesto a vivir en el pasado; iba a caminar con Dios, disfrutar de la vida, y seguir adelante.

Aproximadamente un año después de decidir quedarnos en la iglesia, las cosas comenzaron a dar un giro. Vimos algunas señales de un ímpetu positivo. ¡Estábamos realmente emocionados! Los cambios que habíamos comenzado años atrás estaban dando resultados. Hice otro análisis de nuestra iglesia, y descubrí que el 61 por ciento de nuestro crecimiento era de nuevos creyentes, y solo el 39 por ciento eran personas que provenían de otras iglesias. Estaba asombrado y satisfecho. Desarrollamos una nueva declaración de visión: "Existimos para ver una ciudad conectada con Dios". Nuestra meta es convertir a los incrédulos en *seguidores, amigos*, y finalmente *seguidores* de Dios. A nuestro equipo le encanta. Están muy emocionados porque pueden llevar a sus seres queridos y amigos a un servicio sabiendo que será una experiencia positiva. ¡Y muchos de ellos están acudiendo a Cristo!

Lo que está sucediendo ahora es muy bonito. ¡Tenemos un promedio de 15 adultos que aceptan a Cristo cada fin de semana! Eso supone que el 81 por ciento de nuestros visitantes por primera vez hacen un compromiso con

Cristo. Además, estamos reteniendo a una gran parte de ellos y se unen a la membresía.

Nada de eso habría sucedido si Dios no hubiera traído a mi vida a dos mentores en un momento crucial. Sam Chand y Tony Cooke fueron fundamentales en ayudarme a recuperar mi perspectiva y mi confianza. Aprendí que Dios siempre interviene, incluso cuando parece que está a un millón de kilómetros de distancia, si confiamos en Él con todo nuestro corazón. Dios estaba obrando aun en nuestros días más oscuros. El cambio siempre produce dolor, a veces años de dolor, pero bien vale la pena luchar por el fruto.

De Gina...

Joe y yo fuimos zarandeados por los eventos que condujeron a los éxodos de nuestra iglesia. Quienes se fueron no eran solo números; muchos de ellos habían sido queridos amigos nuestros. Yo me sentí terriblemente frágil y quebrantada. Muchas personas nos culparon de los problemas, y lo sentí muy injusto. Experimentamos los golpes de la traición y una sensación de vergüenza aplastante; habíamos sido juzgados erróneamente y condenados, y nuestra reputación estaba hecha añicos.

En poco tiempo, la persona que yo había sido antes era irreconocible. Perdí el entusiasmo, el gozo y las perspectivas que había tenido antes. Me convertí en un cascarón de lo que había sido. Abandonar parecía la única alternativa buena, pero simplemente yo no podía regresar al ministerio, ni en Chicago ni en cualquier otro lugar. Estaba demasiado dañada para darle nada a nadie. Joe se mantuvo fuerte; yo me desmoroné.

Tomé un tiempo para reunirme con mentores y con una consejera. Durante dos años me enfoqué en encontrar el amor y poder de Dios para restaurar mi alma. Dolernos por las pérdidas no es rápido ni bonito, pero es necesario. Tenía a algunas personas de confianza que me amaron cuando estaba en lo más bajo y que me dieron la valentía para dar pasos para salir del lodazal de la desesperanza. Yo estaba dispuesta a pagar cualquier precio para obtener la ayuda que necesitaba: dinero por consejería, tiempo fuera, energía y esfuerzo, y ser malentendida por tomar tanto tiempo para sanar. Fue aleccionador estar en el extremo receptor en lugar de ser el ministro fuerte y con recursos que siempre se había ocupado de los demás.

Finalmente, entendí que toda esa experiencia fue lo mejor que pudo haberme sucedido. Cuando se calmó la abrumadora oleada de tristeza, regresé con más sabiduría, fuerza y gozo que antes. Uno de mis mentores me dijo: "No volverías a pasar por todo eso de nuevo si alguien te ofreciera un millón de dólares, pero no lo cambiarías por un millón de dólares". Fue terriblemente difícil, pero valió la pena.

Joe y Lori Champion, Celebration Church, Georgetown, Texas

De Lori...

Cuando Joe y yo llevábamos unos dos años casados, yo estaba embarazada de siete meses. Servíamos en el equipo pastoral en la iglesia donde mi padre había sido el pastor. ¡Estábamos muy emocionados con la llegada de nuestro primer hijo! Un sábado en la tarde fuimos a una feria de artesanía para comprar algunas cosas para decorar el cuarto del bebé. Mientras caminábamos entre los puestos, fui a rascarme el cuello y noté un bulto, un bulto grande, en el extremo de la clavícula. No dije nada, pero sabía que algo andaba muy, muy mal. Cuando llegamos al sendero de entrada en casa, me derrumbé llorando y le hablé a Joe del bulto.

Durante varias semanas antes de ese día había tenido la sensación de que algo no iba bien. Era más que eso: era un espíritu de muerte. En aquellas semanas en que me sentía tan extraña, Joe me aseguraba que era solamente el cambio hormonal normal relacionado con el embarazo. Sus palabras parecían razonables, pero yo sabía que era algo más que eso. Mi temor no era infundado. Cuatro años antes, había visto a mi padre morir de repente por un ataque al corazón mientras predicaba un domingo en la mañana. Él tenía solamente 45 años.

Todo en el embarazo había ido asombrosamente bien. Me había sentido muy bien, y nuestro ministerio estaba creciendo, pero yo tenía una sensación de mal presagio. Tenía temor a que le ocurriera algo a Joe y que me quedara yo sola con un recién nacido. Le dije a Joe: "Necesitamos orar para que Dios nos proteja. Siento que vamos a estar bajo ataque". Sugerí que nos hiciéramos un seguro de vida. Firmamos los documentos para el seguro la mañana antes de ir a comprar a la feria de artesanía.

En cuanto llegamos a casa aquella tarde, llamé a mi médico y concerté una cita para la mañana del lunes. También él pensó que podrían ser fluctuaciones hormonales normales relacionadas con el embarazo, o quizá algo relacionado con mis alergias, o tal vez una infección que causó que mis nódulos linfáticos estuvieran tan inflamados. Probó varios tratamientos, pero nada funcionaba. Después de tres o cuatro semanas, decidió hacer una biopsia. Cuando me desperté de la anestesia, el médico me comunicó el diagnóstico: linfoma de Hodgkin. Dijo que mi hijo tenía que nacer inmediatamente porque no sabía hasta dónde se había extendido el cáncer.

Yo estaba de ocho meses. Nació Mason, un pequeño bebé muy sano, pero las cuatro semanas siguientes fueron las más difíciles de mi vida. Estaba emocionada por tener un bebé, pero no podía sobreponerme al temor de que podría morir y dejar solos a Joe y Mason. Me sentía tan enferma que no tenía apetito. Un día le dije a Joe que tenía miedo de cerrar los ojos en la noche porque no sabía si los volvería a abrir. En cuanto dije esas palabras, él se puso al teléfono para llamar a amigos y pedirles que oraran. Ellos ya habían estado orando, desde luego, pero ahora era urgente.

De Joe...

Cuando Lori me dijo que tenía miedo de morir en cualquier momento, sabía que no podíamos seguir solos. Llamé a personas que conozco y nos aman para pedirles que oraran, que nos cuidaran de una manera que nos levantaran ante el trono de Dios. En un momento terriblemente difícil en su vida, David tenía a sus hombres poderosos. David estaba solo cuando mató a Goliat, pero en su lucha contra el ejército de Saúl tenía a un grupo de hombres que eran totalmente leales a él. Lo conocían, lo amaban, y notaban cuando estaba en necesidad. Él no tuvo que pedirles que se pusieran a su lado; ellos vieron cuando él estaba agotado y sufriendo, y lo apoyaron de buena gana. Eran verdaderos amigos. Nuestros amigos eran como los hombres fuertes de David.

No podemos esperar a estar en problemas para crear amistades como esas; tienen que estar establecidas antes de que llegue la crisis. He conocido a pastores que se enorgullecían de ser llaneros solitarios, y muchos de ellos no sobrevivieron a las crisis que inevitablemente enfrentaron. Gracias a Dios, Lori y yo teníamos verdaderos amigos de confianza con quienes podíamos contar en el periodo más oscuro de nuestra vida.

Necesitamos amigos que no estén ahí solamente para propósitos profesionales, sino también para propósitos personales; amigos que no necesariamente hacen que nuestros ministerios sean más exitosos, sino que nos conocen íntimamente y se interesan profundamente por nosotros.

Durante las cuatro peores semanas de temor y duda, Dios usó a algunas mujeres y hombres fuertes en nuestra vida. Yo había hablado en una iglesia en California años atrás, y allí conocí a Jane Manley. Cuando Lori y yo nos sentíamos desesperados, sentí que el Señor me guiaba a llamar a Jane para pedirle que orara. Dios le había preparado: cuando ella respondió, dijo que ya sabía que yo iba a llamar, y sabía que Lori estaba teniendo dificultades. Ed y Nancy Werner caminaron a nuestro lado, en cada paso atroz, por el valle de sombra de muerte. Cuando Lori no podía comer, Ed llegaba a nuestra casa y se sentaba pacientemente con ella para ayudarle a ingerir algo de comida.

Hay momentos en todas nuestras vidas cuando nuestra fe flaquea. En esos momentos, nuestros amigos nos ayudan a proseguir. Cuando los cuatro amigos del hombre paralítico hicieron un agujero en el tejado y lo bajaron para situarlo delante de Jesús, no fue la fe del hombre paralítico lo que Jesús vio, sino la fe de sus amigos amorosos, compasivos y asertivos. Sin amigos como esos, no lo lograremos durante los periodos más difíciles de nuestra vida.

Hay algunas luchas que no podemos pelear solos, pero necesitamos escoger sabiamente a nuestros amigos. Algunos amigos son agradables en los buenos momentos, pero descubrimos a nuestros verdaderos amigos durante los tiempos difíciles. Necesitamos encontrar a esos amigos que nos dan vida y que creen a Dios con nosotros para el futuro.

De Lori...

Dios nunca nos olvida. Él envía sus mensajeros con una palabra cuando más lo necesitamos. Cuando yo casi había sobrepasado toda esperanza, llegó a nuestra iglesia Robert Barriger como orador invitado. Tras su charla, pidió poder verme. Encontramos un lugar tranquilo, y él dijo: "Hoy dijiste que podrías morir. Te digo que vas a vivir. Vas a ver a tus hijos y nietos, y cuando seas anciana vas a dirigir la alabanza en la casa de Dios". Aquella conversación lo cambió todo para mí. Nunca había conocido a ese hombre antes de aquel día, pero

Dios lo usó para infundir en mí una nueva esperanza para el futuro. Estoy muy agradecida por las amistades, las viejas y las nuevas.

Nuestros secretos nos matarán. Perseguirán nuestros sueños, nublarán nuestros planes, y distorsionarán nuestras relaciones. Quizá albergamos secretos porque la verdad sobre un acto de maldad en el pasado o un mal hábito es demasiado vergonzoso de confesar, o tal vez mantenemos ocultos nuestros secretos porque no tenemos verdaderos amigos que escucharán con sinceridad. En cualquiera de los casos, permanecemos solos, aislados y desesperados por mantenernos escondidos.

Podrías objetar: *¿Pueden matarnos nuestros secretos? Seguramente no es tan grave.* A veces lo es. Cuando los líderes no tienen ningún lugar donde desahogar sus frustraciones y a nadie que entienda su dolor, interiorizan todo el dolor, el temor, la confusión y el enojo. Algunos experimentan graves problemas fisiológicos que pueden resultar en enfermedad prolongada y muerte prematura; y otros se rinden totalmente. El suicidio puede llegar a ser una alternativa atractiva para líderes que no pueden ver ninguna luz en su futuro. Sienten aislamiento total y profunda desesperanza. Cuando yo necesito gasolina para mi auto, voy a una gasolinera. Cuando necesito comida, voy a un supermercado o un restaurante. Todo líder necesita preguntarse: "¿Quién está llenando mi tanque emocional? ¿Quién me está dando el sustento de esperanza, gozo y comprensión?".

Líderes en los negocios, organizaciones sin fines de lucro, e iglesias, necesitan desesperadamente encontrar a alguien que no tenga ningún otro plan sino el de escuchar sin juzgar y amar sin condiciones. La angustia existencial de la desesperanza y la desesperación solo puede abordarse en comunidad: relaciones cercanas al menos con una persona, o varias, que se interesen genuinamente por nosotros. Nada menos bastará.

Casi tres de cada cuatro pastores dicen que piensan regularmente en dejar el ministerio,[1] muchos porque no tienen ni un solo amigo cercano. Solo unos cuantos han sido llaneros solitarios toda la vida. La mayoría de ellos tenían conexiones maravillosas y significativas en el pasado, pero algo sucedió: personas se mudaron a otro lugar, el estrés del trabajo se llevó el tiempo y la vida del uno o del otro, las personas tenían demasiadas ocupaciones y dejaron de llamar y tomar café, un simple malentendido se convirtió en un cisma irreparable, o la traición hizo añicos un vínculo de confianza. Cualquiera que sea la causa, la mayoría de los pastores no tienen a nadie en quien apoyarse, ninguna válvula de seguridad, ningún oído comprensivo, y ningún hombro sobre el que llorar.

El dolor solo puede manejarse eficazmente en una comunidad de confianza, afirmación y sinceridad; no necesariamente una comunidad grande, sino al menos con algunas personas que comprendan genuinamente. La mayoría de los líderes tienen que soportar tormentas personales que duran un tiempo y después remiten. Para los pastores, sin embargo, las tormentas nunca se detienen. Siguen llegando los torrentes, y sin una comunidad fuerte de apoyo, los pastores se derrumban bajo la presión. Consideremos las siguientes preguntas:

+ ¿Quién en tu vida "te entiende" y no piensa que eres débil o extraño cuando peleas con las complejidades de tu función?
+ ¿Quién te escucha sin sentirse obligado a darte consejos?
+ ¿Quién hace segundas y terceras preguntas para que te abras en lugar de dar respuestas estándar, prescripciones simples y fórmulas fáciles?
+ ¿Quién es tu puerto seguro donde puedes ser completamente sincero y abierto?
+ ¿Quién llena tu tanque espiritual y emocional?

La respuesta a estas preguntas identifica tu *compañero en el dolor*: un amigo muy querido. En mi consultoría me esfuerzo por ser una persona segura con quien las personas puedan compartir sinceramente su dolor.

Un amigo me habló sobre su conversación esta mañana con un pastor, al que llamaremos James, que está mostrando señales de depresión leve. Lleva dos años en su iglesia. Cuando James era pastor asistente, tenía tres buenos amigos quienes de algún modo encontraban el tiempo para estar juntos cada dos semanas. Iban a partidos y al cine, a pescar, o solamente se sentaban y charlaban por horas. Los tres se trasladaron a otras posiciones al mismo tiempo que James aceptó su nuevo papel.

Cuando mi amigo mostró su desánimo mientras tomaban café, James admitió: "Sí, estoy al límite. Sinceramente, algunos días estoy al borde del abismo. Acepté un recorte de salario para ser el pastor principal en nuestra iglesia. Ya ves. ¿Quién hace eso? Y no tenía ni idea de que nuestro equipo de liderazgo era tal caos. Tras dos años, finalmente estoy encontrando el modo de resolver la tensión que ha existido desde, ah, desde que se fundó la iglesia hace quince años atrás".

"¿Quiénes son tus amigos? ¿Con quién puedes hablar?", preguntó mi amigo.

"En este momento, tú. Solía tener tres amigos. Podíamos decirnos el uno al otro cualquier cosa, y lo hacíamos. Éramos sinceros y nos apoyábamos. Esa es una combinación estupenda, especialmente para personas en el ministerio. Pero se han ido, y se nota. Cada día me siento más aislado, aunque las cosas finalmente van bastante bien en la iglesia. Me alegra que estés aquí". Hizo una pausa y después preguntó con tono de desesperación: "Tú *estás* aquí a mi lado, ¿no es cierto?".

> Las personas con amistades profundas y duraderas pueden ser introvertidas, extrovertidas, jóvenes, viejas, inteligentes, feas, bien parecidas; pero la característica que tienen siempre en común es la apertura.
> —Alan Loy McGinnis, *Friendship Factor*

Sin opciones, sin excusas

He conocido a líderes que han *sobrevivido* sin amigos porque tenían la mera fuerza de voluntad para seguir acudiendo día tras día, aunque siempre estaban en guardia en cada relación. Pero nunca he conocido a ningún líder que *prosperó* en sus funciones, en su familia o en su vida personal sin tener al menos unos pocos amigos de confianza. Un cónyuge puede ser un alentador maravilloso y el fan número uno de un líder, pero los líderes eclesiales necesitan a un colega o dos que soporten cargas similares y que entiendan las complejidades del papel.

En otras palabras, si no tienes uno o dos amigos, probablemente no llegarás muy lejos. Y si prosigues por fuerza de voluntad, no tendrás los recursos emocionales para conectar genuinamente con las personas. Serás un cascarón vacío que hace las cosas por inercia.

Algunos líderes ministeriales insisten: "Lo único necesario es Dios. Dios y yo... eso es bastante". Tonterías. Esa es una afirmación de arrogancia

COMPAÑEROS EN EL DOLOR

o de ignorancia. Dios nos ha creado como seres relacionales, ¡incluso a los pastores! Para operar como las personas que Dios ha creado y redimido, necesitamos la conexión vertical con Dios y conexiones horizontales significativas con las personas.

Ah, tenemos muchas conexiones horizontales como líderes en ministerios y organizaciones sin fines de lucro, pero la inmensa mayoría de ellas vacían nuestros tanques emocionales en lugar de llenarlos. No se necesita mucho tiempo para quedarnos vacíos. Simplemente tenemos que encontrar personas que invertirán en nosotros en lugar de sacar de nosotros siempre.

Puntos de inicio

Las personas esperan que los líderes ministeriales sean la personificación de la calidez, la percepción, la amabilidad, la bondad y el humor. Pocos de nosotros podemos ni siquiera acercarnos a ese pedestal, pero algunos comienzan con más recursos que otros. Conozco a algunos líderes que se apoyan en los hombros de padres amorosos, fuertes y que les apoyan. Algunos de esos líderes son los últimos en un largo legado de liderazgo espiritual que se remonta a generaciones atrás. Son líderes poderosos, sabios y amorosos en gran medida porque vieron ese tipo de liderazgo moldeado delante de ellos cada día mientras crecían. Pero también conozco a muchos líderes estupendos cuyos padres no eran sabios, amorosos y fuertes. Aun así, los hombres y las mujeres que conozco rompieron el ciclo: impartieron mucha afirmación y aliento a sus propios hijos cuando ellos soñaban grandes sueños de servir a Dios.

Otros líderes, sin embargo, comenzaron en el ministerio con inmensos déficits emocionales y relacionales. Han tenido dificultad en las relaciones en cada área de la vida porque no les inculcaron afecto y sabiduría cuando eran jóvenes. Sin un fundamento seguro, entraron en el ministerio intentando dar algo que nunca les habían dado a ellos. Es confuso y agotador.

En un artículo en el Internet, Bob Buford relataba la historia de Jim Collins, autor de libros destacados como *Empresas que sobresalen* y *Empresas que perduran*. Cuando tenía veinticinco años, Collins se dio cuenta de que no había recibido muchos intangibles que un padre debería transmitir a un hijo. En lugar de mantenerse pasivo, construyó un consejo directivo para su vida

211

personal. Seleccionó personas que estaban dispuestas a invertir en él como lo haría alegremente un papá amoroso en su hijo. Esas personas proporcionaron lo que Collins no había tenido.

> Con frecuencia no tenemos tiempo para nuestros amigos pero todo el tiempo del mundo para nuestros enemigos.
> —Leon Uris

Cuando Bob compartió la estrategia de Collins con líderes eclesiales, recibió algunos comentarios poderosos. Alguien comentó que él, igual que Collins, necesitaba que Dios insertara "una tarjeta de acceso de padre para ser utilizada en nuestra mayor capacidad humana" porque carecía de "la significativa relación paternal que liberaría el potencial". Este hombre perseguía activamente relaciones con hombres sabios que eran más mayores que él (figuras paternas) que fueran "mentores para el momento cuya contribución... fuera medida no en meras horas sino también en ideas y perspectivas valiosas".[2]

Algunos de nosotros comenzamos con déficits relacionales, y otros se han secado en nuestras funciones como líderes espirituales, pero ninguno de nosotros tiene que permanecer vacío.

Conocido y amado

Una *percepción precisa* y el *amor genuino* no pueden separarse. Cuando alguien mira detrás de nuestras máscaras y ve nuestro lado sombrío, pero no nos sentimos amados, nos sentimos terriblemente amenazados por la exposición. Cuando alguien expresa sentimientos de amor, pero no nos conoce realmente, podemos considerar fácilmente esa muestra de afecto como superficial. Pero es increíblemente poderoso, transformador, estar en una relación donde podemos ser totalmente vulnerables sin temor, cuando la persona conoce lo peor de nosotros y aun así nos acepta.

En última instancia, este tipo de amor se encuentra solamente en el evangelio de la gracia, pero al menos podemos gustarlo en unas pocas conexiones humanas: personas que nos imparten la gracia de Dios. Esas son las amistades que dan significado y esperanza a la vida.

Quizá encontramos consejeros profesionales y coaches ejecutivos a los que pagamos para que nos conozcan y crean en nosotros, y estas relaciones son tremendamente importantes; pero los amigos verdaderos no tienen precio. No encontramos este nivel de percepción y aceptación en un instante; lo cultivamos lentamente, cuidadosamente e intencionalmente. Damos pequeños pasos de riesgo para abrir nuestro corazón una capa más profunda que antes, y entonces vemos cómo lo maneja la persona. Y la otra persona corre el mismo riesgo con nosotros. Si nadie dice: "¡Oh, Dios mío! ¡No puedo creer que pensaras eso [o dijeras eso, o hicieras eso]!", ni salió corriendo, o se rió burlonamente, se ha establecido otro ladrillo en un fundamento de confianza. Y la próxima vez, y la siguiente, se arriesga más verdad y quizá se construye más confianza. Mientras ambos estén dispuestos a correr esos riesgos, a ser sinceros por una parte y escuchar con paciencia por otra, la relación puede profundizar y crecer.

Sin ninguna duda, somos profundamente humanos. Tenemos días malos. Reaccionamos mal y necesitamos sanar la herida infligida por palabras descuidadas, o descuidamos al amigo y necesitamos resolver la ofensa antes de poder avanzar. Es asombroso, sin embargo, que dos personas que se aman y confían la una en la otra puedan retomar una relación tras meses separados como si fuera ayer cuando abrían sus corazones.

> El mejor edulcorante de la vida humana es la amistad. Elevarla hasta el mayor grado de disfrute es un secreto que pocos descubren. —Joseph Addison

Elegir bien

Un líder confió: "Tengo un amigo que ha estado conmigo en las buenas y en las malas. Hemos estado juntos en todos los altibajos de la vida y el ministerio, pero recientemente me di cuenta de algo. Cuando estoy con él, no soy una mejor persona; no soy más positivo, más alegre o más fiel. No sé si ha sido así todos estos años, pero ha sido cierto en los últimos meses". Dio un profundo suspiro y reflexionó: "Quizá necesito encontrar un amigo mejor".

Cuando una multitud de catástrofes alcanzaron a Job, sus amigos lo visitaron. Elifaz comenzó bien, afirmando que Job había sido una fuente de fortaleza para otras personas, pero inmediatamente culpó a Job de sus problemas (Job 4:3-8). Bildad se unió al coro de certeza en que la muerte y la destrucción no podrían haber tocado a Job a menos que él tuviera faltas (Job 8:20). Zofar no quería quedar fuera. Supuso que la causa de la calamidad era el pecado secreto de Job, y lo instó a arrepentirse y ser restaurado (Job 11:14-17). Eliú (Job 32:1-22) estaba enojado con Job, ¡y con los otros tres! La esposa de Job estaba derrumbada por la pérdida. Ella dio la espalda a Dios y a cualquier esperanza para el futuro. Su consejo fue: "Maldice a Dios, y muérete" (Job 2:9).

Es doloroso leer los largos discursos entre Job y sus amigos, y sin ninguna duda fue horroroso para Job soportarlos. Tenemos una vislumbre de la perspectiva de Dios de estos amigos en los últimos capítulos cuando Dios habla desde el cielo, no para responder la pregunta de Job sobre "por qué", sino para afirmar su gobierno supremo sobre toda la creación y para poner en su lugar a los amigos equivocados de Job. En un giro de la ironía, Dios le dice a Job que ore por los hombres que deberían haber estado orando por su amigo y escuchándolo todo el tiempo.

No todos nuestros amigos son compañeros en el dolor. Necesitamos ser selectivos. Después de tener su última cena con sus discípulos, Jesús fue al huerto de Getsemaní para orar. A la entrada del huerto le dijo al grupo que se quedara, pero invitó a tres (Pedro, Jacobo y Juan) a ir con Él mientras enfrentaba el horror del inminente infierno que experimentaría. Ellos eran sus compañeros en el dolor. Sin ninguna duda, después se dieron cuenta de que aquello fue uno de los mayores honores de sus vidas, pero se quedaron dormidos mientras Jesús oraba. En su gracia, Jesús les dio solo una leve reprimenda; Él entendía que también ellos iban a enfrentar mucho dolor horas después.

A veces, quienes nos han traicionado pueden convertirse en nuestros compañeros más valiosos. Se necesita gracia: en ellos y en nosotros. Pablo se enojó cuando Juan Marcos lo abandonó en uno de sus peligrosos viajes misioneros (Hechos 13:13; 15:38). De hecho, Pablo estaba tan molesto que la disputa causó una división entre él y su buen amigo Bernabé. Durante años en el ministerio de Pablo no oímos nada más sobre Juan Marcos, pero mientras Pablo esperaba la muerte en una cárcel romana, le escribió a Timoteo: "Solo Lucas está conmigo. Recoge a Marcos y tráelo contigo, porque me es de ayuda en mi ministerio" (2 Timoteo 4:11). Una persona que había infligido dolor estaba ayudando ahora a aliviar el dolor.

Las personas que nos son más cercanas (nuestro cónyuge, hermano, hermana, padres, hijos, o compañeros de equipo) quizá no sean el compañero adecuado para nosotros en nuestro dolor. ¿Por qué? Probablemente porque no pueden ser objetivos cuando derramamos nuestro corazón ante ellos. Nuestro dolor amenaza su seguridad, de modo que podrían sentirse incómodos con nuestra aflicción. Quieren que nos sintamos felices y lo superemos rápidamente, y por eso nos dan respuestas simplistas. O esas personas tal vez sean una fuente importante de nuestro dolor, y no son buenos candidatos como confidentes. Quizá tienen poder sobre nuestros ingresos, de modo que tienen más poder (y planes) de los que nos gustaría en un compañero en el dolor.

Diferentes dolores, entonces, requieren diferentes compañeros. Escoge sabiamente, pero escoge.

Construir amistades

Es una máxima de las relaciones humanas que si quieres un amigo, necesitas ser amigo. El problema, sin duda, es que necesitamos un amigo cuando estamos estresados, enojados, evasivos y consumidos con protegernos a nosotros mismos en lugar de sentirnos cómodos acercándonos para ayudar a otros. A continuación tenemos principios claros y profundos sobre construir y mantener amistades. La mayoría de las personas los leerán y suspirarán: "Yo ya sabía eso", pero quizá necesitamos que nos recuerden *hacer* realmente esas cosas. El autor británico Samuel Johnson observó: "Las personas necesitan que les recuerden más veces de las que necesitan que les enseñen".

Escuchar

El primero, y se puede decir que el principio más importante para conectar con otros, es escuchar... escuchar *realmente*... su corazón y no solo sus palabras. Demasiadas veces estamos tan enfocados en nuestras heridas y esperanzas que pasamos por alto totalmente a las personas sentadas delante de nosotros (o en la cama, la sala de juntas, o al otro lado del teléfono). En su penetrante libro *Just Listen* (Solamente escucha), Mark Goulston observa las barreras para que otros nos escuchen, las cuales son también razones por las que quizá nosotros no los escuchamos:

Las personas tienen sus propias necesidades, deseos y planes. Tienen secretos que te están ocultando; y están estresadas, ocupadas, y a menudo se sienten con el agua al cuello. Para lidiar con su estrés e inseguridad, lanzan barricadas mentales que hacen que sea difícil llegar a ellas, incluso si comparten tus metas; y resulta casi imposible si son hostiles. Encara a esas personas armado únicamente con la razón y hechos, o recurre a argumentar, alentar o rogar, y esperarás llegar a ellas, pero a menudo no lo lograrás. En cambio, serás derribado y nunca sabrás por qué... La buena noticia es que puedes comunicarte, simplemente cambiando tu enfoque.[3]

El enfoque de Goulston es aprender el arte de escuchar. Entre el arte lógico pero pocas veces practicado de escuchar está la empatía, es decir, reflejar los sentimientos de las personas para que se sientan comprendidos, y estar más interesados en la otra persona que en nosotros mismos. Hay muchas maneras diferentes de hacer que las personas se sientan valiosas, pero afirmaciones simplistas como "¡Eres estupendo!" no bastan. Las relaciones genuinas se ahogan en un mar de jerga hueca (los principios de escucha de Goulston se aplican a todas las relaciones. Recomiendo su libro para fortalecer también matrimonios y equipos de trabajo).

Revelar

Una segunda característica que nos ayuda a construir amistades verdaderas es el mostrarnos. Algunas personas dan DI (demasiada información) muy rápidamente y demasiadas veces. Suponen que su valentía para abrirse conduce necesariamente a una relación más profunda, pero las personas perceptivas entienden que quienes son demasiado abiertos no son realmente seguros. En cambio, las relaciones se profundizan gradualmente mediante un baile lento de apertura, un poco cada vez, no demasiado o muy poco, de modo que ambas personas se sientan cómodas, comprendidas y confiables.

> Los apegos íntimos a otros seres humanos son el núcleo en torno al cual gira la vida de una persona.
> —John Bowlby

Encontrar terreno común

Sin duda, las amistades verdaderas raras veces se producen cuando las personas no tienen nada en común. El romance puede que sea la atracción de los contrarios, pero las amistades generalmente cuajan en torno a un vínculo común: un equipo al que vitorear (o gritar), niños, pasatiempos, o alguna otra cosa que sea importante para ambos. En *Los cuatro amores*, las amistades duraderas se construyen sobre estos tres pilares: escuchar, revelar, y encontrar terreno común.

Mantener las amistades

Algunas personas hacen amigos lentamente y los mantienen para siempre; otras tienen muchísimos amigos, pero cambian con el viento. Para los líderes ocupados y estresados, mantener buenas amistades es tan esencial como encontrar nuevos amigos. Cuando las relaciones son dañadas, no siempre podemos enmendarlas pero podemos intentarlo. Aquí tenemos cuatro conceptos que pueden ayudar.

Sinceridad

Nunca he sabido de una relación tensa que se arreglara sin que alguien tuviera la valentía de decir: "Algo entre nosotros está roto. ¿Podemos intentar arreglarlo?". El tiempo sin duda *no* sana todas las heridas. El tiempo generalmente tan solo endurece la percepción que dice: "Yo tengo razón y la otra persona está equivocada". Reparar una relación rota quizá requiere solamente una conversación sincera, o tal vez necesita derribarla por completo y reconstruirla. Considera el costo para determinar si vale la pena. A menudo, no lo sabrás hasta que hayas dado los primeros pasos para descubrir el alcance del daño real (antes de eso, tus suposiciones negativas quizá hayan sido exageradas, o el problema tal vez sea mucho peor de lo que imaginabas).

Comienza la conversación con palabras amables y que invitan. Quizá te sientes herido e impulsado a atacar, pero la otra persona puede que se sienta igualmente herida y a la defensiva. Calma el inicio expresando tristeza por la brecha en la relación y tu deseo de repararla, y después ofrece una invitación al diálogo, y escucha, escucha de veras, sin defenderte, dar explicaciones o dar consejos. En cambio, haz preguntas con final abierto. Más adelante, cuando el tanque de la sospecha y el enojo esté ya seco, es

EL DOLOR DEL LIDERAZGO

momento de decir: "Gracias por ser sincero conmigo. Veamos dónde podemos ir desde aquí". Has de estar dispuesto a decir: "Yo estaba equivocado".

Perdón

El perdón va contra la naturaleza humana. Cuando hemos sido heridos, queremos distancia o venganza (o *ambas*). Tanto como podamos y cuanto antes podamos, necesitamos expresar perdón a quienes nos han herido, y necesitamos pedir perdón por cualquier cosa, y me refiero a cualquier cosa, que hayamos dicho o hecho para herir a otros. El perdón es lo único que aplaca el dolor en nuestras vidas y venda una relación rota. El pastor y filósofo Lewis Smedes comentó: "La venganza es tener una cinta de video plantada en tu alma que no puede apagarse. Pone la escena dolorosa una y otra vez dentro de tu mente... Y cada vez que la ves, vuelves a sentir el golpe del dolor... Perdonar apaga la cinta de video del recuerdo doloroso. Perdonar te hace libre".[4]

Probablemente lo hayas oído antes, pero negarnos a perdonar es como beber veneno y esperar que la otra persona muera.

Soportar con otros

Las personas estresadas son frágiles, quebradizas y punzantes. Normalmente no son las personas más pacientes, pero mantener amistades requiere la característica de soportar a las personas cuando son molestas, difíciles y defensivas, ¡personas como nosotros! Necesitamos sabiduría para saber cuándo llamar la atención a un amigo por su necedad y cuándo dejar que corra. Si es un problema recurrente o que puede causar un daño irreparable, necesitamos intervenir y hablar, y después soportar con nuestro amigo a medida que él o ella procesan lo que hemos dicho. Pero más veces necesitamos dejar que palabras ligeramente ofensivas se evaporen en la calidez de nuestro amor y comprensión. Si Dios nos marcara por cada cosas necia, egoísta u ofensiva que hemos pensado o dicho, no tendríamos nunca un minuto para pensar en otra cosa. Dios soporta con nosotros todo el día, cada día. Su Espíritu escoge con mucho cuidado el momento para darnos convicción, y nosotros deberíamos hacer lo mismo con nuestros amigos. Muchas veces, solamente necesitamos estar callados y dar apoyo. Eso es soportar con quienes están heridos, son frágiles o molestos.

Invertir en la relación

Tenemos que invertir nuestro corazón y nuestro tiempo en reconstruir una relación que ha quedado rota. Y si somos amigos el tiempo suficiente, los malentendidos y el conflicto son inevitables. La sanidad no se produce porque sí. En el cuerpo humano, los glóbulos rojos llevan constantemente nutrientes a cada parte del cuerpo, y cuando hay una enfermedad o herida, los glóbulos blancos llevan enseguida las propiedades sanadoras del cuerpo al lugar adecuado. Invertimos en la amistad enfocándonos ahora en lo que es bueno y admirable de nuestro amigo o amiga, en lugar de aplastarlo en nuestro corazón como hacíamos antes de comenzar el proceso de sanidad. Recuerda lo que producía risas y significado antes de la ruptura. Vuelve a acampar en esos lugares, y mira si puede avivarse el fuego.

Cuando tenemos dolor, lo último que queremos es agarrar el teléfono y llamar a alguien para pedir ayuda. Todo en nosotros grita: "¡Escóndete! ¡No seas vulnerable! ¡Protégete a ti mismo a toda costa!". Esa voz parece razonable, pero conduce a mayor aislamiento, aflicción y desesperación.

Cuando tengas problemas, no esperes. Agarra el teléfono. Llama a alguien y pide ayuda. Es esencial para tu salud mental y emocional, y es necesario para que seas el líder, el cónyuge y el padre o madre que quieres ser.

Aprende esto

Nunca he conocido a ningún líder que *haya prosperado* (en sus funciones, en su familia o en su vida) sin al menos unos pocos amigos de confianza.

Haz esto

Haz un estudio rápido de tu historia con los amigos. ¿Quiénes son los mejores amigos que has conocido nunca? ¿Qué significaron (o significan) para ti? ¿Cómo sería tu vida sin ellos?

Piensa en esto

1. ¿Qué es erróneo emocionalmente, relacionalmente y teológicamente en la afirmación: "Lo único que necesito es Dios. Dios y yo, ¿eso es suficiente?".

2. ¿Por qué es crucial que las buenas relaciones incluyan ser conocido y ser amado? ¿Qué sucede cuando falta uno de estos elementos? ¿Has experimentado relaciones en las que uno u otro elemento estaban ausente? ¿Cómo te afectó eso?

3. ¿Cuáles son los criterios para elegir a un compañero en el dolor? ¿Qué consejo dieron Job, Jesús y Pablo para elegir uno?

4. ¿Eres alguien que sabe escuchar? ¿Cómo responderían esa pregunta sobre ti, tu esposa, tu equipo y tus mejores amigos?

5. ¿Cuál de los principios sobre construir amistades necesitas aplicar? ¿Cómo lo harás?

6. ¿En cuál de los principios sobre mantener (y reconstruir) amistades necesitas trabajar? ¿Qué diferencia marcará?

Y recuerda: *solo crecerás hasta el umbral de tu dolor.*

11

ES TU MOVIDA

Nunca te conocerás verdaderamente a ti mismo, o la fuerza de tus re-
laciones, hasta que ambos hayan sido probados por la adversidad.
—J. K. Rowling

Sheryl Brady, Sheryl Brady Ministries, Plano, Texas

Uno de los movimientos más transformadores que realizamos mi esposo y yo sucedió cuando fuimos a Nashville para establecer una iglesia. Habíamos hecho un ministerio itinerante con base en Detroit, donde el padre de mi esposo era pastor de una iglesia. ¡Los dos éramos muy jóvenes y llenos de vida! Las cosas inicialmente fueron muy bien, pero Nashville se convirtió en un tipo de Getsemaní para mí.

Me mudé allí con todo tipo de esperanza, visión y expectativa. Estábamos construyendo una iglesia y esperábamos que fuera simplemente maravillosa. Muchas iglesias exitosas nos inspiraron con ideas que estábamos seguros de poder implementar en Nashville. Yo era la líder de alabanza. Una de mis mayores alegrías era ayudar a las personas a preparar sus corazones para la palabra del Señor que mi esposo compartiría con poder. Amaba nuestra iglesia. Amaba a las personas. Mientras más tiempo estuve allí, más me involucraba en sus vidas. Sentía que todo iba bien. Parte de mi propósito era ayudarles a encontrar su propósito en la vida. Ocupaba muchas funciones en este ministerio. Yo era la cuidadora de niños/servicio de entrega/secretaria, o cualquier otra cosa que fuera necesaria. Amaba a esas personas, y si tenían un problema yo quería arreglarlo. Si podía ayudarles a llegar a su destino convirtiéndome en un puente, eso es lo que quería hacer. En diferentes momentos yo había necesitado un puente, ¡y ahora estaba lista para serlo yo misma! Sencillamente quería que Dios bendijera nuestra iglesia.

Nuestra nueva iglesia no tenía base económica aparte de los diezmos y ofrendas, y siempre teníamos desafíos por problemas financieros. Muchas veces teníamos que escoger entre comprar alimentos y poner gasolina para ir y venir a los servicios. Ese tiempo fue muy difícil para nosotros. Empeñamos todo lo valioso que teníamos para que las luces siguieran encendidas, las puertas abiertas, y tener comida en nuestra mesa. Estábamos en algunas de las noches más oscuras y los lugares más difíciles que habíamos experimentado nunca. Lo único que yo podía hacer era esperar y orar para que ese periodo de nuestras vidas tuviera fecha de caducidad. Era necesaria toda la fe que yo tenía cada día para levantarme de la cama y presentarme para la pelea.

"¿Qué pelea?", podrías preguntar. ¡La pelea para sobrevivir! A menudo leía las palabras del apóstol Pablo: "Ustedes no han sufrido ninguna tentación que no sea común al género humano. Pero Dios es fiel, y no permitirá que ustedes sean tentados más allá de lo que puedan aguantar. Más bien, cuando llegue la tentación, él les dará también una salida a fin de que puedan resistir" (1 Corintios 10:13). Por años he oído a predicadores citar este versículo, y la mayoría de las veces se referían a la tentación con algo estrictamente relacionado con el pecado y la lujuria, pero esas no son las únicas tentaciones que enfrentamos. ¿Qué hay de la tentación a rendirnos? ¿Abandonar? ¿Perder la fe y lanzar la toalla? ¿Qué hay de la tentación de darnos permiso para ondear nuestra bandera de rendición cuando nos derrumbamos bajo el peso de las preocupaciones? ¡Yo estaba *ahí*! Pedía prestado a Pedro para pagar a Pablo. Añadía agua a la leche para que hubiera más. Nadaba corriente arriba, intentando que las cosas no se desmoronaran. Sonreía por fuera, pero me moría por dentro. Predicaba fe y sin embargo vivía en temor. Imponía manos sobre los enfermos y, sin embargo, yo misma me iba enferma a casa. Intentaba manejar las cosas que podía ver, a la vez que me preparaba para las cosas que no podía ver. Intentaba navegar y abrirme camino a través de las minas terrestres de mi vida. Cosas que salían de la nada. Cosas que me dejaban sin respiración. Cargas que me cegaban. Vientos contrarios que soplaban en forma de facturas, traiciones, y sueños rotos en mitad de la noche. Mi hogar, mi familia, mi mente, mi matrimonio, mi ministerio... todo a mi alrededor me hacía sufrir, ¡y quería rendirme! ¡Quería abandonar y convertirme en una víctima de mis circunstancias!

Si te asombra oírme decir todo esto, lo siento. Sé que no suena muy espiritual, pero es muy humano. No me importa cuán espirituales seamos, ¡todos tenemos reacciones humanas ante la vida! Yo no lo sabía entonces, pero lo que estaba sintiendo no era tan inusual. Mis emociones y reacciones eran "comunes al hombre". Mi esposo y yo seguíamos pensando que la marea estaba a punto de cambiar, que las cosas iban a mejorar, todo porque sabíamos que estábamos donde Dios quería que estuviéramos. En retrospectiva, es casi cómico cuántas cosas iban tan mal, una tras otra. Pero a menudo esos son los momentos más cruciales para que soltemos nuestras expectativas. Si alguna vez queremos descubrir la grandeza que Dios ha plantado en nuestro interior, tenemos que estar dispuestos a confiar en Él incondicionalmente, y no solo cuando nos sentimos bien o cuando estamos tan desesperados que no tenemos otra opción. Dios quiere que nuestra atención esté enfocada en Él para que vayamos donde Él nos dirija sin protestar. En medio de esos momentos, normalmente tenemos la sensación de que es lo más difícil que hemos hecho jamás. Pero la grandeza siempre requiere sacrificio para activarla. Deberíamos encontrar consuelo al entender que lo que sacrificamos ahora no es nada comparado con lo que vamos a obtener.

Tras un año y medio en la iglesia que habíamos establecido, comenzamos a entender que no iba a lograrlo. Era como llevar dentro un hijo durante nueve meses, preparar su llegada, preparar su cuarto, comprar toda la ropa de bebé, mantas y pañales, dar a luz, y después de todo eso, que muera en tus brazos, bajo tu mirada atenta a la vez que lo acunas. Le pregunté a Dios: "¿Por qué? ¿Por qué me dejaste tenerlo si sabías que no iba a vivir? ¿Cuál era el propósito? ¿Por qué me permitiste amarlo? ¿Por qué los dolores de parto? ¿Por qué murió? ¿Cómo esperas que siga viviendo?".

Cuando mi esposo y yo trabajábamos tan duro para hacer funcionar nuestras vidas y ministerio en Nashville, recuerdo que alguien preguntó: "¿Qué van a hacer si esto no funciona?".

Yo respondí: "¿No funciona? ¡*Tiene* que funcionar! Estamos aquí para quedarnos. Estaremos aquí el resto de nuestras vidas por lo que a nosotros respecta". Nos dirigíamos a la bancarrota, y eso es exactamente lo que obtuvimos. Nuestra cuenta bancaria estaba quebrada. Nuestra confianza estaba quebrada. Nuestro espíritu estaba quebrado. Nuestro orgullo estaba quebrado. Nuestra visión estaba quebrada. Mi corazón estaba quebrado. Mi cuerpo estaba quebrado, y ni siquiera podía permitirme ir a ninguna parte para que se recuperara. Ya no sabía lo que estaba sucediendo. Estábamos haciendo todo lo que sabíamos hacer. Me refiero a que si hubiéramos conocido una manera mejor, la habríamos seguido. No tengo ninguna respuesta genuina al por qué la iglesia se redujo y murió, excepto que quizá Dios permitió que se secara como el arroyo de Elías, forzándonos a avanzar hacia la tarea siguiente que Él había planeado para nosotros. Nashville se convirtió en un grano de trigo que cayó a tierra y murió, convirtiéndose así en la semilla que produjo la cosecha que estoy recogiendo ahora.

Más adelante, entendimos que estábamos atravesando un periodo de prueba. En ese momento le dije a Dios: "Tú nos trajiste aquí para construir una iglesia exitosa". Después comprendí que Él estaba diciendo: "No, yo te traje aquí para construir un líder exitoso". Él me estaba enseñando mediante todas esas experiencias cómo ser, y cómo no ser, un pastor. Irónicamente, me estaba enseñando a liderar en un lugar donde nunca tendría una oportunidad de liderar. Pensé que mi dolorosa posición me destruiría, pero realmente era un lugar para mi preparación personal; nunca tuvo la intención de funcionar allí porque era simplemente un terreno de entrenamiento. Yo ayuné allí, pero no era para ese lugar. Serví allí, pero no era para ese lugar. Oré allí, pero no era para ese lugar. Y a pesar de lo mucho que intenté que funcionara, simplemente no iba a funcionar allí. Mi esposo y yo utilizamos cada gramo de fe que teníamos para hacer que funcionara, pero claramente no era ese el destino. Supimos que era el momento de irnos cuando no había señal alguna de vida en nuestra iglesia. Había terminado. Era el momento de pronunciar la bendición sobre ese periodo en mi vida para poder seguir adelante. Me alejé de Nashville igual que alguien se alejaría de un cementerio. Pensé que el ministerio había terminado. No quería tener nada que ver con eso. Amaba a Dios, pero solamente iba a ser un buen miembro en una iglesia de otra persona. Por mucho tiempo ni siquiera hablaba de ello. Estaba adormecida. Me sentía un fracaso. Ni siquiera podíamos hablar de ello entre nosotros. A veces no entiendes lo mucho que has empujado hasta que terminas. Yo no lo entendí hasta que Dios se acercó a mí y dijo: "Sheryl, tienes que perdonar el proceso". Ni una sola vez creí que tenía que perdonar a Dios. Él hace bien todas las cosas. Sin embargo, el dolor que atravesé, la depresión, el lamento, los errores que me hicieron tomar decisiones que me dejaron sintiéndome un fracaso: esas cosas estaban todas ellas involucradas en la palabra *proceso*. Necesitaba poder decir: "Proceso, me mentiste, pero está bien. Dejaste la iglesia, pero está bien. No estuviste a mi lado cuando más te necesitaba, pero te perdono".

Perdonar el proceso es un paso muy importante, porque cuando perdonamos ese tipo de cosas Dios, entonces, hace que obren para nuestro bien. Él revela: "Te estaba preparando para el lugar donde necesito llevarte finalmente". Yo no podía ver donde conduciría todo el dolor, pero Él sí lo veía. Yo no pensaba que tenía la fuerza para soportar, pero Dios sabía que estaba ahí. Él sabía lo que había en mi interior y lo estaba cultivando para cuando más se necesitara. Todo el proceso y la experiencia eran una preparación para una función futura. Hay una promesa sobre nuestras vidas que Dios quiere cumplir, pero a menudo tiene que llevarnos primero a atravesar una fase de reubicación. Es confuso y desgarrador porque sabes que lo estás siguiendo a Él y su voluntad para tu vida, pero tus expectativas han quedado hechas añicos sobre las rocas de los momentos difíciles. Es ahí cuando debemos seguir adelante, paso a paso, día a día. Es ahí cuando nuestro corazón hambriento debe seguir las migajas de pan diarias que Dios siempre da y aceptar que tienes esperanza suficiente para el día de hoy. Esos bocados adoptan muchas formas, desde una sensación de la presencia de Dios durante el día, hasta un acto de bondad inesperado por parte de un completo desconocido. Los reconoces prestando atención y pidiendo a Dios que te los muestre. Quizá no tienes suficiente para mañana o para dentro de diez años, pero tienes suficiente para hoy. Finalmente, puedes dar gracias a Dios por darte la gracia para pasar por el fuego sin quemarte. A veces tienes que caminar con Él por un tiempo para entender cuán bueno es Él. A veces tienes que permitir que algo se vaya antes de poder ver su propósito en una situación dolorosa. Y entonces, nadie tiene que decirte que le des gracias, pues es natural porque sabes lo que Él ha hecho en tu vida. Dar gracias al Señor por todo lo que has experimentado es maravilloso. Con frecuencia me encuentro diciendo simplemente: "Gracias, Señor. Gracias, Jesús".

Dale gracias a Dios por las "sesiones de entrenamiento" que has soportado y todas las lecciones que has aprendido. Dale gracias por las sendas difíciles que el tesoro en tu interior ha descubierto a fin de que ahora estés cumpliendo tu destino divino, llegando a ser todo aquello que debías ser. Dale gracias por saber lo que necesitabas, ¡incluso cuando tú mismo no lo sabías!

Si estás en medio de una "sesión de entrenamiento" en este momento, toma aliento en que este periodo no te destruirá; te preparará. Por dolorosos que puedan sentirse todos los golpes, aférrate a Dios y confía en que Él te llevará al otro lado. Alábale por el rumbo por el que te está guiando y cuán bien equipado estarás cuando llegues.

Extracto de *You Have It in You*, capítulo 10,
"Hope for the Hungry Heart", Sheryl Brady.

El dolor es inevitable.
El dolor se incuba.
El dolor es indiferente.

El modo en que interpretamos y respondemos al dolor nos lanza a una marcha que nos impulsa hacia adelante o hacia atrás. Aunque el dolor en sí es indiferente, nunca tiene un efecto indiferente. El dolor te cambiará de un modo u otro. Todos tenemos un modo por defecto de lidiar con el dolor: pelea, lucha o parálisis. Es el modo en que lidiamos con conflictos, amenazas, temores y pérdidas durante toda nuestra vida, pero nuestro modo por defecto quizá ya no sea una manera productiva y sana de manejar el dolor. Ahora es momento de cambiar.

El cambio solamente sucede cuando nuestro nivel de deseo (o realmente desesperación) se eleva por encima del nivel de nuestros temores. El dolor es un punto de inflexión: puede hacer que retrocedamos a un agujero y esperemos que se vaya, o puede provocar nuevas esperanzas, nuevos planes, y nuevas pasiones por aprender las lecciones que pueden enseñarnos.

Enfrentar dolor quizá requiere más valentía de la que hemos tenido nunca en nuestra vida. En muchos momentos diferentes, quizá incluso hoy mismo, puedo garantizar que llegarás al umbral de tu dolor y pensarás: *¡Ya he tenido bastante! Eso es todo lo que puedo asimilar. ¡Sáquenme de aquí!* Pero no ha terminado. Sencillamente has volteado la página siguiente en la historia de tu vida de un liderazgo excelente. Estás en este momento porque has navegado exitosamente por muchos tipos de sufrimiento, pérdida, tristeza, traición y complejidad. Has elevado tu umbral de dolor muchas veces en el pasado. Es momento de volver a elevarlo.

> Las bendiciones algunas veces llegan mediante el quebranto que nunca podría llegar de ninguna otra manera. Al reflexionar sobre mi propia vida, he llegado a la conclusión de que la gracia ha llegado por medio de mí con más poder algunas veces cuando he sido muy disfuncional e inadaptado.
> —Gerald G. May, *The Awakened Heart*

Común a todos nosotros

El dolor que experimentas no es único. Incontables líderes en iglesias, organizaciones sin fines de lucro y negocios han sufrido los mismos tipos de heridas y confusión. La respuesta no es intentar construir una vida que esté libre de dolor, pues eso no sucederá en esta vida. Solamente las personas muertas, y las personas resucitadas, no sienten ningún dolor.

El liderazgo implica necesariamente dolor. Mientras más eleves tu umbral de dolor, más dolor experimentarás. Es cierto en todos los campos. Veamos las fotografías de los presidentes estadounidenses el día en que asumieron el cargo y el día en que se fueron. Las presiones y dolores de liderar el mundo libre hacen que su cabello sea gris y tengan bolsas bajo los ojos. El problema no es la pobreza, pues viven una vida consentida. Tienen cuidado médico personal, la mejor nutrición, su propio avión, y un equipo sobresaliente para realizar cada tarea asignada. Pero el dolor cobra factura. Quizá nos quejamos de que llevamos el peso del mundo sobre nuestros hombros, pero literalmente está en los de ellos.

> O bien nos hacemos desgraciados a nosotros mismos, o nos hacemos fuertes. La cantidad de trabajo es la misma.
> —Carlos Castañeda

Con optimismo, los principios y percepciones de este libro te han ayudado a entender el poder del dolor para destruir y edificar, pero más aún, espero que hayas obtenido algunas perspectivas sobre tus respuestas a distintos tipos de dolor. Tienes opciones. Y todas las opciones son relevantes. En algún punto, dejarás de ver el dolor como un enemigo y harás las paces con él. Igual que Pablo, verás el dolor como una sorprendente fuente de fortaleza. Pablo aprendió que el poder de Dios "se perfecciona en la debilidad" (2 Corintios 12:9).

Pablo no estaba bajo ningún espejismo sobre las dificultades que enfrentan los creyentes. Tal como Cristo sufrió, su pueblo es llamado a sufrir también. En una carta a los corintios, Pablo dio un destello de los propósitos de Dios para nuestro pasado, presente y futuro. Somos "vasijas de barro" que contienen "el sublime poder de Dios" en nosotros. Con este realismo brutal y firme esperanza, podemos encontrar el corazón de Dios incluso en la más profunda oscuridad. Pablo explicó:

> Nos vemos atribulados en todo, pero no abatidos; perplejos, pero no desesperados; perseguidos, pero no abandonados; derribados, pero no destruidos. Dondequiera que vamos, siempre llevamos en nuestro cuerpo la muerte de Jesús, para que también su vida se manifieste en nuestro cuerpo. Pues a nosotros, los que vivimos, siempre se nos entrega a la muerte por causa de Jesús, para que también su vida se manifieste en nuestro cuerpo mortal. Así que la muerte actúa en nosotros, y en ustedes la vida. (2 Corintios 4:7-12)

Cuando experimentamos la bondad y la grandeza de Dios en nuestros momentos más dolorosos, personas que nos rodean (familiares y amigos, creyentes e incrédulos, desconocidos y enemigos) lo observan, ¡y se asombran de la presencia de Cristo en nosotros!

Pero eso no es todo. Pablo no solo mira al pasado doloroso o al presente con propósito; también señala a un futuro glorioso. A pesar de cuánto sufrimiento soportemos, tenemos esperanza en que Dios le dará sentido a todo ello. Él concluyó:

> Por tanto, no nos desanimamos. Al contrario, aunque por fuera nos vamos desgastando, por dentro nos vamos renovando día tras día. Pues los sufrimientos ligeros y efímeros que ahora padecemos producen una gloria eterna que vale muchísimo más que todo sufrimiento. Así que no nos fijamos en lo visible, sino en lo invisible, ya que lo que se ve es pasajero, mientras que lo que no se ve es eterno. (2 Corintios 4:16-18)

Cuando creemos esto, no solo con nuestras palabras sino también en las profundidades de nuestro corazón, podremos soportar mucho más dolor. Nuestro umbral se elevará, y seremos líderes mucho mejores.

Esperar incluso más

¿Quieres ser fuerte en la gracia y el poder de Dios? Haz las paces con el dolor que Dios envía a tu camino. Reconócelo como un trampolín para el crecimiento y una plataforma para una mayor eficacia. Lo necesitarás. Dios tiene mucho más preparado para ti.

En los deportes, cuando los equipos llegan a los *play-off*, los partidos que realmente importan, muchos jugadores están sufriendo los mayores dolores de la temporada. En cada deporte (la NBA, la NFL, la Copa del Mundo, MLB, en todos los deportes a todos los niveles de competición), los jugadores están maltrechos al final de la temporada regular; pero ahora están al borde de un campeonato. Han jugado duro durante meses, y están golpeados, magullados, con torceduras e incluso roturas, pero han soñado y trabajado duro para llegar a los *play-off*. ¡No se lo perderían por nada del mundo! Incluso en los *play-off*, quizá no están en mala forma para el primer partido, pero cada juego multiplica sus lesiones. Cuando llegan al partido del campeonato, muchos de ellos a duras penas pueden caminar, pero siguen jugando, negándose a que los saquen de la cancha. Lo arriesgan todo a cambio de la meta de ganar un trofeo.

En una de las hazañas más asombrosas de la historia del deporte, la estrella de los Chicago Bulls, Michael Jordan, se despertó en mitad de la noche antes de un partido crucial de los *play-off*. Tenía gripe. Se excusó para no asistir al entrenamiento de la mañana siguiente. A medida que se aproximaba la hora del partido, estaba deshidratado y débil. Había perdido varios kilos. Se arrastró fuera de la cama. Su compañero de equipo Scottie Pippen dijo después: "Por el aspecto que tenía, no había manera alguna en que yo pensara que podría ni siquiera ponerse el uniforme. Nunca lo había visto así. Se veía mal, realmente mal".

Jordan se sentó en un cuarto oscuro cerca del vestuario, y se visualizó a sí mismo en el partido: corriendo, lanzando y pasando. Fue tambaleándose hasta el vestuario, se puso su uniforme y le dijo a su entrenador: "Puedo jugar".

Durante el tiempo de descanso del primer cuarto, Jordan se inclinó, cerró los ojos y casi se cayó al piso. Unos minutos después se dejó caer en una silla en la banda. De algún modo, Jordan siguió jugando, y de algún modo pudo marcar. Increíblemente, consiguió treinta y ocho puntos aquella noche, incluido el tiro ganador del partido cuando quedaban pocos segundos para finalizar.

Después del partido, Jordan dijo: "Fue probablemente lo más difícil que haya hecho nunca. Jugué casi hasta desmayarme para ganar un partido de baloncesto. Si hubiéramos perdido, me habría quedado devastado".

Su entrenador dijo: "Debido a las circunstancias, siendo este un partido crítico en las finales, tendría que decir que este es el partido más estupendo que he visto jugar a Michael. Solamente estar de pie le causaba náuseas y mareo. Fue un esfuerzo heroico, uno que añadir a la colección de esfuerzos que forman su leyenda".

Pippen añadió: "Él es el más grande, y todo el mundo pudo verlo esta noche".[1]

¿Estamos jugando nosotros por algo menos? Pablo comparó nuestra disposición a soportar el dolor de seguir a Cristo con el dolor de la disciplina deportiva: "¿No saben que en una carrera todos los corredores compiten, pero solo uno obtiene el premio? Corran, pues, de tal modo que lo obtengan. Todos los deportistas se entrenan con mucha disciplina. Ellos lo hacen para obtener un premio que se echa a perder; nosotros, en cambio, por uno que dura para siempre" (1 Corintios 9:24-25).

Esta perspectiva no minimiza el dolor que soportamos como líderes, sino que lo sitúa en contexto. Pablo a veces pasaba al detalle elaborado para describir cómo había sufrido, y Lucas nos dice mucho más sobre los golpes, la tortura y la oposición de los que fue testigo mientras seguía a Pablo en sus viajes. El dolor es intenso. No hay modo alguno de negar eso. Pero otra capa de significado se añade: Dios lo está utilizando, incluso si no tiene ningún sentido en el momento, para un propósito mayor.

> Deberíamos estar asombrados por la bondad de Dios, sorprendidos porque Él se moleste en llamarnos por nombre, con la boca abierta ante su amor, perplejos porque en este mismo momento estemos sobre tierra santa.
> —Brennan Manning

El crisol de la humildad

Este viaje de liderazgo a menudo puede ser solitario, de modo que necesitamos asegurarnos de encontrar al menos a uno o dos compañeros en el dolor que nos ayuden a llevar la carga. Cuando nos sentimos cargados y solos, nos volvemos lamentables o furiosos, y algunos de nosotros podemos ser ambas cosas en la misma hora. Necesitamos a alguien que nos recuerde que el dolor es inevitable, se incuba y es indiferente, y que Dios está elevando nuestro umbral de dolor para que podamos ser aún más eficaces.

Autocompasión no es humildad; es lo contrario a la humildad. Grita para que las personas nos miren y observen cuánto hemos sufrido. La humildad es el fundamento de seguridad que no demanda o espera aplausos o reconocimiento. La esencia de la humildad genuina no es pensar menos de nosotros mismos sino pensar menos en nosotros mismos. El dolor tiene la capacidad de aplastarnos, pero ¿qué queda en el fondo del crisol? ¿Es alguien que está enojado, resentido y ensimismado, o es alguien que ha tenido un encuentro con Cristo allí, ha experimentado su gracia de una manera nueva, y ha sido transformado y liberado por el encuentro con el dolor?

Cuando pensamos en líderes poderosos, quizá la última cualidad de carácter que imaginamos es la humildad. La historia está sembrada de líderes que estuvieron al volante de conquistas militares, revoluciones políticas y avances industriales que cambiaron naciones y el mundo. La famosa cita de Maquiavelo es: "Es mejor ser temido que amado". El poder crudo, sin embargo, tiene sus limitaciones, especialmente para quienes aspiran a ser líderes espirituales.

Para los líderes, la opción no está entre ser poderoso o débil; la opción está entre utilizar sus talentos para explotar a las personas para sus propios fines o utilizarlos para el bien mayor. Los líderes que son poderosos y humildes son escasos, pero tienen un impacto profundo en todos en su organización. Valoran a cada persona, desde el equipo de limpieza hasta la oficina ejecutiva. Este es el tipo de líder al que las personas les gusta seguir. Este es el tipo de líder en el que creen cuando llegan tiempos difíciles. Este es el tipo de líder que dirige los esfuerzos de todos para lograr más de lo que cualquiera soñó que fuera posible. Este tipo de liderazgo comienza con humildad.

Cadena de favores

Quienes te rodean son esponjas que absorben tus actitudes sobre la vida. Tu cónyuge y tus hijos, tus amigos, tu equipo, los miembros de tu iglesia, los vecinos y tu comunidad están deseosos de ver cómo manejas los muchos dolores que la vida y el liderazgo te lanzan. Para ellos, eres un centinela de esperanza, no de perfección sino de la esperanza genuina en que un mero mortal puede sufrir terriblemente y salir al otro lado con más gozo, amor y propósito que antes. Necesitamos desesperadamente personas que tengan este tipo de esperanza. El sendero que atraviesa las tormentas puede que sea oscuro y confuso, pero podemos confiar en que Dios está con nosotros, agarrando nuestra mano, incluso cuando no sentimos su presencia.

> Dios quiere que escojamos amarlo libremente, incluso cuando esa opción implique dolor, porque estamos comprometidos con Él y no con nuestros propios sentimientos y recompensas. Quiere que nos aferremos a Él, como hizo Job, incluso cuando tengamos todas las razones para negarlo con vehemencia.
> —Philip Yancey, *¿Dónde está Dios cuando sufro?*

Hace unos años atrás, Philip Yancey iba conduciendo a casa por una autopista resbalosa en invierno. Perdió el control de su auto y se chocó. Cuando llegó el equipo de emergencias, descubrieron que se había roto el cuello. Le dijeron que un trozo de hueso podría clavarse en una arteria en cualquier momento y matarlo. Él entendió que quizá le quedaban solamente minutos de vida. Estuvo atado a una tabla durante varias horas antes de que los médicos le dijeran que estaba fuera de peligro. Yancey dijo que durante aquellas horas de dolor y temor, meditaba incesantemente en tres preguntas:

+ ¿A quién amo?
+ ¿Qué he hecho con mi vida?
+ ¿Estoy listo para lo que venga ahora?

Reflexionó: "Debería haber vivido a la luz de estas preguntas finales todo el tiempo, sin duda. Fue necesaria esa concentración de dolor para enfocarlas. El dolor es inevitable, y sin embargo puede ser útil e incluso redentor".[2]

No huyas de tu dolor. No niegues que existe. Es la herramienta de desarrollo de liderazgo más eficaz que el mundo haya conocido jamás. Solamente crecerás hasta el umbral de tu dolor, ¡de modo que elévalo!

Aprende esto

Estás en este momento porque has navegado exitosamente por muchos tipos de sufrimiento, pérdida, tristeza, traición y complejidad. Has elevado tu umbral de dolor muchas veces en el pasado. Es momento de volver a elevarlo.

Haz esto

Describe las diferencias entre autocompasión y verdadera humildad.

Piensa en esto

1. ¿Por qué la tentación de meternos en un agujero no funciona como estrategia para lidiar con el dolor?
2. ¿Qué significaría para ti hacer las paces con tu dolor?
3. Describe a un líder de nivel 5. ¿A quién conoces que sea así (o se acerque a serlo)? ¿Qué sería necesario para que llegues a ser este tipo de líder?
4. ¿Cómo responderías las tres preguntas de Philip Yancey?
5. ¿Cuáles son las perspectivas más importantes que has obtenido de este libro? ¿Cuáles son tus planes para implementarlas (si no lo has hecho ya)?

Y recuerda: *solo crecerás hasta el umbral de tu dolor.*

NOTAS

Nota: Las historias de los invitados en *El dolor del liderazgo* están incluidas sin cambios editoriales por parte del editor, con la aprobación de los contribuyentes.

Capítulo 1

1. Elisabeth Kübler-Ross, *On Death and Dying* (New York: Scribner, 1969), pp. 37–132.
2. Paul Brand y Philip Yancey, *The Gift of Pain* (Grand Rapids: Zondervan,1997), pp. 3–5. Usado con el permiso de Zondervan. www.zondervan.com.
3. Dorothy Clarke Wilson, *Ten Fingers for God: The Life and Work of Dr. Paul Brand* (1966, reimpreso, Seattle: Paul Brand Publishing, 1996), pp. 142–45.
4. David Brooks, "What Suffering Does", *New York Times*, 7 de abril, 2014.
5. Paul Devlin, "Shelton SportsBeat: NFL, Concussions and Death", Patch.com, 9 de mayo, 2012, http://patch.com/connecticut/shelton/shelton-sportsbeat-nfl-concussions-and-death.
6. N. T. Wright, *When God Became King* (New York: HarperCollins, 2012), pp. 198–99.
7. Philip Yancey, *Reaching for the Invisible God* (Grand Rapids: Zondervan, 2000), p. 69.
8. Entre muchos buenos libros, recomiendo *The Healing Path* de Dan Allender, *Leading with a Limp* de Dan Allender, *Where Is God When It Hurts?* de Philip Yancey, *Disappointment with God* de Philip Yancey, *Walking with God through Pain and Suffering* de Tim Keller, *Leading on Empty* de Wayne Cordeiro, y *Glorious Ruin* de Tullian Tchividjian.
9. Ahora Universidad Beulah Heights, www.beulah.edu.
10. Dan Allender, *The Healing Path* (Colorado Springs: WaterBrook, 1999), pp. 5–6.

Capítulo 2

1. Instituto Fuller, George Barna, and Pastoral Care Inc., "Why Pastors Leave the Ministry", 21 de julio, 2009, http://freebelievers.com/article/why-pastors-leave-the-ministry.
2. Richard J. Krejcir, "Statistics on Pastors", Francis A. Schaeffer Institute of Church Leadership Development, 2007, citado en Archive, Into Thy Word, 2007, www.intothyword.org/apps/articles/?articleid=36562.

234

3. Dan Allender, *Leading with a Limp: Turning Your Struggles into Strengths* (Colorado Springs: WaterBrook, 2006), p. 98.

4. Adaptado de "Eight Reasons Why Pastors Fail", de Joseph Mattera, 6 de mayo, 2010, citado en barryboucher.typepad.com/ministers_matter/2010/05/eight-reasons-why-pastors-fail-joseph-mattera.html.

5. Ver, por ejemplo, Rebecca Barnes y Lindy Lowry, "7 Startling Facts: An Up Close Look at Church Attendance in America", Church Leaders, 2014, www.churchleaders.com/pastors/pastor-articles/139575-7-startling-facts-an-up-close-look-at-church-attendance-in-america.html.

6. Ross Douthat, *Bad Religion: How We Became a Nation of Heretics* (New York: Free Press, 2013), pp. 55–82.

7. Krejcir, "Statistics on Pastors", Archive, Into Thy Word, 2007, http://www.intothyword.org/apps/articles/?articleid=36562.

Capítulo 3

1. Richard Swenson, *Margin: Restoring Emotional, Physical, Financial, and Time Reserves to Overloaded Lives* (Colorado Springs: Navpress, 1992).

2. Patrick A. Means, *Men's Secret Wars* (Grand Rapids: Revell, 1996), citado en Bo Lane, "How Many Pastors Are Addicted to Porn? The Stats Are Surprising", Expastors, 25 de marzo, 2014, www.expastors.com/how-many-pastors-are-addicted-to-porn-the-stats-are-surprising/.

3. Fuller Institute, George Barna, y Pastoral Care Inc., "Why Pastors Leave the Ministry", 21 de julio, 2009, http://freebelievers.com/article/why-pastors-leave-the-ministry.

4. Richard J. Krejcir, "Statistics on Pastors", Francis A. Schaeffer Institute of Church Leadership Development, 2007, citado en www.intothyword.org/apps/articles/?articleid=36562.

5. Extraído de *Can You Drink the Cup?* de Henri J. M. Nouwen. Copyright ©1996, 2006 por Ave Maria Press®, Inc., P.O. Box 428, Notre Dame, IN 46556, www.avemariapress.com. Usado con permiso de la editorial.

6. Citado en Stephen E. Ambrose, *Band of Brothers: E Company, 506t Regiment, 101st Airborne from Normandy to Hitler's Eagle's Nest* (1992, reimpresión, New York: Simon & Schuster, 2001), p. 203.

7. Mae Mills Link y Hubert A. Coleman, *Medical Support of the Army Air Forces in World War II* (Washington DC: Office of the Surgeon General, Department of the Air Force, 1955), p. 851.

8. Ivan Maisel, "Archie Manning faces family history", ESPN.com, 24 de septiembre, 2013, http://espn.go.com/college-football/story/_/id/9716260/spurred-book-manning-archie-manning-reluctantly-embraces-legacy.

9. Jon Saraceno, "Through aches and pains, Minnesota Vikings QB Brett Favre still driven by dad", USA Today, 17 de diciembre, 2009, http://archive.greenbaypressgazette.com/article/20091217/PKR01/91217175/ Through-aches-pains-Minnesota-Vikings-QB-Brett-Favre-still-driven-by-dad.

10. J. I. Packer, *Knowing God* (Downers Grove, IL: InterVarsity, 1973), pp. 221–23.

11. Mayo Clinic Staff, "Diseases and Conditions: Dysthymia", www.mayoclinic.org/diseasesconditions/dysthymia/basics/definition/con-20033879.

12. "Silent Suffering: Pastors and Depression", Church Leaders, www.churchleaders.com/?news=144651.

13. Packer, *Knowing God*, p. 227.

14. Gary L. McIntosh y Samuel D. Rima Sr., *Overcoming the Dark Side of Leadership: The Paradox of Personal Dysfunction* (Grand Rapids: Baker, 1997).

15. Sam Ranier, "What Happens When Leaders Go Numb", Church Leaders, www.churchleaders.com/pastors/pastor-articles/172466-sam-rainer-happens-when-leaders-go-numb.html.

16. Citado por Chris Huff, "The Key Is the Key", 25 de marzo, 2014, http://chrishuff.net/2014/03/25/the-key-is-the-key/.

Capítulo 4

1. James MacDonald, "The Cross of Leadership", *Church Leaders*, www.churchleaders.com/pastors/pastor-articles/151532-james-macdonald-the-cross-of-leadership.html.

2. Carl F. George, *How to Break Growth Barriers: Capturing Overlooked Opportunities for Church Growth* (Grand Rapids: Baker, 1993).

3. Nelson Searcy, "Growing Pains", *Church Leaders*, www.churchleaders.com/pastors/pastorarticles/138767-growing-pains.html.

4. Searcy, "Growing Pains".

5. Eugene H. Peterson, *The Jesus Way: A Conversation on the Ways That Jesus Is the Way* (Grand Rapids: Eerdmans, 2007), p. 22.

6. Para saber más acerca de los esfuerzos de Scott, ver *Ready, Set, Grow: Three Conversations That Will Bring Lasting Growth to Your Church* (Springfield, MO: My Healthy Church, 2013).

7. Branimir Schubert, "Organizational Pain", *Christianity Today*, ©2007 Christianity Today International. Usado con permiso de Leadership Journal. www.leadershipjournal.net.

8. Joseph Mattera, "Why Pain Comes Before Promotion", 1 de agosto, 2013, www.coalitionofapostles.com/why-pain-comes-before-promotion.

Capítulo 5

1. Drew Hendricks, "8 Signs You're an Entrepreneur", Forbes, 29 de noviembre, 2013, www.forbes.com/sites/ drewhendricks/2013/11/29/8-signs-youre-an-entrepreneur/2.

2. John Ortberg, *Overcoming Your Shadow Mission* (Grand Rapids: Zondervan, 2008), p. 35. Usado con permiso de Zondervan. www.zondervan.com.

3. Ortberg, *Overcoming Your Shadow Mission*, p. 36.

4. Mark Love, "These Are Your Pastor's Secrets: Read Slowly", *Church Leaders*, www. churchleaders.com/worship/worship-articles/169791-mark-love-your-pastors-se-crets-read-slowly.html.

5. Henri Nouwen, *Bread for the Journey: A Daybook of Wisdom and Faith* (San Francisco: Harper SanFrancisco, 1997), 3 de abril.

6. A. W. Tozer, *The Root of the Righteous* (Harrisburg, PA: Christian Publications, 1955), p. 47

Capítulo 6

1. Neal E. Boudette, "GM CEO to Testify Before House Panel", *Wall Street Journal*, 17 de junio, 2014, citado en online.wsj.com/articles/ gm-ceo-to-testify-before-congressional-subcommittee-wednesday-1403021529.

2. Ibid.

3. Adaptado de Samuel R. Chand, *Cracking Your Church's Culture Code: Seven Keys to Unleashing Vision and Inspiration* (San Francisco: Jossey-Bass, 2011), pp. 144–145.

4. Eric T. Wagner, "Five Reasons 8 out of 10 Businesses Fail", *Forbes*, 12 de septiembre, 2013, www.forbes.com/sites/ericwagner/2013/09/12/ five-reasons-8-out-of-10-businesses-fail.

5. Sandra Sanger, "The Illusion of Control", World of Psychology, psychcentral.com/ blog/archives/2011/10/03/the-illusion-of-control.

6. Timothy Keller, *Walking with God Through Pain and Suffering* (New York: Dutton, 2013), p. 163.

Capítulo 7

1. Katie Arnold, "Drafting Dean: Interview Outtakes", *Outdoor*, 8 de diciembre, 2006, www.outsideonline.com/outdoor-adventure/running/Drafting-Dean--Interview-Outtakes.html.

2. Michael Hyatt, "Why Discomfort Is Good for You", Intentional Leadership, 19 de diciembre, 2011, michaelhyatt.com/why-discomfort-is-good-for-you.html.

3. Robert I. Sutton, "How Bad Apples Infect the Tree", *New York Times*, 28 de noviembre, 2010, http://www.nytimes.com/2010/11/28/jobs/28pre.html?_r=0.

4. Del libro de Samuel R. Chand, *Cracking Your Church's Culture Code: Seven Keys to Unleashing Vision and Inspiration* (San Francisco: Jossey-Bass, 2011), pp. 5–6.

5. Craig Groeschel, "You're an Idiot!" 22 de febrero, 2011, citado en http://tonymorganlive.com/2007/02/22/c3-craig-groeschel.

6. John Newton, "I Asked the Lord That I Might Grow", Olney Hymns (London: W. Oliver, 1779), cyberhymnal.org/htm/i/a/iaskedtl.htm.

Capítulo 8

1. Larry Crabb, *Finding God* (Grand Rapids: Zondervan, 1993), p. 18. Usado con permiso de Zondervan. www.zondervan.com.

2. Craig Groeschel, "Creating a Culture of Self-Awareness", willfjohnston.com/2012/11/15/craig-groeschel-creating-a-culture-of-self-awareness-catalyst-one-day.

Capítulo 9

1. Fuller Institute, George Barna, y Pastoral Care Inc., "Why Pastors Leave the Ministry", 21 de juli0, 2009, http://freebelievers.com/article/why-pastors-leave-the-ministry.

2. Ver J. D. Greear, "Why You Should Pray for Your Pastor, and President Obama", Archives for Leadership, www.jdgreear.com/my_weblog/category /leadership/page/10.

3. Jeff Z. Klein and Stu Hackel, "Slap Shot: Playing When It Hurts Till a Playoff Run Ends", *New York Times*, 29 de mayo, 2011, query.nytimes.com /gst/fullpage.html?res=9B06E1DF163DF93AA15756C0A9679D8B63.

4. Gina Kolata, "How to Push Past the Pain, as the Champions Do", *New York Times*, 18 de octubre, 2010, www.nytimes.com/2010/10/19/health /nutrition/19best.html?pagewanted=all&_r=0.

5. Ibid.

6. Ibid.

7. Ibid.

8. Associated Press, "Former Rep. Jesse Jackson, Jr. sentenced to 30 months in prison", 14 de agosto, 2013, www.foxnews.com/politics/2013/08/14 /former-rep-jesse-jackson-jr-to-be-sentenced/.

9. Associated Press, "Son's Woes weigh heavily on the Rev. Jesse Jackson", *USA Today*, 1 de diciembre, 2012, www.usatoday.com/story/news /politics/2012/12/01/jesse-jackson-jr-jesse-jackson/1738899/.

10. Seth Barnes, "Where Is God When I'm in Pain?", *Church Leader*, www.churchleaders.com/pastors/pastor-articles/175028-seth-barnes-god -when-im-in-pain.html. Usado con permiso.

11. Bob Gass, "Resilient People", www.convergingzone.com/ricciardelli/resilient
    -people-by-bob-gass/.

12. Wayne Cordeiro con Frances Chan y Larry Osborne, *Sifted: Pursuing Growth
    Through Trials, Challenges, and Disappointments* (Grand Rapids: Zondervan, 2012),
    p. 10. Usado con permiso de Zondervan. www.zondervan.com.

13. Cordeiro, *Sifted*, pp. 31–32.

14. J. R. Briggs, "Transforming Failure", *Leadership Journal*, primavera 2014, pp. 21–24.

15. Parafraseado por Tim Keller, "Arguing About the Afterlife" (sermón), 1 de julio,
    2001.

Capítulo 10

1. Anugrah Kumar, "Nearly 3 in 4 Pastors Regularly Consider Leaving due to Stress,
   Study Finds", *Christian Post*, 21 de junio, 2014, www.christianpost.com/news/near-
   ly-3-in-4-pastors-regularly-consider-leaving-due-to-stress-study-finds-121973.

2. Bob Buford, "The Cuts Make the Key—The Power of Metaphors", 8 de
   octubre, 2013, leadnet.org/my_next_book_year_9_chapter_11_the
   _cuts_make_the_key_the_power_of_meta/.

3. Mark Goulston, *Just Listen: Discover the Secret of Getting Through to Absolutely
   Anyone* (New York: American Management Association, 2010), pp. 7–8.

4. Lewis Smedes, "Forgiveness: The Power to Change the Past", *Christianity Today*,
   ©1983 Christianity Today International. Usado con permiso de *Leadership Journal*.
   www.leadershipjournal.net.

Capítulo 11

1. Rick Weinberg, "79: Jordan battles flu, makes Jazz sick", ESPN.com, sports.espn.
   go.com/espn/espn25/story?page=moments/79.

2. Citado en Jonathan Merritt, "Bestselling author Philip Yancey on how to find God in
   tragedy", Religious News Service, 17 de febrero, 2014, jonathan merritt.religionnews.
   com/2014/02/17/bestselling-author-philip-yancey-find-god-tragedy.

ACERCA DEL AUTOR

Como un liberador de sueños, el Dr. Chand sirve a pastores, ministerios y negocios como arquitecto de liderazgo y estratega del cambio. El Dr. Chand ha trabajado como pastor principal, presidente de universidad, rector y presidente emérito.

Personalmente realiza consultoría, mentoría, y es coach de algunos de los pastores de las iglesias más grandes del país, habla regularmente sobre liderazgo en conferencias, iglesias, corporaciones, mesas redondas, conferencias de ministerios, seminarios y otras oportunidades de desarrollo de liderazgo. Fue incluido en la lista de los treinta principales gurús de liderazgo.

Su visión singular para su vida es ayudar a otros a tener éxito. El Dr. Chand desarrolla líderes mediante consultorías de liderazgo, recursos de liderazgo, libros/CD y charlas de liderazgo. Los líderes utilizan los libros del Dr. Chand como manuales en todo el mundo en el desarrollo de liderazgo.

El haberse criado como hijo de pastor en la India, ha equipado al Dr. Chand de manera excepcional para compartir su pasión por mentorear, desarrollar e inspirar a líderes a romper todos los límites, en el ministerio y la empresa.

SamChand.com